글로벌 경제 트렌드

© 2024, Lannoo Publishers. For the original edition.
Original title: The New World Economy in 5 Trends.
Investing in times of superinflation, hyperinnovation and climate transition.
Translated from the English language
www.lannoo.com

© 2025, DONGYANG Books Co., Ltd. For the Korean edition
Korean translation rights are arranged with Lannoo Publishers through AMO Agency, Korea
All rights reserved

이 책의 한국어판 저작권은 AMO 에이전시를 통해 저작권자와 독점 계약한 ㈜동양북스에 있습니다.
저작권법에 의해 한국 내에서 보호를 받는 저작물이므로 무단 전재와 무단 복제를 금합니다.

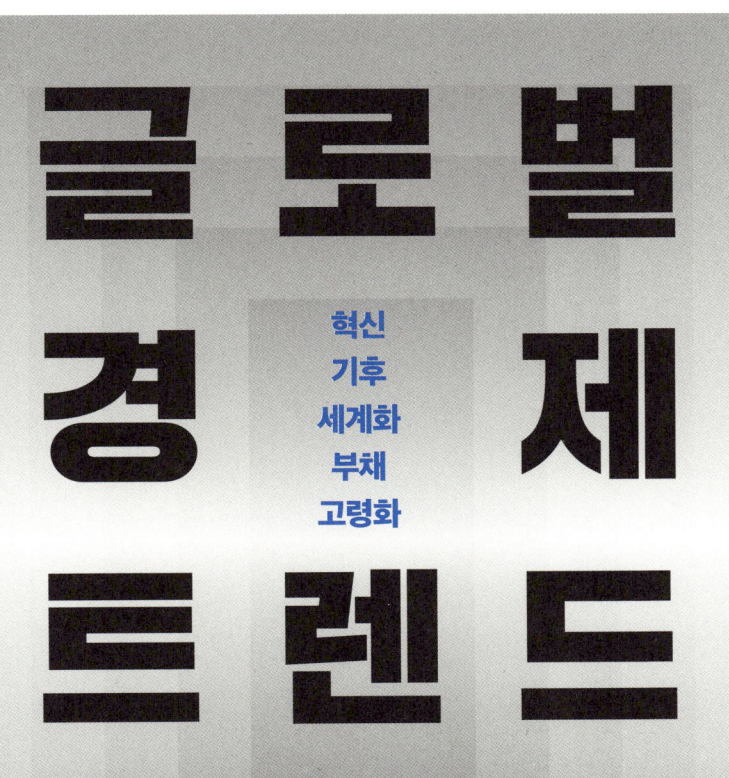

글로벌 경제 트렌드

혁신
기후
세계화
부채
고령화

최고 거시경제학자와 베테랑 투자전문가가 전망한 AI시대 5대 트렌드

코엔 드 레우스, 필립 기젤스 지음 | 신용우 옮김

동양북스

일러두기

1. 이 책의 참고 도서 중 국내 번역 출간된 도서는 상세정보를 괄호에 표기했습니다.
2. 본문 중 저자가 설정한 가상의 인물의 이름에는 영어 병기를 하지 않았습니다.
3. 이 책에 담긴 저자의 견해는 집필 및 출간 당시의 시각을 기준으로 하지만, 이해에는 무리가 없으며, 경제사적 흐름 속에서 바라보아도 자연스럽게 읽힐 것입니다.

미리암과 캐슬린에게

"그대가 없다면
삶은 부러진 연필과 같습니다.
가치가 없죠."

차례

프롤로그 이 거대한 물결 속에서 살아남는 건 누구일까?　　　8

(PREVIEW I) 글로벌 경제 트렌드, 그 시작에서　　　18
(PREVIEW II) 전 세계를 지배하는 메가트렌드　　　56

I 혁신

1. 생산성 부스트　　　76
2. 디지털 혁명의 특징　　　89
3. 새로운 기술 & 생산성 가속　　　113
4. 코로나19의 영향　　　123
5. 에너지 전환　　　131

II 기후

1. 전쟁과 에너지　　　145
2. 성장을 막는 기후 위기　　　160
3. 경제적 재앙 혹은 기회?　　　165
4. 승자와 패자　　　178
5. 인플레이션, 금리 그리고 부채　　　188

III 세계화

1. 세계화는 왜 중요한가? — 205
2. 세계화에서 탈세계화로 — 213
3. 세계화: 상품 무역의 정점에서 — 218
4. 세계화는 취약하다 — 225
5. 디커플링 — 244
6. 다중 세계화 — 261
7. 탈세계화의 대가 — 268

IV 부채

1. 선진국의 부채 — 284
2. 신흥국의 부채 — 296
3. 과거로부터의 교훈 — 307
4. 부채에 대한 해법은? — 317

V 고령화

1. 인구통계학적 전환 — 340
2. 성장과 생산성에 미치는 영향 — 360
3. 금리와 인플레이션에 미치는 영향 — 381
4. 주식 시장과 부동산 시장에 미치는 영향 — 388

요약 — 412
에필로그 충분히 발전한 기술은 마법과 다를 것이 없다 — 416
참고자료 — 423

프롤로그

이 거대한 물결 속에서
살아남는 건 누구일까?

어제와 오늘은 현저히 다르다. 그리고 우리는 지금 다른 세계로 향하는 기로에 서 있다. 앞으로 다섯 가지의 결정적인 물결이 세계 경제를 휩쓸 예정이다.

첫 번째 새로운 물결은 기후의 변화다. 다음으로는 복합적인 세계화와 생산성 급증으로, 이 두 가지는 변화하는 흐름이라 할 수 있다. 마지막으로 고령화와 부채의 증가는 앞으로 수십 년 동안 더욱 가속될 전망이다.

이런 파도에 침몰하지 않고 헤쳐나가기 위해, 우리는 이 책에서 두 가지 전문 분야를 결합했다. 새로운 세계의 경제를 심층적으로 분석하고, 투자자를 위해 해석했다. 이 책의 저자인 벨기에 최대 은행 BNP 파리바 포티스의 수석 경제 전문가인 코엔 드 레우스 Koen De Leus는 혁신과 생산성으로 시작하는 거시경제 분석을 제공한다. 다른 한 명은 같은 은행의 수석 전략가인 필립 기젤스 Philippe Gijsels다. 그는 투자자로서 그 거시경제 지식을 활용하는 방법을 간략하게 제시한다. 그리고 우리는 2050년의 모습을 예측하며 공상 과학 소설의 영역으로도 나아간다. 하지만 우리는 단지 기본적인 개념 몇 가지를 제시할 뿐이다. 그러니 시장에 뛰어들기 전에 꼭 스스로 조사하고 전문가에게 조언을 구하기를 바란다.

우리의 삶을 바꿀 다섯 가지 "KEYWORDS"

스포일러 주의! 여기서 가장 중요한 요점을 미리 말하자면 이렇다. 우리는 지난 40년 동안 지속된 금리와 인플레이션의 하락세에서 벗어나고 있다. 이 책의 끝에 나와있는 표를 보면, 앞서 이미 진행 중이라고 말한 다섯 가지 물결이 경제 성장, 인플레이션, 금리에 미치는 영향이 나와 있다. 성장의 측면에서 보면, 플러스와 마이너스 요소들이 대체로 상쇄된다. 하지만 인플레이션과 명목 금리 측면에서 보면, 무게추가 급격하게 기울어진다. 더 높은 인플레이션과 금리의 세계가 우리를 기다릴 것이다.

> 금리는 우리 세상의 중력과 같다. 금리가 낮거나 마이너스가 되면, 모든 자산이 날아오른다. 반대로 금리가 치솟으면, 모든 자산은 주저앉는다. 따라서 이 책에서 다루는 메가트렌드(주류)는 금리의 변동과 별개로 생각할 수 없다. 어느 순간이든, 우리는 돈의 흐름이 열렸는지 닫혔는지 스스로 판단해 볼 필요가 있다.

혁신

우리가 다룰 첫 번째 파도는 혁신이다. 생산성의 향상은 고령화된 경제의 미래 성장을 위한 유일한 동력이다. 컴퓨터 혁명 이후, 디지털 혁명이 도래한 지 10년이 됐다. 물론 소비자들은 삶을 더 편리하고 즐겁게 만드는 도구를 더 많이 가지게 됐지만 우리의 번영, 즉 국내총생산GDP에는 뚜렷한 영향을 끼치지 못했다.

혜성 같이 나타난 인공지능AI은 생산성의 가속에 대한 기대를 점점 키운다. 우리에게 가장 익숙한 AI, 챗GPT는 빠르게 진화 중인 수많은 기술 중 하나에 불과하다. 주목받는 다른 기술로는 3D 프린팅, 에너지, 생물학도 있다. 이 기술들의 특이한 점은 가격이 내려가면, 모든 장소에서 나타난다는 점이다. 그리고 널리 퍼지면 퍼질수록, 생산성을 더 빠르게 증가시킨다. 하지만 성장률이 보장되어 있지는 않다. 또, 러시아의 우크라이나 침공과 탈세계화에 따른 에너지 비용의 증가 등 중요한 문제들이 남아있다.

세계화

세계화는 아이디어의 확산 및 자본의 투자를 촉진한다. 하지만 우리는 초超세계화의 시대를 이미 지나쳐왔다. 소위 저임금 국가에 제조 공정을 위탁하는 방식은 한계에 도달했다. 기업들은 특히 코로나19 팬데믹과 우크라이나 전쟁으로 글로벌 공급망의 취약성이 더 드러나자, 그 복잡성을 줄이려 하고 있다. 지난 10년 동안 이어진 글로벌 상품 교역의 둔화는 최근 리쇼어링(국내 복귀) 혹은 공급망을 더 가까운 장소로 옮기는 현상으로 전환됐다.

이런 상황에 미국과 중국의 무역 전쟁이 발발한 것이다. 기술 문제에 있어서, 미국은 중국에 선을 긋고 대치하고 있다. 중국이 기술적인 면에서 미국의 경쟁자가 되기 전에 그 싹을 잘라버리려는 목적이다. 미국은 이 싸움에 다른 국가들도 끌어들이고 있다. 그리고 이 상황과 별개로, 유럽에서는 중국의 불공정한 무역 관행에 대한 불만이 커지고 있다. 과거 수십 년간의 공생 관계, 서구의 기술력과 중국의 거대한 시장의 교류는, 현재 중국 제품이 유럽 시장에 진출하며 위기에 처한 상태다.

결과적으로 다른 나라에 대한 의존을 단계적으로 없애야 한다. 그렇다면, 결국 세계는 탈세계화라는 파국을 맞이하게 될까? 공급망의 다양화는 중국 외에 다른 공급자가 추가되거나 심지어 대체될 수 있음을 의미한다. 따라서 세계화는 더 많은 국가들이 참여하는, 심화되는 방향으로 나아가고 있다.

상품 무역의 둔화와는 별개로, 서비스업은 디지털화의 가속 덕분에 번창한다. 예로, 디지털 행정 서비스를 노동력이 저렴한 국가에 위탁하는 상황을 생각해 보자. 이는 탈세계화가 아니다. 다중 세계화라고 불러야 한다. 분명 세계의 성장에 악영향을 끼칠 요소는 아니다. 오히려 그 반대다. 여기서 승리하면, 세계화의 초창기 때처럼 중요한 국가로 떠오를 수 있다. 하지만 공장 노동자 일자리뿐만 아니라 이제 서비스직도 위협받는 건 아닌지, 불편한 질문도 함께 생각하게 된다.

투자하기 전, 나는 어디에 투자하고 싶은지 반드시 생각해 봐야 한다. 현시점에서 중국은 경제 및 인구학적으로 심각한 문제를 안고 있는 나라로, 부동산도 격변하고 있다. 하지만 투자자로서, 중국이 펼친 혁신 테이블에 앉지 말아야 할 이유가 있을까?

미국 달러는 어떨까? 최근 세계 기축통화로서의 위상이 약해졌다는 이야기가 많이 떠돌고 있다. 먼 미래에는 그렇게 될지도 모른다. 하지만 당장, 우리는 본능적으로 달러가 여전히 최고라고 말하고 있다. 그리고 만약 달러가 왕좌에서 내려오더라도 위안화나 유로화가 도피 통화가 될 것인가? 내 생각에는 금이 될 확률이 높다. 금을 이야기하는 사람은 거의 자동으로 비트코인을 언급하고, 비트코인을 말하는 사람은 자연스럽게 NFT(대체 불가 토큰)를 떠올린다.

기후

주요 생산성을 위협하는 또 다른 요소는 에너지의 비싼 가격이다. 이는 러시아의 우크라이나 침략만이 원인인 건 아니다. 재생에너지의 느린 보급과 화석에너지의 급격한 소실 사이의 불균형이 필연적으로 기후 변화를 빠르게 만들었다. 여기에 지정학적 대립이 겹치면서 에너지와 상품 가격의 변동성이 증가했다. 이 혼란은 향후 몇 년간 계속되리라 예상된다.

이 혼란 속 한 줄기 빛이 있다면, 기후 변화대응을 약 10년 정도 가속했다는 점이다. 세계는 2050년 탄소 중립 배출 시나리오에 엄청나게 뒤처져 있었다. 하지만 지금은 조금 뒤처져 있는 정도다. 기후 변화는 우리가 다루는 다섯 가지 트렌드 중에서 유일하게 새롭다고 여기는 트렌드다. 지금까지의 모든 연료의 전환, 즉 나무에서 석탄으로, 석탄에서 석유로의 전환은 기술적, 경제적 이점에 의해 주도됐다. 그리고 매번 100년 이상이 걸렸다. 하지만 현재의 흐름은 순전히 정책에 의해 주도되고 있다. S&P 글로벌의 자원 전문가인 다니엘 예르긴 Daniel Yergin은 "이번 전환의 목표는 새로운 에너지원의 도입뿐만 아니라, 100조 달러에 이르는 현대 세계 경제의 에너지 기반을 25년 남짓한 기간에 완전히 바꾸는 것이다."라고 했다. 투자를 늦출수록, 지구의 온도 상승을 1.5도 이하로 유지하기 위한 우리의 탄소 예산은 더 빨리 소진된다. 전쟁은 투자를 대폭 증가시켰고 에너지 독립이 갑자기 최우선 과제가 됐다. 그리고 재생에너지는 구원의 은총이 됐다. 하지만 기후 목표를 달성하려면 현재 투자액인 2조 4천억 달러(GDP의 2.5%)의 두 배가 필요하다고 추산된다.

녹색 투자 외에도, 탄소 배출량도 반드시 줄여야 한다. 이 목표를 달성할 가장 효율적인 방법은 '오염자 부담 원칙'이다. 탄소세의 도입이나 유럽의 배출권 거래제 같은 방식이다. 기후 변화의 문제는 기업에게도 존망이 걸린 어려운 과제다. 빠르게 대응하지 못하는 기업은 많은 자산을 단념해야 할 위기에 처한다. 하지만 기회이기도 하다. 세계는 소비 주도 경제에서 투자 주도 경제로 변모하고 있다. 승자는 제조업, 건설업, 서비스 제공업, 운송 회사에서 등장하고 있다. '녹색 에너지'가 없는 광업 회사와 석유 및 가스 생산 업체는 큰 패자가 됐다.

에너지의 전환은 투자자들에게 지난 100년을 통틀어 최고의 기회가 될 수도 있다. 세계가 거대한 유전에서 거대한 광산으로 발전함에 따라, 엄청난 양의 금속이 필요하게 됐다. 어쨌든, 기후 변화대응은 문명을 산업혁명 이전으로 되돌려야 구원받을 수 있다는 허무한 예언서들보다는 다른 해결책을 모색 중인 마법사들이 잘 인도하고 있다.

부채

기후 변화는 부채를 가져오기도 했다. 하지만 궁극적으로 위기를 초래하는 건 부채의 이동성이다. 그리고 그 이동성은 지난 40년간 금리가 지속적으로 하락하며 꾸준히 증가해 왔다. 최근 평균 금리가 다시 상승하기 시작했는데, 이러한 트렌드는 조만간 바뀌지 않을 전망이다. 특히 명목 금리는 구조적으로 높아진 인플레이션으로 인해 상승한다고 쳐도, 실질 금리(인플레이션 조정 금리) 또한 서서히 상승할 조짐이다. 또한 향후 수년간 에너지 전환에 막대한 자금이 필요해, 금리도 상승할 전망이다. 영국의 전 총리 리즈 트러스Liz Truss가 확장적 재정정책을 발표한 뒤, 금리가 급격히 상승한 일은 우리가 한계점에 다가가고 있음을 나타낸다. 채권 거래자들은 이 상황을 받아들이지 않고, 영국 국채를 매도했다. 그러자 즉시 금리가 상승했다. 그리고 영국은 금융 위기에 빠질 뻔했다. 저명한 연구 기관인 뱅크 크레딧 애널리스트Bank Credit Analyst, BCA의 전 수석 이코노미스트 마틴 반스Martin Barnes에 따르면, 높은 부채 및 재정 적자를 안고 있는 미국이 5년 안에 영국과 같은 현실 검증을 받을 가능성은 75%라고 한다. 재정 규율을 회복하려면 충격 요법이 필요하다. 부채 지속 유지 가능성의 수호자인 '채권 자경단'이 수년간의 동면에서 깨어나고 있다. 한마디로, 부채 이야기는 극도로 복잡하다.

고령화

노동 인구 증가에 따른 생산성의 증가는 경제 성장의 원천이다. 이 첫 번째 엔진이 말썽을 일으키면, 선진국은 성장을 유지하기 위해 생산성 가속화에 의존하게 된다. 신흥국과 개발도상국은 노동인구의 증가라는 인구 배당 효과를 여전히 누리고 있다. 큰 이변이 없다면, 2050년의 6대 경제 대국 중 5개국은 그들이 차지할 전망이다. 2100년이 되면 세계 인구가 안정화되는데, 아프리카와 아시아 인구가 10명 중 8명을 차지하게 된다. 사업가들은 어디가 성장할지 이미 알고 있다.

고령화를 이야기하면 연금 이야기가 반드시 따라오기 마련이다. 현재의 부채 상황과 세금 부담을 고려했을 때, 국가들은 이런 비용 상승에 얼마나 취약한 상태일까? 고령화에 대한 재정적 취약성은 앵글로색슨 국가들이 가장 낮았다. 이는 제한적인 공적 연금과 그에 상응하는 사적 연금 및 저축의 높은 비중으로 설명할 수 있다. 일본, 영국, 대부분의 북유럽 국가는 취약성이 중간 정도로 나타났다. 북유럽 및 남유럽 국가들은 취약성이 높은 편이었다. 가장 취약한 국가는 이탈리아와 벨기에다. 이런 연금 및 의료비용의 상승을 해결하는 방법은 모두가 알고 있다. 더 많은 인구가 더 장기간 일하게 만들면 된다.

베이비붐 세대는 어떤 제품과 서비스가 어느 정도 소비될지를 결정한다. 이들은 나이가 들수록 약간 더 보수적으로 투자하는 경향이 있다. 하지만 이들의 '예금 인출(탈저축)'로 주식 시장이 붕괴할 것이라는 '자산 붕괴' 이론은 현실성이 낮다. 왜 그럴까? 베이비붐 세대가 '예금을 인출'하지 않기 때문이다.

자산 붕괴 이론에 더 민감한 건 부동산이다. 베이비붐 세대의 종말은 의심의 여지 없이 부동산 시장에 영향을 끼친다. 10년 후 이들의 주택이 대규모로 쏟아져 나오면, 부동산 시장은 압박을 받게 된다. 인구 통계 요인은 지난 수십 년 동안 주택 가격을 주도해 왔다. 하지만, 고령화는 점점 부동산 가치에 제동을 거는 위협 요소가 되고 있다.

모두가 건강한, 100세 시대로 나아감에 따라, 의료, 캠핑카, 크루즈 여행 사업 등을 훨씬 뛰어넘는 엄청난 투자 기회가 생겨났을 뿐만 아니라, 사회가 상상 이상으로 재편되고 있다.

요컨대, 앞으로 수십 년간 우리는 수많은 도전 과제와 함께 그만큼 많은 기회를 맞이하게 될 것이다. 우리는 이 책으로 독자들이 그 기회를 포착하고, 파도를 타는 데 도움이 되기를 바란다. 최소한 쓰나미에 휩쓸리지는 않았으면 좋겠다.

사건이 트렌드를 만들기보다는
트렌드가 사건을 만드는 것처럼 보일 때가 더 많다.
사건이란, 대개 모든 사람이 에드 세이코타의 말처럼
"아하!" 하고 깨닫는 순간이다.
그때쯤이면, 트렌드를 좇던 사람들은 이미 확고하게 자리를 잡고 있다.

제이슨 러셀

PREVIEW I

글로벌 경제 트렌드, 그 시작에서

"모든 건 파도와 함께 밀려오고 사라진다,
언제나 그렇다."

– 딘 루이스, 《파도 Waves》

새로운 모험을 시작하는 재미

미래, 특히 경제와 주식 시장의 미래를 예측하기란 쉽지 않다. 하지만 여기서 시도해 보려 한다. 난 운 좋게도 내 '관심사'를 직업으로 만들었다. 처음에는 제네럴 은행Generale Bank에서, 그 후 포티스Fortis에서, 그리고 지금은 BNP 파리바 포티스BNP Paribas Fortis에서 일하고 있다. 첫 2년의 인턴십 기간에 거의 모든 부서를 경험했다. 그 후에는 정말 한순간도 그곳을 떠나지 않았다. 난 주식부터 채권, 상품에 이르기까지 가능한 모든 자산군을 분석하는 데 몰두했다. 그리고 약 10년 전부터는 자산 관리, 사립 은행, 전문가 팀의 전략 수립까지 책임지고 있다.

그러다가 6년 전에 코엔을 알게 됐다. 정확히는, 더 가까워졌다. 우리는 그가 다른 은행에 다녔을 때부터 알고 지낸 사이였다. 함께 일하는 횟수가 점점 늘어났다. 그 결과, 팟캐스트 '정세Stand van zaken'가 탄생했다. 우리는 매달 프란체스카 반틸렌Francesca Vanthielen과 함께 즐겁게 녹음했다. 이는 다시 여러 비즈니스 센터와 개인 은행 센터의 요청으로 이어져, 음유시인처럼 떠돌며 경제 및 시장 상황에 관해 이야기하는 상황에 이르렀다. 어찌 된 일인지, 청중들은 우리 둘의 관계가 재미있고, 유익하다고 생각했다. 그게 바로 이 책의 요점이기도 하다. 코엔이 집필을 제안했을 때, 난 한순간도 망설이지 않았다.

이 책에서 우리는 서로를 보완한다. 코엔은 진지하고 논리적으로 경제를 분석한다. 그리고 난 늘 하던 대로 내 역할을 한다. 시장에 대해 말하고, 내가 아는 선에서 방향을 제시하며, 모르는 건 모른다고 말하고, 사례를 들려준다. 결국 모든 합리적인 고려 사항과 사람들의 감정, 꿈은 하나의 지점에서 만난다. 경제학과 수학 못지않게, 심리학, 기술, 사회학, 철학, 지질학, 그리고 정치학도 중요하다.

우리는 책의 형식을 두고 오랫동안 고민했다. 그리고 가능한 독자가 우리의 팟캐스트, 프레젠테이션을 떠올릴 수 있도록 다소 특이한 구조를 선택했다. 첫 번째 장은 내가 맡았다. 이 장에서는 시장과 경제를 바라보는 방법에 관한 기본적인 아이디어 몇 가지를 소개한다. 어떤 아이디어와 지표가 세계의 경제 트렌드를 이해하고 분석하는 데 좋은 토대를 제공할까?

《글로벌 경제 트렌드》에서 코엔은 향후 20~30년 동안 세계를 형성할 핵심 메가트렌드를 몇 가지 탐구한다. 난 코엔의 문단 사이에 글 상자를 넣어, 그와 그리고 독자들과 대화를 나눈다. 이 부분에는 종종 그 트렌드의 투자가 어떤 결과로 이어질지에 관한 질문(과 때로는 답변)이 담겨 있다. 달러는 기축통화의 지위를 잃게 될까? 지금이 금이나 비트코인에 투자하기 좋은 시기일까? 그리고 성장 시장은 언제쯤 높은 기대에 부응하기 시작할까?

감보니, 투자의 교훈이 되다

미국의 한 주요 투자사에 근무 중인 잭은 기분 좋게 집으로 향했다. 시장은 변동성이 컸지만, 잭은 그 상황에서도 상당한 수익을 올리는 유능한 직원이었다. 그런데 갑자기, 잘 달리던 차가 멈추었다. 그는 간신히 차를 몰고 이름 모를 마을의 작은 정비소에 들어갔다. 하지만 고장 난 부품의 여분이 정비소에 없어, 빨라야 내일에나 차를 고칠 수 있다고 했다. 어쩔 수 없이 잭은 작은 호텔에 방을 잡았다. 심심해진 그는 바에 가서 위스키를 몇 잔 마시기로 했다. 주문을 하고 바 내부를 둘러보다, 포커 게임에 한창인 테이블을 발견했다. 잭은 포커를 제법 잘하는 편이었다. 무엇보다 매일 수백만 달러를 거래하는 최고의 갬블러를 상대로 이 작은 동네의 사람들이 무엇을 할 수 있을까?라는 생각도 있었다. 잭은 담배 연기가 자욱한 구경꾼 사이를 비집고 들어가, 게임을 시작했다.

한 시간이 흘렀고, 잭의 칩 더미는 거의 그대로였다. 하지만 그때 그의 손에 세 장의 에이스와 두 장의 킹, 풀 하우스가 들어왔다. 포커에서 가장 좋은 패 중 하나였다. 이미 상당한 판돈이 테이블에 놓여있었지만, 그는 5,000달러를 더 베팅했다. 다른 사람들에게는 너무 큰 금액이라, 대부분은 한숨을 쉬며 카드를 내려놨다. 하지만 마지막 남은 한 명이 2만 달러를 더 베팅했다. 한편, 우리의 잭은 칩과 현금을 다 건 상태였지만, 손에 든 패가 정말 좋았고, 상대가 허세를 부린다고 생각해, 잠시 망설이다가 자신의 롤렉스 시계까지 베팅했다.

카드를 테이블에 공개하자, 상대는 별 볼 일 없어 보이는 뒤죽박죽의 카드를 내려놨다. 다이아몬드 2와 3, 스페이드 5, 클로버 10과 J였다. 잭은 자신의 풀 하우스를 보여주고 판돈을 가져오려 했다. "잠깐," 상대가 말했다. 웅성거리는 소리와 조롱 섞인 웃음소리가 잭에게 경고음을 보냈다. "이건 감보니요." 잭이 어리둥절하며 답했다. "감보니? 처음 들어보는데요." 상대는 벽에 붙은 종이를 가리켰다.

다이아몬드 두 장, 클로버 두 장, 스페이드 한 장이 모이면 감보니가 된다. 이곳에서는 최고의 패다.

잭은 화가 나서 주변을 둘러봤지만, 규칙은 규칙이었다. 그리고 한 번 당했으니 이대로 물러설 수도 없게 됐다. 그는 금반지를 전당포에 맡기고, 칩 더미를 쌓은 뒤 게임을 이어갔다.

다시 몇 시간이 흐르고, 잭은 잃었던 돈의 일부를 만회했다. 손에 감보니를 넣기 전까지는 그랬다. 이때 포커판에는 잭의 롤렉스 시계를 손목에 찬 사내와 다른 두 사람이 남아있었다. 잭은 자신감 넘치게 전부를 걸었다. 상대방 두 명은 각각 7 두 장과 퀸 3장을 가지고 있었다. 잭은 의기양양하게 감보니를 테이블에 던졌다. 정의가 실현됐고 판돈을 긁어 올 준비를 했다. 이번에는 폭소가 터져 나왔고, 멀리서 목소리가 들려왔다. "종이 뒷면을 보세요."

감보니는 하루에 한 번만 인정된다.

어안이 벙벙해진 잭은 그곳을 떠났다. 다음 날, 그는 차를 찾아 마을을 떠났다. 롤렉스, 금반지, 상당한 현금을 그곳에 두고 떠났지만, 인생에 중요한 교훈을 얻었다. '규칙을 모른다면 게임을 하지 말 것.'

이 이야기는 저명한 투자 주간지 배런즈Barron's가 월스트리트 최고의 전문가로 소개한 빅터 스페란데오Victor Sperandeo의 1991년 저서인 《전설의 프로 트레이더 빅》(이건 역, 액티브, 2024)에서 각색한 이야기다. 난 이 이야기를 수년 전 여러 발표에서 도입부로 사용했다. 투자와 거래를 게임으로 낮잡아 부르는 사람도 있다. 하지만 어쨌든 성공의 기회를 잡으려면 규칙을 따라야 한다.

시장을 이기는 방법은 수천 가지라는 말이 있다. 하지만 불행히도 그 방법을 찾기는 정말 어렵다. 다만 장담컨대, 여기서 제일 중요한 규칙은 이렇다. 나의 승자(상승주)는 최대한 오래 유지하고, 패자(하락주)는 가능한 한 빨리 잘라내야 한다. 경영 분야의 권위자인 사이먼 시넥Simon Sinek이 '무한 게임'이라고 부른, '내가 그만둘 때까지 끝나지 않는 게임'에서 성공할 수 있는 유일한 방법이다. 이 세계는 내가 포기하거나 돈이 바닥날 때까지 '게임이 계속된다.' 이 책을 통해 이런 상황을 피할 수 있는 통찰력을 얻기를 바란다. 다행히도 시장에는 대개 분명하고 끊임없이 반복되는 패턴이 나타난다. 우리의 주변 세계는 변화하지만 인간의 본성은 언제나 동일하다는 것을 잊지 마라.

예측 가능한 것은 단 하나도 없다

'중요한 정보'가 항상 중요하지는 않다. 1987년 10월 19일 월요일, 미국 S&P500 지수는 뚜렷한 이유 없이 20% 이상 하락했다. 금융 기자들은 그 이유를 밝히기 위해 많은 노력을 기울였다.

당시 '포트폴리오 보험'이라는 헤징 기법에서 유력한 설명이 제기됐다. 이 기법은 포트폴리오 가치가 특정 수준 이하로 떨어지면 추가 손실을 막기 위해 주식 선물을 반자동 혹은 완전 자동으로 매도하는 장치였다. 추가 하락이 발생할 때마다 새로운 매도 프로그램이 작동했다. 과대 평가된 시장에서, 도미노 하나가 넘어지자 다른 도미노들이 연달아 쓰러졌다.

러시아의 우크라이나 침공이나 팬데믹 같은 중요한 뉴스가 발생하면, 시장이 상황의 중대성을 정확하게 평가하기까지 며칠, 심지어 몇 주가 걸리기도 한다. 실제로 두 사례 모두, 그 영향력이 점점 많은 사람에게 선명하게 전해지면서 시장이 하락했다. 이는 모든 정보가 즉

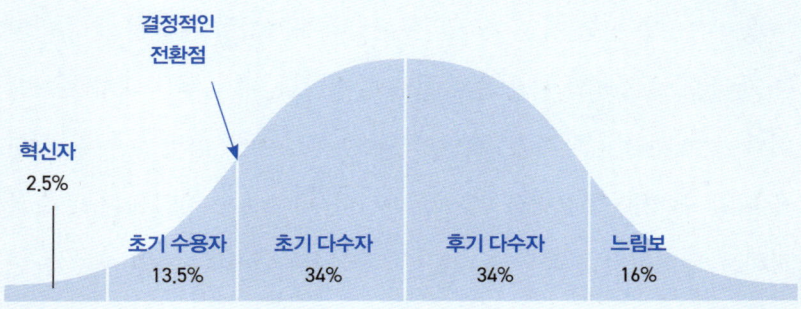

각 가격에 반영된다는 의견과 상반된다. 이런 관점에서 보면, 정보의 확산은 시장에서 신제품의 채택 곡선과 매우 유사한 모습이다.

이 유사성은 우연이 아니다. 새로운 제품이나 트렌드, 기업 혹은 새로운 투자 기회의 출현도 똑같이 진행된다. 소수의 사람이 새로운 트렌드를 인지하고 그 파도에 올라타면서 시작된다. 그리고 그 흐름이 탄력을 받으면 점점 많은 신봉자가 합류한다. 그러다가 그 트렌드가 불가피하게 멈추게 되면 끝을 맞이한다. 하지만 트렌드를 해변으로 향하는 파도에 비유했을 때, 모든 파도가 사라지지 않고, 커지기만 하는 건 아니다.

트렌드를 내다보는 세 개의 창문

"눈을 한 번 깜빡이는 게, 수개월의 합리적인 분석보다 훨씬 더 가치 있을 수 있다."

– 말콤 글래드웰

트렌드의 이런 매력 때문에 코엔과 난 비유의 창문으로 세상과 추세(파도)를 바라보며 온종일을 보냈다. 첫 번째 창문을 통해, 우리의 책상은 거대한 도서관과 연결된다. 이곳에는 인간의 모든 지식이 담긴 책과 자료들이 산더미처럼 보관되어 있다.

두 번째 창문으로는 바다, 파도, 그리고 밀려오는 트렌드가 가져오는 이야기와 아이디어들을 바라본다. 투자에 활용할 수 있는 트렌드다. 이 창문은 우리가 바라보는 컴퓨터 화면으로, 주식, 지수, 상품, 금리, 통화의 차트를 비유한다. 주식 시장 내부, 내 자리에 있는 화면으로 가격 변동을 따라 그려지는 모든 선을 말한다. 은퇴한 레코L'Echo의 기자는 이런 말을 남겼다. "시장은 우리에게 말을 건다." 시장은 언제나 우리에게 이야기를 건네고, 트렌드를 보여준다. 시장은 항상 옳으며, 우리가 도서관에서 구상한 가설을 검증할 수 있는 실험실이다. 이 두 가지는 반드시 일치해야 한다. 가설과 실제 시장은 손을 맞잡고 함께 가야 한다. 그렇지 않으면 무언가 구조적으로 잘못됐다는 의미로, 다시 시작점으로 돌아가야 한다.

세 번째 창문으로는 거대한 회의실을 본다. 그곳에 있는 원탁 테이블에서 고객, 기업의 리더, 투자자들과 더불어 우리의 동료들이 매일 대화를 나눈다. 이곳에는 전 세계의 전략가, 경제학자, 분석가, 연구원들도 초대된다. 하나의 커다란 회의실이다. 그리고 두 번째 창문과 마찬가지로, 우리의 아이디어를 현실에 대입해 볼 수 있는 실험실이기도 하다.

만약 코엔이 세계 경제, 혹은 유럽 경제, 혹은 국내 경제가 강세이며 앞으로 몇 달 동안 성장할 것이라고 말했는데, 앤트워프 항만 관계자나 림부르크의 전문가가 무역 거래가 거의 없다고 말한다면, 분석이 잘못됐을 가능성도 있다. 그래서 난 가능한 많은 분야의 사람들과 대화를 나누는 걸 매우 중요하게 생각한다. 그리고 그 무엇보다 중요하다. 시장 가격은 여전히 사람들이 결정하기 때문이다.

입소문 경제학

> "이야기가 전부이고, 모든 게 이야기다."
> – 해리 크루즈

이 인적 요인을 이해하기 위해, 우리는 대서양을 건너 예일과 미시간을 지나 캘리포니아로 향해 두 명의 노벨 경제학상 수상자인 로버트 쉴러Robert Shiller와 조지 애컬로프George Akerlof를 만났다. 예일대학교의 로버트 쉴러 교수는 2000년의 주식 시장, 특히 기술주에 만연했던 비이성적인 낙관주의를 경고한 저서 《비이성적 과열》(이강국 역, 알에이치코리아, 2014)로 가장 잘 알려져 있다. 이 책은 타이밍이 완벽했다. 그 후 몇 개월간 기술 기업들의 가치가 50~80%, 심지어 그 이상 폭락하며, 새로운 권위자가 탄생했다. 그는 몇 년 후 과열된 부동산 시장에 대해서도 비슷하게 경고하며 위상이 더욱 높아졌고, 지금까지도 유지되고 있다. 쉴러 교수는 소위 '야성적 충동animal spirits'이 경제와 금융 시장에 큰 영향을 끼친다고 생각한다. (그가 버클리에 있는 캘리포니아 대학교의 조지 애컬로프 교수와 공동 집필한 책의 제목이기도 하다.)

흥미로운 사실은 조지 애컬로프가 전 미국 중앙은행 의장이자 현재 미국 재무장관인 재닛 옐런Janet Yellen과 결혼했다는 점이다. 이 두 사람이 아침 식탁에서 나눌 이야기를 상상하면 정말 재미있다. 토스트와 베이컨, 달걀을 먹으면서 시장은 비이성적이며, 인간의 감정, 야성적 충동에 의해 움직이고, 때로는 케인스주의적인 부양책이 침체된 경제에 활로를 찾아줄 좋은 방법이라는 이야기로 귀결될 수도 있다. 야성적 충동은 존 메이너드 케인스John Maynard Keynes의 1936년 저서 《고용, 이자 및 화폐의 일반이론the General theory of Employment, Intert and Money》에서 사용된 용어로, 본능, 성향, 감정이 인간의 행동에 뚜렷한 영향을 미치며 소비자 신뢰도 등으로 측정할 수 있다고 말한다. 물론 금리에는 변동이 있지만, 기업들이 금리보다는 주로 직감과 다른 사람의 행동을 보고 결정을 내린다는 개념이다.

쉴러 교수가 《내러티브 경제학》(박슬라 역, 알에이치코리아, 2021)에서 언급했듯, 입소문이 시장을 움직인다. 사람들은 시장에 관해 이야기하고, 그 이야기는 사람들의 생각과 행동에 영향을 끼친다. 이야기가 유난히 강력해지고 입소문을 타면, 그 속도와 영향력은 전염병과 비슷한 모습을 보인다.

전염은 사람들 사이의 대화, 직접적인 만남 또는 최근 증가하는 온라인 대화, 혹은 유명한 토크쇼나 멀티미디어를 통해 발생한다. 이야기가 탄력을 받으면, 전염률은 흥미를 잃고 이탈하는 사람의 수를 초과한다. 하지만 어느 순간이 되면 아무리 구미가 당기고, 매력적인, 설득력 있는 이야기조차 추진력을 잃어, 이탈하는 사람의 수가 새로 감염되는 사람보다 많아진다. 그리고 다시 새로운 이야기가 등장한다.

  때로는 오래된 이야기가 새로운 모습으로 나타나, 다시 전염병의 주기를 보내기도 한다. 이쯤 되면 마케팅의 제품 수용 주기나 금융 시장의 파도 혹은 트렌드도 매우 유사하다는 걸 짐작할 수 있다. 아이디어에는 혁신자, 초기 수용자, 초기 다수자, 후기 다수자, 그리고 이미 해변 근처 온 파도에 뛰어드는 뒤늦은 사람들이 있다. 이들의 이야기는 해변으로 몰려드는 파도와 같다. 그리고 우리는 다수가 추세에 뛰어들기 직전에, 너무 늦지도 빠르지도 않은 완벽한 타이밍에 그 파도에 타려고 시도한다. 난 이것이 강력한, 무엇보다도 매우 아름다운 장면이라고 생각한다. 하지만 여기에 관한 케인스의 생각도 들어보자.

케인스라면 이렇게 말했을 것이다

투자전문가 필립 기젤스가
고인이 된 스타 경제학자
존 메이너드 케인스를 인터뷰했다.

난 약간 긴장이 됐다. 살아있는 경제계의 거물들과 대화를 나누는 것도 어려운데, 고인과의 대화라니…. 두 번째 에스프레소를 시키려던 찰나에 키가 큰 남자가 나타나 내 앞에 앉았다. 그는 위인전에서 봤던 사진과 닮았지만, 훨씬 젊어 보였다. 그의 눈빛은 이미 평화를 찾아, 더 이상 찾을 필요가 없는 상태였다. "커피나 다른 차라도 드시겠어요?" 난 이렇게 물었다. 하지만 그는 질문이 끝나기도 전에 긴 팔을 가볍게 휘저으며 말을 잘랐다.

"우리가 차나 마시려고 만난 건 아니잖습니까." 나는 살짝 눈치가 보였다.

"우리요. 경제와 시장에 관해 이야기하기로 하지 않았나요? 솔직히, 그런 대화가 그립기는 해요."

거시경제학의 아버지 케인스와 한 테이블에 앉게 되면, 무슨 이야기부터 시작해야 할까? 이미 수천 번이나 들어본 질문이 아닌, 새로운 질문을 어떻게 생각해 내야 할까? 이 정도 수준의 지성적 거물에게 내가 준비를 잘했고, 대화를 나눌 자격이 된다는 걸 어떻게 보여줘야 할까? 케인스의 수많은 글에서 언제나 나의 관심을 끌었던 건 그가 뉴턴에 매료되었다는 점이었다. "뉴턴과 이야기를 나누신 적 있으신가요?" 나는 뉴턴의 이야기로 말문을 열었다. "네, 꽤 자주요. 처음에는 유머 감각이 뛰어나다는 인상은 없었습니다. 하지만 그는 제가 하는 아무도 관심이 없는 시시콜콜한 이야기에 종종 웃기도 합니다. 세상이 그에게 가진 이미지, 즉 현대 과학의 창시자라는 이미지와는 맞지 않을지도 모르겠군요. 저도 마이클 화이트의 책에 묘사된 것처럼, 뉴턴을 '마지막 마법사'로 보는 걸 더 좋아합니다."

"선생님도 경제 분야에서 비슷한 위치에 있지 않으신가요?"

"저를 치켜세워주시는군요. 물론 누구나 자신의 영웅과 같아지려고 노력합니다. 그런 관점에서 제가 좋아하는 속담이 있어요. '거인의 어깨 위에 있는 난쟁이가 거인보다 더 멀리 본다.'는 말입니다."

케인스가 레인코트를 여미자, 난 다시 한번 그의 큰 키에 놀랐다. 죽고 나면, 세상이 부여한 크기를 갖게 되는 걸까?

"아시다시피, 우리 모두는 현실을 포괄하는 모델, 뉴턴이 우주에 관해 만들려고 했던 시계를 만들려고 노력합니다. 제가 지금 현시점에서 말씀드릴 수 있는 건, 그게 얼마나 어렵고 터무니없는 시도인가 하는 것입니다. 특히 '현실'이라는 개념조차 정확히 정의하지 못할 때 더욱 그렇습니다. 하지만 나는 그 어느 때보다 확신합니다. 경제학은 우리의 바람과는 달리, 자연과학보다는 사회과학 분야에 가깝습니다."

"혹시 예전에 주식 시장에서 많은 돈을 잃으셨던 것과 관련이 있나요?"

"일부는 맞습니다. 하지만 이제는 그다지 신경 쓰지 않습니다. 필요한 학습 과정이었어요. 물질적인 것은 사라지면, 경험과 아이디어만 남습니다. 제 친구 뉴턴이 아주 멋지게 표현했죠. '나는 천체의 움직임은 계산할 수 있지만, 인간의 광기는 계산할 수 없다.' 그러니 주식 시장에서 돈을 잃은 것에 대해서는, 어쩌면 당연한 겁니다."

"일부는 맞다고 하셨는데…."

"네. 사실 제 약점은 제 연구와 가능한 모든 파생물이 케인스주의 하나로 요약된다는 점입니다. 케인스주의적 경기 부양책, 케인스주의적 정치 등도 포함시켜서 말이죠. 솔직히 말해, 내 이름을 딴 경제학 학파가 있다는 건 기분 좋은 일입니다. 그리고 전 경기가 좋지 않을 때 정부가 손을 내미는 게 나쁜 생각은 아니라고 생각합니다. 하지만 불행히도, 상황이 개선되면 경기 부양책으로 생긴 구멍을 다시 메워야 한다고 주장한 부분은 항상 빠져 있습니다. 하지만 정치가 그런 거 아니겠습니까?"

"중앙은행에도 똑같이 적용되나요?"

"그건 프리드먼 씨에게 물어보셔야 할 겁니다. 이제 모든 권력은 분명 통화주의자들이 쥐고 있으니까요."

그의 약간 거칠어진 어조는, 평범한 갈색 레인코트 안쪽 어딘가에 여전히 뜨거운 열정이 타오르고 있음을 내비쳤다.

"중앙은행들이 전 세계적으로 거품을 조장하고 있는데, 어떻게 끝나게 될까요?" 나는 이 질문이 최선의 선택은 아니라고 생각했지만 어쨌든 다시 물었다.

"분명, 금리나 통화 등 특정 경제 변수들이 장기간 균형에서 벗어나 있으면 일정한 위험을 감수하게 됩니다. 하지만 앞서 말씀드렸듯이, 중앙은행들은 프리드먼 씨의 추종자들이고 확실히 문제는 없어 보입니다. 아마 그분을 초대해 보시는 게 좋을 겁니다. 거품은 언제나 사람들의 생각보다 더 오래 지속됩니다. 시기를 맞추는 게 불가능까지는 아니지만, 지극히 어렵습니다."

그는 마지막 문장을 말한 후 잠시 생각에 잠겼고, 침묵이 흘렀다. 자신의 과거를 회상하고 있었을까, 아니면 다른 생각이었을까?

"어떻게 파산하는지 아시나요?" 그가 예고도 없이 갑자기 물었다.

"처음에는 천천히, 그러다 갑자기요."

죽음도 그럴까? 조금 전에 이 생각을 하고 있던 걸까? 입을 꾹 다문 그에게 내가 다시 물었다.

"지나치게 공격적인 통화 정책이 야기할 수 있는 통화의 가치 하락으로부터 스스로를 장기적으로 보호해야 한다는 말씀인가요?"

"언젠가는 죽을 수밖에 없는 인간은 본능적으로 소유물을 보호하려고 합니다. 결국 나에게 남는 건 인상, 생각, 기억뿐입니다. 하지만 누가 비난할 수 있겠습니까? 그리고 네, 우리의 논의를 물질적인 것에 국한하면, 어떤 체계 안에 통화 공급을 계속 늘리면 분명 물가는 오를은 우리의 바람과는 달리, 자연과학보다는 사회과학 분야에 가깝습니다."

"혹시 예전에 주식 시장에서 많은 돈을 잃으셨던 것과 관련이 있나요?"

"일부는 맞습니다. 하지만 이제는 그다지 신경 쓰지 않습니다. 필요한 학습 과정이었어요. 물질적인 것은 사라지면, 경험과 아이디어만 남습니다. 제 친구 뉴턴이 아주 멋지게 표현했죠. '나는 천체의 움직임은 계산할 수 있지만, 인간의 광기는 계산할 수 없다.' 그러니 주식 시장에서 돈을 잃은 것에 대해서는, 어쩌면 당연한 겁니다."

"일부는 맞다고 하셨는데…."

"네. 사실 제 약점은 제 연구와 가능한 모든 파생물이 케인스주의 하나로 요약된다는 점입니다. 케인스주의적 경기 부양책, 케인스주의적 정치 등도 포함시켜서 말이죠. 솔직히 말해, 내 이름을 딴 경제학 학파가 있다는 건 기분 좋은 일입니다. 그리고 전 경기가 좋지 않을 때 정부가 손을 내미는 게 나쁜 생각은 아니라고 생각합니다. 하지만 불행히도, 상황이 개선되면 경기 부양책으로 생긴 구멍을 다시 메워야 한다고 주장한 부분은 항상 빠져 있습니다. 하지만 정치가 그런 거 아니겠습니까?"

"중앙은행에도 똑같이 적용되나요?"

"그건 프리드먼 씨에게 물어보셔야 할 겁니다. 이제 모든 권력은 분명 통화주의자들이 쥐고 있으니까요."

그의 약간 거칠어진 어조는, 평범한 갈색 레인코트 안쪽 어딘가에 여전히 뜨거운 열정이 타오르고 있음을 내비쳤다.

"중앙은행들이 전 세계적으로 거품을 조장하고 있는데, 어떻게 끝나게 될까요?" 나는 이 질문이 최선의 선택은 아니라고 생각했지만 어쨌든 다시 물었다.

"분명, 금리나 통화 등 특정 경제 변수들이 장기간 균형에서 벗어나 있으면 일정한 위험을 감수하게 됩니다. 하지만 앞서 말씀드렸듯이, 중앙은행들은 프리드먼 씨의 추종자들이고 확실히 문제는 없어 보입니다. 아마 그분을 초대해 보시는 게 좋을 겁니다. 거품은 언제나 사람들의 생각보다 더 오래 지속됩니다. 시기를 맞추는 게 불가능까지는 아니지만, 지극히 어렵습니다."

그는 마지막 문장을 말한 후 잠시 생각에 잠겼고, 침묵이 흘렀다. 자신의 과거를 회상하고 있었을까, 아니면 다른 생각이었을까?

"어떻게 파산하는지 아시나요?" 그가 예고도 없이 갑자기 물었다.

"처음에는 천천히, 그러다 갑자기요."

죽음도 그럴까? 조금 전에 이 생각을 하고 있던 걸까? 입을 꾹 다문 그에게 내가 다시 물었다.

"지나치게 공격적인 통화 정책이 야기할 수 있는 통화의 가치 하락으로부터 스스로를 장기적으로 보호해야 한다는 말씀인가요?"

"언젠가는 죽을 수밖에 없는 인간은 본능적으로 소유물을 보호하려고 합니다. 결국 나에게 남는 건 인상, 생각, 기억뿐입니다. 하지만 누가 비난할 수 있겠습니까? 그리고 네, 우리의 논의를 물질적인 것에 국한하면, 어떤 체계 안에 통화 공급을 계속 늘리면 분명 물가는 오를 수밖에 없습니다. 다시 말해, 인플레이션이 상승하기 시작합니다. 물론 인플레이션에는 다양한 종류가 있습니다. 중앙은행들은 실물 경제의 인플레이션을 원하지만, 대개는 자산에서 인플레이션이 발생합니다. 이는 거의 필연적으로 거품으로 이어집니다. 하지만 역설적이게도, 화폐 가치 하락에 대한 유일한 대비책은 부동산, 주식, 심지어 예술품과 같은 자산의 매수입니다. 하지만 그렇게 하면 우리는 다시 프리드먼에게 돌아오게 됩니다."

"실례지만, 금이 중앙은행의 통화 창출 효과에 대한 괜찮은 대비책이 될 수 있을까요?"

순간, 그의 입가에 소년 같은 미소가 번졌다. 세상이 그를 경제학의 신으로 만들기 훨씬 전의 그 케임브리지 소년으로 돌아간 듯했다.

"장기적으로는 매우 그렇습니다. 하지만 장기라는 개념이 저와 꽤 다를 겁니다."

그리고 그는 천천히, 발걸음을 옮겼다.

2015년 12월 3일
드 타이틀에 게재된 필립 기젤스의 기고

시장은 어떻게 예측될까?

슈퍼 투자자인 조지 소로스George Soros가 쓴《금융의 연금술》(국일증권 경제연구소, 1998)은 내가 처음으로 읽은 주식 시장과 관련된 책이었다. 이 책의 핵심 아이디어는 시장에 참여하는 사람과 그들이 참여하는 상황, 즉 경제 또는 시장 사이에 존재하는 양방향 상호작용이다. 참여자들은 시장의 현실을 이해하고 이를 활용하려고 한다. 그들은 자신이 현실이라고 생각하는 것에 맞춰 행동한다. 하지만 그 행동이 현실을 변화시킨다. 간단히 말해, 이렇게 특정 상황과 참여자 간의 상호작용을 '재귀성Reflexivity'이라 한다.

이 통찰력은 광범위한 분야에 영향을 끼친다. 만약 모든 사람이 어떤 회사가 훌륭하다고 생각해, 그 영향으로 주가가 올라가면, 이 회사는 많은 이점을 얻게 된다. 멋진 회사라는 인식 덕분에 뛰어난 인재를 유치할 수도 있다. 또는 궁극적으로 높은 주가나 자본 시장의 쉬운 접근성을 이용해 경쟁사를 인수할 수도 있다. 2000년 3월 인터넷 거품이 꺼질 무렵, 현재 야후의 자회사인 AOL이 미디어 기업 타임 워너를 1,820억 달러에 손쉽게 인수한 사례가 있다. 당시 새로운 미디어의 전형 같은 회사가 구식으로 여겨진 거대 미디어 기업을 인수한 사건이었다. 그 이후의 일은 기록된 대로다. 만약 투자자들이 구시대적인 미디어는 사라지고 AOL과 같은 새로운 기업이 전체 산업을 장악할 것이라고 믿지 않았더라면, 실현되기 힘든 이야기였다. 사람들이 자신의 믿음대로 실천함으로써 AOL의 주가가 오르자, AOL은 이 시장 자본화된 막대한 카지노 칩을 이용해 자금이 부족한 미디어 그룹을 인수하는 게 당연한 상황이 됐다.

물론 반대의 논리도 적용된다. 실적이 실망스럽거나, 더 매력적인 기업이 나타나 투자자들의 관심에서 멀어지면 회사의 주가는 하락한다. 주가가 하락하면 숲에서 더 많은 곰(약세장, 베어마켓)이 나타나, 날카로운 발톱으로 가격을 더욱 끌어내린다. 주가가 완전히 하락하면, 해당 기업에 필연적으로 부정적인 결과가 발생한다. 은행이 그 회사에 대출해 주기를 꺼리거나, 이자율을 더 높이게 된다.

필 로젠츠바이크Phil Rosenzweig의 책 《헤일로 이펙트》(이주형 역, 스마트비즈니스, 2007)에 설명된 내용이다. 어떤 기업이 매출 및 이익 증가를 홍보해 주가가 상승하면, 사람들은 그 회사가 훌륭하다고 결론짓는다. 반대로 주가가 하락하고 실적이 다소 실망스러우면, 빠르게 인식이 바뀐다. 전략이 잘못됐고, 리더가 오만해졌으며, 기업 문화와 직원들이 실패했다고 말한다. 하지만 실제로는 변한 게 거의 없을지도 모른다. 다만 확실히 변한 건 현실에 대한 인식이다. 범접할 수 없던 후광이 사라진 것이다. 불과 얼마 전까지만 해도 좋았던 모든 게 이제는 싫어졌다. 실제로 소비자, 투자자, 그리고 대중은 전반적인 인상에 기반하여 의견을 형성하고 단정 짓는다.

로젠츠바이크는 2001년 9월 11일 쌍둥이 빌딩 테러 공격 이후 조지 W. 부시 대통령의 지지율이 상승한 경우를 예시로 언급했다. 대통령의 전반적인 지지도만 상승한 게 아니었다. 경제 운영에 대한 지지도도 상승했다. 물론 이 아름다운 그림은 오래가지 못했다. 조지 W.

부시 대통령의 인기는 2005년이 되자 허리케인 카트리나의 피해와 이라크 전쟁의 비난 여론으로 급격히 하락했다. 이때 미국인들은 그의 경제 정책 또한 상당 부분 개선해야 한다고 생각했다.

또, 사람들은 추론이 어려울 때, 후광 효과를 이용해 개념을 형성한다. 우리에게 유의미하고, 실질적이며, 객관적으로 보이는 정보를 사용해 모호하고 애매한 개념을 명확히 만든다. 그렇다면, 주식의 가격 혹은 파생된 자산의 가격보다 더 객관적이고, 유의미하고, 실질적인 게 있을까? 가격이 오르면, 만사형통 아닐까? 반대로 가격이 내리면 구조적으로 부정적인 일이 진행되고 있을지도 모른다.

이 이야기는 결국 소로스로 돌아간다. 우리의 인식은, 우리의 행동을 통해 가격에 영향을 미친다. 그리고 다시, 가격은 우리의 인식에 영향을 미친다. 이 과정에서 후광이 한 회사에서 다른 회사로 옮겨 간다. 그리고 대중이 그 뒤를 따른다. 이 현상의 직접적인 결과로, 시장은 절대적인 수치보다 상대적인 성과에 훨씬 더 많이 좌우된다. 주식이나 자산의 절대적인 가격 수치뿐만 아니라, 경쟁사에 비해 상승 또는 하락 폭이 얼마나 큰지가 중요하다. 이것은 마치 1990년대 후반, 인터넷 거품이 터지기 직전에 투자자들이 연간 '고작' 20~30% 상승하는 우량주를 팔아 하루면 2배가 뛰는 주식을 사들였던 때를 떠올리게 한다. 재귀성과 후광 효과에 공포와 탐욕과 같은 인간적인 감정이 더해져, 일시적으로 강력한, 때로는 놀라운 칵테일이 만들어진다.

이 책을 쓰면서, 노랗게 색이 바랜 소로스의 책을 다시 꺼냈는데, 예전에 내가 남긴 메모 한 장을 발견했다.

투자자들의 행동은 시장 가격에 영향을 미치고, 가격 또한 투자자들의 행동에 영향을 미친다. 이 상호작용이 바로 조지 소로스가 말하는 재귀성이다. 트렌드는 이 상호작용의 결과로 나타난다. 태동의 과정이지만, 처음부터 자체적인 쇠퇴의 씨앗을 품고 있다. 파도는 정점에 도달한 후 해변에서 부서진다. 파도는 변화, 진화, 혁명, 그리고 진보의 노래를 우리에게 들려준다. 이 노래의 선율에 따라, 부가 쌓이고 사라지며, 제국이 건설되고 다시 바다에 삼켜진다. 이것은 밀물과 썰물, 상승과 하락, 얻음과 잃음, 파도와 추세의 이야기다.

트렌드의 출현 : 2막

"패턴은 반복된다. 인간의 본성이 수천 년 동안 바뀌지 않았기 때문이다."
― 제시 리버모어

이제, 문제를 정면 돌파해보자. 트렌드란 무엇일까? 매일 사용하는 단어지만, 정의하기는 쉽지 않다. 《트렌드 서핑 Trend Surfing》에서 베르트 반 틸보르흐 Bert Van Thilborgh 는 다음과 같이 정의했다.

트렌드는 사회적 맥락에서 생기는 인간 행동의 변화 과정이다. 사회의 특정 집단에서 다양한 방식으로 나타나는, 혁신을 통해 삶의 질을 향상하려는 노력이다. 트렌드는 역동적이고, 진화적이며, 영향력과 파급력이 있고, 사회에 발자취를 남긴다. 트렌드는 식별이 가능한데 아이디어, 언어, 문화, (생활) 방식, 취향, 행동, 제품, 서비스 및 이벤트를 통해 나타난다.

또, 트렌드 관찰자인 헤르만 코닝스Herman Konings는 트렌드를 사회의 발전을 이끌고 방향을 제시하는 문명화 과정으로 설명했다. 그가 문명화 과정이라고 부르는 것은 우리가 테마와 추세라고 부르는 것과 매우 유사했고, 이 책에서 다룰 많은 주제와 일치했다. 반면, 통계학자와 경제학자들은 추세를 곡선의 상승 또는 하락의 동향으로 보는 경향이 있다.

이 책에서, 우리는 시장의 트렌드뿐만 아니라 인구 통계학적 이슈, (탈)세계화, 기후, 혁신의 트렌드 같은 주요 거시적 트렌드에 관해서도 이야기할 예정이다. 트렌드는 변화가 일어날 때뿐만 아니라 현실에 관한 인식이 변할 때도 발생한다. 그리고 소로스가 말한 재귀성으로 인해, 기존 트렌드의 변화와 강화, 또는 그 반전이나 새로운 트렌드의 출현을 야기하기도 한다.

잠시 인간 행동에 대해 생각해 보자. 인간은 감정으로 가득 찬 그릇이다. 종종 두려움과 탐욕에 이끌리고, 가능한 모든 방향으로 과잉 반응하는 경향이 있다. 난 주식 시장이 과소 반응 및 과잉 반응하는 원인은, 사람들이 생각을 바꾸는 데 시간이 걸리기 때문이라고 생각한다. X라는 주식을 예로 들어보자. 이 회사는 수년 동안 좋지 않은 실적만 발표했다. 매 분기마다 실망만 안겨줬기 때문에 투자자들은 기대도 없다. 그러다 갑자기 아주 긍정적인 분기 실적이 나온다고 해도 사람들은 그것에 만족할까? 아니다. 그들은 일회성의 반짝 실적이라고 생각한다. 주가는 오르지만, 시장 분위기가 너무나 부정적이어서 모두가 관망한다.

달리 말하면, 이 회사가 조금씩 사람들의 마음을 돌려놓으려면 좋은 소식이 더 자주 이어지고 신뢰가 회복되어야 한다. 이 과정은 느리게 진행된다. 하지만 느리기 때문에 좋은 트렌드가 만들어지는 것이다. 상승 추세라면 진입 기회가 여러 번 생긴다. 이렇게 오랜 시간이 흐르면, 투자자들은 또 다른 긍정적인 결과에 과잉 반응하기 시작한다. 그동안 긍정적인 결과를 너무 많이 봐서, 같은 상황이 영원히 지속되리라고 강하게 믿게 된다. 이 시점이 되면, 실제 수치보다 더 많은 긍정적인 소식이 가격에 반영되고 시장이 과장된다. 과잉 반응이다. 하지만 언젠가, 예상치 못한 차질이 발생할 것이다. 그래서 이번에는 나쁜 소식에 과소 반응하게 된다. 많은 투자자가 괜찮아질 것이라고 믿는다. 그리고 다시 하락 추세가 시작된다. 이 과정은 모든 자산, 그리고 금융 외부의 추세에도 파생되어 적용된다.

니콜라스 탈레브 Nicholas Taleb는 매우 크고 예상치 못한 충격을 '블랙 스완'이라는 용어로 표현했다. 이 현상의 원인은 자연일 수도 있고 인간일 수도 있다. 최근의 코로나19 위기, 우크라이나 침공, 911 테러가 적절한 예가 될 것이다. 역사상 가장 큰 사건은 6천6백만 년 전 백악기 시대의 공룡을 멸종시킨 운석의 낙하였다.

시장의 관점에서, 타인이 블랙 스완으로 겁에 질려 주식을 팔 때, 자신은 주식을 사야 한다는 의미다. 하지만 인내심을 발휘해야 할 때도 있다. 911 테러의 경우, 승리를 기다리는 시간^{WTW}이 쥐라기 공원의 친구들이 멸종하는 시간보다 짧았다. 그리고 기다린 자에게는 복이 있었다.

긍정적인 블랙 스완을 (화이트 스완이라는 용어는 이미 사용되고 있으니) 핑크 스완이라고 해보자. 이는 종종 사회를 완전히 뒤바꾸는 기술의 발전으로 나타난다. 하지만 핑크 스완조차 때로는 부정적인 부작용을 낳는다.

모든 신기술의 발전에는 미지에 대한 두려움, 세상이 너무 빨리 변하거나 모든 일자리가 사라질 수 있다는 두려움이 동반된다. 신화 전문가이자 《천의 얼굴을 가진 영웅》(이윤기 역, 민음사, 2018)의 저자인 조셉 캠벨Joseph Campbell은 이렇게 말했다.

당신이 찾는 보물은, 당신이 두려워하는 동굴 안에 있다.

이 길은 당연하게도, 오늘날 격렬한 논쟁이 벌어지고 있는 AI로 우리를 이끈다. 인공지능은 핑크 스완일까, 블랙 스완일까, 아니면 전혀 다른 동물일까? 우리는 이 동굴에 들어가고 싶을까? 이것은 불일까, 운석일까?

대중의 광기 그리고 지혜

"최고 수준의 지능을 가지고 있으면, 상반된 두 가지 아이디어를 생각하면서도 기능을 유지할 수 있다."

― 스콧 피츠제럴드

스코틀랜드의 기자 찰스 매케이$^{Charles\ Mackay}$가 1841년에 처음 출판한 초기 대중 심리 연구서인《대중의 망상과 광기》(이윤섭 역, 창해(새우와 고래), 2004)와 훨씬 더 최근에 출판된 제임스 서로위키$^{James\ Surowiecki}$의《대중의 지혜》(홍대운, 이창근 공역, 랜덤하우스코리아, 2005)는 내 책상 위에 몇 달 동안 나란히 놓여 있었다. 두 가지 명백하게 모순되는 생각이 끊임없이 머리를 휘저으며 하나의 질문으로 응축됐다. 대중은 똑똑한가, 아니면 어리석은가?

제임스 서로위키는 조건만 맞으면, 똑똑한 전문가 한 명보다 집단이 더 지능적이고 더 나은 결정을 할 수 있다고 주장했다. 그 예로, 매년 황소의 무게를 가장 정확하게 짐작하는 사람에게 상을 주는 축제를 언급한다. 총 800명이 참가했는데, 그중에는 농부, 정육업자, 가축 구매자와 같은 해당 분야의 전문가도 다수 포함됐다. 하지만 수소든 암소든 황소를 옆에서 본 적도 없는 참가자도 그만큼 많았다. 무리의 지능을 그다지 높게 평가하지 않았던 과학자 프랜시스 골턴$^{Francis\ Galton}$은 대회 후 모든 참가자가 추정한 무게의 평균을 내는 소소한 연구를 진행했다. 결과는 실제 소의 무게와 아주 비슷했을 뿐만 아니라,

PREVIEW I 글로벌 경제 트렌드, 그 시작에서

그 누가 적어낸 수치보다도 더 정확했다.

또 다른 흥미로운 예가 있다. 1968년, 다양한 분야의 전문가가 실종된 잠수함을 찾아 나섰다. 수학자, 잠수함 건조 전문 기술자, 해류 전문가, 지형학자 등 다양한 분야의 전문가들이었다. 그들은 해저 지도 위에 각자 생각하는 잠수함의 위치를 십자로 표시했다. 그리고 마침내 잠수함이 발견됐는데, 표시한 위치들의 평균 지점의 200피트 이내의 거리에 있었다.

제임스 서로위키 및 다른 학자들의 주장은 수천 년의 시장 역사와도 명백히 모순된다. 집단이 날뛰면 필연적으로 거품이 생기고, 그 거품은 반드시 터져서 온갖 불쾌한 결과를 초래하기 때문이다. 그러면 다시 이 질문이 떠오른다. 다수로 이뤄진 집단은 지능적인가, 그렇지 않은가? 사바나에서는 분명히 알 수 있다. 집단이 도망치면 근처에 포식자나 다른 위험이 도사리고 있을 가능성이 매우 높다. 그들은 개인보다 가진 눈의 숫자가 더 많다. 따라서 동물 한 마리보다는 무리가 위험을 발견할 가능성이 더 높다. 오늘날 우리는 먹이사슬의 정점에 있다. 하지만 아주 오래전, 우리는 초라하지만, 큰 포식자의 먹이에 불과했다. 그래서 위험에 직면해 빠르게 결정을 내릴 때 거의 항상 대중의 안전을 택하는 게 우리의 DNA와 뇌 기능에 새겨져 있다.

대부분의 투자 서적에서 '군중 심리'는 나쁜 개념으로, 끔찍한 투자 결과로 이어진다고 말한다. 하지만 지나치게 일방적인 견해다. 여기서 가장 중요한 건, 항상 그렇지는 않지만, 우리는 많은 경우에 대중을 따라가게 된다. 그렇기 때문에 두 번째 세상의 창문인 트렌드를 주의 깊게 보는 게 중요하다. 우리가 주시하고 통찰력을 얻으려는 것들의 가격은 어떻게 변할까? 닷컴 버블이나 역사 속 다른 거품들을 생각해 보자. 1996년, 1997년 혹은 1999년에 자신의 포트폴리오에 인터넷 주식을 보유하기를 꺼렸던 투자자는 아무도 없다. 그러다가, 당시 상당수의 분석가와 전략가들이 해고됐는데, 이렇게 새로운 기술이 큰 변화를 불러오고, 가치가 하늘로 치솟았다가 결국 조정된다는 사실을 이해하지 못했기 때문이다.

무해한 그리고 무해하지 않은 거품

"거품이 생기는 걸 보면, 난 서둘러 매입한다."
— 조지 소로스

거품은 새롭고 유망한 기술이 세상에 나올 때, 이미 형성되어있다. 특히 당시 신용 조건이 괜찮았거나 혹은 유동성이 풍부했다면 더욱 그렇다. 투자자들은 새로운 수익성 있는 세계에 일제히 동참하기를 원한다. 그러면 가격이 하락하고, 무리가 흩어져 도망가며, 멈출 수 없는 부정의 소용돌이가 이어지고 많은 투자자가 돈을 잃게 된다. 하지만 이는 경제의 금융적인, 돈의 측면의 이야기다.

말할 필요도 없이, 경제의 실물 측면에도 영향이 있다. 가격이 폭락하고 손실이 누적되면, 종종 일반적으로 위험 회피와 신용 대출을 연장하기 힘든 상황이 동반되기 때문이다. 투자자들이 돈을 잃고 있다면, 다른 프로젝트에 더 신중해지거나, 투자를 연기하고, 심지어 소비를 줄이기도 한다. 은행이나 다른 대출 기관도 당분간 새로운 투자나 대출에 제동을 걸 수 있다.

좋은 소식은 기존 투자는 사라지지 않고, 단지 다른 사람의 손에 넘어간다는 점이다. 철도 붐 당시에도 많은 회사가 파산했다. 하지만 철로들이 남았고, 기업들은 새롭게 재편됐다. 이 기업들이 주주들에게 돈을 벌어다 주었고, 영국과 특히 미국의 새로운 지역을 개척해, 막대한 혁신과 부의 창출을 가능케 했다.

비교적 최근인 인터넷 버블 때도 마찬가지였다. 새로운 기술에 많은 돈이 흘러 들어갔고, 많은 아이디어가 자금을 지원받았다. 하지만 그 아이디어 중 상당수는 실현이 불가능했다. 자본, 인력, 자원이 오랜 기간 테스트를 통과한 사업 모델을 가진 기업들로 재배치됐다. 요제프 슘페터Joseph Schumpeter는 이를 에로스와 타나토스(생의 충동과 죽음의 충동)로 봤다. 다시 구축하기 위한 파괴, 다시 씨를 뿌리기 위한 수확, 장기적으로 자립하기 위한 제초 작업이었다. 중요한 건, 인터넷의 케이블도 철도처럼 미래의 생산적인 목적을 위해 땅에 남겨졌다는 점이다.

17세기 네덜란드에서 튤립 가격이 전례 없는 수준으로 치솟았다가, 폭락했다. 당시 튤립 뿌리는 다소 덜 생산적인 자산이었다. 따라서 튤립 투기 열풍은 다소 유해한 거품으로 분류할 수 있다. 하지만 튤립 열풍의 붕괴에도 불구하고 당시 네덜란드는 황금시대를 맞이했다.

이 원인은 거품을 분류하는 두 번째 기준, 자금 조달이 주로 은행권 내부 혹은 외부에서 진행됐는지에 달려 있다. 튤립 버블의 경우, 주로 개인 자금, 즉 은행 외부에서 이루어졌다. 하지만 자금 조달이 은행 부문에서 이루어지고 은행이 손실로 어려움을 겪으면, 대출이 중단되거나 적어도 둔화되기 때문에 필연적으로 경제 전반에 매우 부정적인 영향을 미친다. 좋든 싫든 앞으로도 은행권과 그곳에서 제공하는 유동성은 건강한 경제의 생명선이다. 요컨대, 어딘가에 거품이 부풀어야 한다면, 유용하고 생산적인 활동에 금융권 외부에서 자금이 주로 유입되어 부풀어야 한다.

분류하기가 다소 어려운 거품들도 있다. 최초의 기술 거품은 1690년대 런던에서 발생한 걸로 추정된다. 당시 사람들은 침몰선에서 보물을 건져 올리는 데 사용할 수 있는 잠수종에 특히 흥분했다. 하지만 우연히 당시는 금리가 극히 낮았던 시기였다. 견고한 강세장이나 극단적인 거품에는 항상 두 가지 요소가 존재한다. 바로 충분한 유동성과 그럴듯한 이야기다. 하지만 역사적으로 봤을 때, 유동성이 풍부한 시기에는 대개 빠르게 이야기가 나타난다. 달리 말하자면, 종종 기술적인 측면이 있고, 언제나 심리적인 측면이 존재하지만, 전체 과정을 돌아가게 만드는 연료는 통화적인 측면이다.

기술적 분석: 검은 마법

얼마 전, 난 KU 루벤 대학의 학생투자연합인 그린힐 캐피털에서 강연을 하게 되었다.

만약 여기가 호그와트라면, 여러분은 지금 어둠의 마법을 방어하는 수업을 듣는 거고, 나는 스네이프입니다. 참고로, 전 항상 스네이프를 가장 좋아했습니다.

난 그들이 관심을 보이는 동안 나에게 기술적 분석이란 무엇인지, 그리고 무엇이 아닌지를 설명했다. 기술적 분석에 대한 전문가들의 평판은 좋지 않은 편이다.

우선, 본질 가치 분석과 마찬가지로 기술적 분석으로 미래를 예측할 수는 없다. 첫 번째 창문과 세 번째 창문에서 이어지는 모든 정보를 알고 있거나 안다고 가정하는 모든 것으로 가설을 세울 수는 있다. 하지만 궁극적으로 두 번째 창문에서만 미래를 알 수 있다. 이때 기술적 분석의 기법들이 도움이 된다. 트렌드를 정의하는 데 도움을 준다. 마틴 프링Martin Pring의 《기술적 분석 해설Technical Analysis Explained》에서는 어떤 대상이 상승, 하락, 아니면 유지 중인지를 스스로, 객관적으로 판단할 수 있어야 한다고 말한다. 분명한 변화가 예상되더라도 손실을 감수해야 하는 상황이라면, 보통 추세가 아직 상승 중이며 조금 더 기다리는 게 낫다며 설득하려고 온갖 노력을 다하기 때문이다. 나도 그렇고, 당신도 그렇다. 그리고 호그와트 출신이 아닌 월스트리트 출신의 '시장의 마법사'들도 마찬가지다.

이 책에서는 앞으로 10년 후를 내다보며, 발전할 가능성이 높다고 생각하는 여러 메가트렌드를 다룬다. 분석 작업은 주로 첫 번째 창문이 있는 서재와 세 번째 창문이 있는 회의실에서 이루어진다. 하지만 두 번째 창문이 되는 컴퓨터 화면 없이는 이 잠재적인 트렌드가 실제 투자 결정으로 전환되지는 않는다. 폭풍우가 치는 날, 파도가 너무 크다고 바다를 바라보기만 하는 것보다 바보 같은 일은 없다.

시장의 4가지 국면

"언제 잡아야 할지, 언제 포기해야 할지, 언제 떠나야 할지, 언제 달려야 할지를 알아야 한다."
– 케니 로저스, '겜블러'

트렌드에 관해 말할 때, 스탠 와인스타인Stan Weinstein의 '시장의 4단계 이론'을 빼고는 논할 수 없다. 자세한 내용은 그의 베스트셀러인 《주식투자 최적의 타이밍을 잡는법》(우승택 역, 플로우, 2020)에 설명되어 있다. 주식, 상품, 통화, 금리 등 어떤 추세든 간에 4단계 중 현재 어디에 있는지 아는 것은 매우 중요하다.

1단계: 바닥 국면

나스닥 바이오테크 지수의 바닥 다지기 국면은 2002년 거품 붕괴 후 급격한 하락세 뒤에 시작됐다. 하락 국면에는 매도 세력이 우세하지만 1단계에서는 매수자와 매도자가 균형을 이루기 시작한다. 정말로 팔고 싶었던 사람들은 모두 팔았고, 상승 국면이 시작될 만큼의 매수 관심은 아직 부족한 상황이다. 150일 이동평균선(스탠 와인스타인이 주로 사용하는 평균값으로, 최근 150일의 가격을 합산해 150으로 나눈 값이다. 하지만 예로, 200일 이동평균선을 사용해도 무방하다)은 강한 하락세에서 점차 횡보세로 바뀐다. 자산의 가격, 이 사례에서 지수는 이동평균선의 위아래로 번갈아 움직인다. 이 과정은 몇 달 또는 심지어 몇 년이 걸리기도 한다. 기술적인 관점에서 볼 때, 이 시점의 시장 진입은 좋은 생각이 아니다. 이 단계는 시간이 아주 길어질 수 있어, 종종 죽은 돈이 될 수 있다. 다른 자산에 투자하는 게 낫다는 의미다. 하지만 바닥을 다지는 기간이 길수록, 마침내 2단계 국면이 도래했을 때 상승 동향이 더 강하다는 불문율도 있다.

2단계: 상승 국면

2단계의 시작은 성장하는 상승세를 활용하기 가장 좋은 시점이다. 시작 지점은, 2단계가 수년 동안 지속되면 더 늘어나기도 한다. 2단계에서 자산은 마침내 1단계를 벗어나며, 150일 이동평균선을 위로 '확실하게' 돌파한다. 이론적으로는 쉽지만, 실제로는 전환이 언제나 뚜렷하게 보이지는 않는다. 따라서 2단계가 오래 진행되면, 파도에 오르는 게 더 쉬울 때도 있다. 새로운 국면의 시작을 나타내는 또 다른 좋은 지표가 있는데, 2단계의 초기에 나타나는 거래량의 급증이다. 일반적으로 사용되는 상승 추세의 정의는, 연이어 높아지는 고점과 저점이다. 따라서 좋은 2단계는 계단을 오르는 모습처럼 보이는데, 각각의 상승 뒤에 작은 하락이 따른다.

3단계: 고점 국면

아무리 길고 강력한 상승 추세라도 언젠가는 끝나기 마련이다. 이때는 상승 추진력의 상실과 함께 가격의 변동성이 더욱 커지고 횡보하는 양상을 보인다. 가격은 150일 이동평균선과 자주 만나고, 심지어 여러 번 떨어지기 시작한다. 고점 국면은 짧을 수도 있고 길 수도 있지만, 바닥 국면보다 훨씬 짧을 때가 많다. 바닥 국면이 다소 긴 형태라면, 150일 이동평균선도 정점을 찍고 횡보하기 시작한다. 나스닥 바이오테크 지수의 예에서, 2015년 말의 고점 국면은 비교적 짧았고 상승과 하락 국면(2단계와 4단계) 사이에 시간 간격이 거의 없었다. 2000년 말, 3단계 이전에는 바닥 다지기 과정이 상당히 길었다. 3단계에서는 1단계와 마찬가지로 매수자와 매도자 사이에 다시 어느 정도 균형이 잡힌다. 한쪽이 우위를 점할 만큼 충분한 힘이 없다. 그래서 변동성이 크지만 다소 횡보하는 움직임을 보인다. 거래량이 감소하는 1단계와는 달리, 3단계에서는 거래량이 많다. 이익을 실현하려는 투자자는 주식을 처분하는 반면 상승 행렬은 놓쳤지만, 뒤늦게라도 합류하려는 시장 참여자들이 이를 매수한다. 적응 모델에 나오는, 후기 다수자 또는 느림보들이다.

4단계: 하락 국면

매도자들이 명확하게 주도권을 잡는 단계다. 가격이 모든 지지선을 뚫고 마침내 150일 이동평균선 아래로 급락하며, 얼마 후 횡보에서 하락으로 전환된다. 1단계에서 2단계로의 전환은 대개 높은 거래량을 동반하지만, 3단계에서 4단계로의 전환은 항상 그렇지는 않다. 간혹 특정 뉴스가 시장 심리를 급격하게 반전시켜 높은 거래량과 함께 가격이 폭락하기도 한다. 2015년 말 나스닥 바이오테크 지수가 그랬다. 당시 하락세는 매우 빨랐다. 하지만 3단계가 오래 지속되면, 자산이 자체적인 무게로 하락하며 4단계를 촉발하기도 한다. 갑자기 매수자들이 낮은 가격이 아니면 매도자들의 주식을 사려고 하지 않는다.

보통 이런 상황에서는 거래량이 매우 적다. 자신이 투자자인데 3단계 때 탈출하지 못했다면, 대개 4단계의 초기가 마지막 기회다.

물론, 이론이다. 나스닥 바이오테크 지수는 각 단계가 비교적 명확한 예다. 상승 추세의 일시적인 소강이 실제 일시적인 상황인지(즉, 여전히 2단계), 아니면 하락의 전조인 3단계의 시작인지 파악하기란 어려운 일이다. 비슷하게, 4단계에서의 횡보 움직임이 하락의 일시적인 멈춤(여전히 4단계)을 의미하는지, 아니면 바닥 다지기(1단계의 시작)가 시작된 건지 확실하지 않다.

새로운 추세의 시작을 찾고 있다면, 2단계의 시작을 조용히 기다리면 된다. 만약 추세가 아주 길면, 약간 늦더라도 문제가 되지 않는다. 하지만 우리가 이미 자리를 잡은, 진행 중인 국면(상승 추세)에서는 상황이 다르다. 대개 4단계는 빠르고 과격하며 자비가 없어, 상황이 악화되면 신속하게 빠져나가는 게 중요하다. 바닥 다지기(1단계)가 끝날 무렵, 상승 추세(2단계)로 넘어가기 직전에, 종종 높은 거래량과 함께 먼저 강한 하락이 목격되기도 한다. 이는 자산을 쥐고 있는 마지막 약한 손들이 떨어져 나가는 현상으로, 그 후에 상승 추세가 시작된다.

실전 서핑: 그릿 or 큇?

심리학자인 안젤라 더크워스$^{Angela\ Duckworth}$는 베스트셀러인 《그릿》(김미정 역, 비즈니스북스, 2019)을 썼다. 한 분야에서 성공하는 사람을 알아내는 최고의 방법은 재능이 아닌 끈기라는 게 이 책의 기본적인 아이디어다. 제프 콜빈$^{Geoff\ Colvin}$의 《재능은 어떻게 단련되는가?》(김정희 역, 부키, 2010) 혹은 말콤 글래드웰$^{Malcom\ Gladwell}$의 《아웃라이어》(노정태 역, 김영사, 2019)도 다소 비슷한 맥락의 이야기다. 말콤 글래드웰은 의도적인 연습에 대해서도 자주 언급했는데, 어떤 분야에서 정말로 능숙해지려면 올바른 코칭과 지도를 받으며 최소 1만 시간을 훈련해야 한다고 한다. 달리 말하자면, 1만 시간 동안 골프공을 쳐도, 골프채를 잡는 방법이나 자세를 교정하는 방법을 알려줄 사람이 없다면 메이저 대회에서 우승할 수 없다는 이야기다.

전직 포커 선수인 애니 듀크$^{Annie\ Duke}$는 《큇》(고현석 역, 세종서적, 2022)을 출간했다. 이 책에는 에베레스트 등반에 나선 산악인 팀이 임무를 포기하고 베이스캠프로 복귀를 결정하는 이야기가 담겨 있다. 전문 용어로 이를 '반환 시간'이라 한다. 이는 등반가를 보호하고, 충분한 복귀 시간을 확보하기 위한 규칙이다. 이야기를 요약하면, 리더는 정해진 시간 내에 정상에 도달하지 못한다고 판단하고 임무 중단을 결정했다. 많은 사람은 어쨌든 계속 나아가 모든 어려움을 극복하고 불가능해 보이는 역경 속에서 목표를 달성하는 이야기를 듣고 싶어 한다. 모두가 영웅을 좋아한다.

애니 듀크의 책은 불리한 상황이라면 때로는 포기하는 게 낫다고 말한다. 더 나은 기회를 기다렸다가 다시 전력으로 승부를 보는 게 낫다. 안젤라 더크워스의 '끈기'는 바로 실망스러운 투자 결과에도 포기하지 않고, 용기, 새로운 아이디어, 그리고 기술이나 전략을 수정해 테이블로 돌아오는 데 있다. 마치 몇 번의 작은 손실 이후에 큰 파도를 잡아 손실을 만회할 뿐만 아니라 상당한 수익까지 올리는 투자자와 같다. 하지만 무엇보다도, 자신의 기준을 따라야 한다는 걸 잊으면 안 된다.

실전 서핑: 악어의 원칙

난 "새내기 투자자로서 어떤 책을 꼭 읽어야 할까요?"라고 묻는 사람들에게 마이클 코벨Michael W. Covel의 《추세 매매의 대가들》(김태훈 역, 이레미디어, 2023)을 추천한다. 오랜 주식 시장의 진리인 '수익을 취하면 파산하지 않는다.'는 말은 잘못된 말이다. 결국 트렌드가 되지 않는 잠재적 트렌드로 생긴 손실을 상쇄하는 큰 수익, 즉 큰 파도가 필요하다. 그리고 파도가 얼마나 커질지, 혹은 커지지 않을지 추정하기는 어렵거나 불가능하다.

   서핑 비유를 한 단계 발전시켜 더 흥미롭게 만들어 보자. 우리는 여전히 파도를 타고 싶다. 그리고 바다에 누워 좋은 파도를 기다린다. 물론 현실에서는 다음 기회에 도전할 수 있는 상태를 유지하는 것도 관건이다. 그러려면 실망스러운 파도를 만났을 때 더는 서핑을 할 수 없는 지경이 되지 않도록 손실을 줄여야 한다. 이제, 우리가 보드에서 떨어질 때마다 악어들이 달려든다고 가정해 보자. 악어는 다리를 턱으로 단단히 물고 내가 발버둥 치기를 기다린다. 그리고 다리를 풀려고 악어의 턱으로 팔을 내미는 순간, 악어는 팔까지 물어버린다. 더 허우적거릴수록, 상처는 커진다. 잔인하게 들리겠지만, 다리를 희생하고 안전한 곳으로 몸을 피하는 게 살아남는 유일한 방법이다. 이를 시장에 대입하면 자신이 타고 있는 트렌드가 잘못된 방향으로 가고 있다는 걸 알았다면, 손실이 커지지 않게 즉시 조치해야 한다. 영웅이 되려 하지 말고, 합리화하지 말고, 희망하지 말고, 기도하지 말고, 지분을 늘리지 말고, 벗어나는 것 외에 다른 생각은 하지 말아야 한다. 전설적인 거래인이자 시장의 마법사인 래리 하이트 Larry Hite 는 이렇게 말했다.

베팅하지 않으면 이길 수 없다. 그리고 돈이 남아있지 않으면, 아무것도 베팅할 수 없다.

중요한 것은, 성공적인 트렌드에 가능한 오래 편승하되, 상황이 나빠지면 즉시 탈출해야 한다. 이익은 길게 유지하고, 손실은 짧게 끊어야 한다.

글로벌 경제 트렌드, 이것만은 기억할 것 10

❶ 규칙을 모르면 (감보니 같은) 게임을 하지 말 것.

❷ '새로운 소식'이 없어도 시장은 완벽하게 돌아간다.

❸ 객관적인 수치가 시장을 움직이지만, 시장 또한 그 객관적인 수치를 움직인다. 다시 말해, 그 무엇도 객관적이지 않으며, 모든 게 인식의 영역이다. 이런 상호작용을 조지 소로스는 재귀성(reflexivity)이라고 부른다.

❹ 존 메이너드 케인스는 경제학을 자연과학보다는 사회과학으로 분류했을 것이라고 확신한다. 그는 아이작 뉴턴이 천체의 움직임은 계산할 수 있지만 사람의 마음은 계산할 수 없다고 한 말에 동의했다.

❺ 대중은 가끔 똑똑하고 가끔은 덜 똑똑하다. 하지만 대중을 따르는 건 대체로 좋은 생각이다.

❻ 무해한 거품과 해로운 거품이 있다. 만약 거품이 터진다면, 자금이 은행에서 조달되지 않은, 생산적인 자산에서 발생한 거품이 낫다.

❼ 큰 파도의 트렌드는 오래 기다려야 만날 수 있다. 즐기자, 하지만 그 파도가 갑자기 곤두박질치기 전에 뛰어내리는 걸 잊지 말자.

❽ 트렌드 분석과 기술적 분석은 다른 개념이다. 후자가 전자를 뒷받침하지만, 미래를 예측할 수는 없다.

❾ 스탠 와인스타인은, 주식, 상품, 금리 등의 가격이 150일 이동평균선 위로 상승할 때 매수하라고 말한다. 그리고 다시 평균선과 가까워지기 시작하면 매도를 고려하자.

❿ 재능보다도 인내나 끈기를 발휘하는 게 더 중요하다. 하지만 때로는 포기도 필요하다.

PREVIEW II

전 세계를 지배하는 메가트렌드

"최근 세상이 타락하고 있다. 뇌물과 부패가 만연하고, 아이들은 더 이상 부모에게 순종하지 않으며, 모두가 책을 쓰려고 한다. 세상의 끝이 분명히 다가오고 있다."

— 아시리아 평판, 기원전 2800년

2020년 3월 16일, 세상이 봉쇄됐다. 코로나19로 우리가 당연하게 여겼던 많은 일상이 사라졌다. 주식 시장은 폭락했다. 난 봉쇄 상태에서 개인 은행 부서장들과 고객들을 안심시키기 위해 기다리고 있었다. 고객들에게 세상은 끝나지 않았으며, 과거의 이런 위기들은 언제나 장기 매수의 좋은 기회였다고 말하려 했다. 하지만 무엇보다 연준^{Fed}을 기다렸다. 역사적으로 위기 시에는 중앙은행과 특히 미국 연방준비제도^{Fed}가 주도해 금리를 낮추고 유동성을 대규모로 주입해 시장을 지원한다는 걸 알았다. 그리고 앞으로 며칠, 몇 주 동안 일어날 일에 관해 이야기하고, 시나리오를 검토하는 동안, 연준이 행동에 나섰다.

채권 시장의 가격이 움직였다. 큰 손 매수자가 움직였다. 하지만 시장의 반응은 크지 않았고, 주식 시장이 몇 차례 반등 후 다시 하락하자, 난 잠시 시야가 흔들렸다. 결국 그날은 시장이 바닥을 드러내지 않았다. 하지만 다음 날, 중앙은행이 다시 시장에 뛰어들었다. 그리고 그다음 날도. 그리고 그다음 날도. 대차대조표가 부풀어 오르고 너무 많은 돈이 풀려 주식 시장뿐만 아니라 거의 모든 자산 분야가 급격히 상승했다. 우리는 불과 일주일 뒤인 3월 23일에 바닥을 봤다. 그 일주일은 몇 년처럼 느껴졌다. 난 비슷한 경험을 여러 번 했다. 시장이 폭락하면 시간이 느려지고, 모든 게 느려진다. 신경 및 인지 과학 교수인 헤데릭 판 레인Hedderik van Rijn에 따르면, 흥분은 개인의 시간 인지 능력을 변화시킨다. 그 결과, 뇌 안의 시계가 더 빨라져, '실제' 시간이 느려 보이게 만든다.

우리의 세상에서 금리는 중력이자 타임머신이다. 인플레이션이 상승하며 금리도 올랐고, 우리는 시간의 전환점에 도달했다. 당신이 지금 스스로에게 던져야 할 중요한 질문은 이렇다. 돈줄이 열려 있는가, 아니면 닫혀 있는가?

코끼리 다루기

"그땐 1989년이었다, 다른 때였다면 내가 알았을 텐데."

– 데우스(신)

금리는 아주 중요한 개념이다. 마크 파버Mark Faber의 《내일의 금맥》(구홍표 역, 필맥, 2008)에 나오는 동물학적 비유를 살펴보자.

대나무로 된 휘어지는 막대에 수도꼭지가 달린 커다란 물통이 달려 있다. 막대 아래에 코끼리 무리가 있는데, 몇몇은 조련사와 함께 있고 몇몇은 그렇지 않다. 코끼리들 사이에는 양동이가 놓여 있다. 코끼리들이 물을 마시려고 서로 밀면, 막대가 움직여 물의 경로가 계속 바뀐다. 때로는 코끼리들이 양동이를 밀어 물이 한 양동이에서 다른 양동이로 넘치기도 하고, 땅에 떨어져 없어지기도 한다.

이 비유에서 물은 중앙은행이 시스템에 주입하는 유동성을 나타낸다. 수도꼭지는 중앙은행이 통제한다. 결정하는 건 유동성의 총량이다. 이는 금리를 올리거나 내리는 방식으로 이루어지기도 하고, 양적완화나 긴축(대차대조표를 활용해 시장에서 채권이나 기타 자산을 매매함으로써 총유동성을 증가 혹은 감소시킨다)처럼 다른 방법을 사용하기도 한다. 하지만 이들은 유동성이 어디로 흘러가는지 결정할 수 없다. 이를 결정하는 건 코끼리들, 즉 투자자들, 거래인들과 기업인들, 그리고 이들의 조련사인 고문, 언론 그리고 논객들이다.

중앙은행이 막대한 돈을 풀게 되면, 모든 양동이가 가득 찬다. 여기서 양동이는 투자 테마나 다양한 자산군을 말한다. 일부는 실물경제를 나타내기도 한다. 이 중 일부는 본래 의도대로 실물경제라는 양동이에 흘러 들어간다. 하지만 중앙은행이 아무리 힘이 세더라도, 실물경제로 들어가길 바랐던 돈이, 자산 가치를 끌어올리는 데 사용되는 걸 막을 수는 없다. 또 다른 물줄기는 자산의 양동이에서 넘쳐 간접적으로 실물경제로 스며든다. 코끼리와 조련사들에게는 즐거운 시기로, 모든 양동이에 물이 넘쳐나 투자가 그다지 어렵지 않다. 모든 것이 올라, 돈은 이쪽 양동이에서 저쪽 양동이로 흘러가더라도, 결국 모두에게 충분한 양이다.

실물경제에서 물가가 너무 많이 올라 중앙은행이 수도꼭지를 잠그면 즐거웠던 상황은 끝나게 된다. 실물경제로 흘러가는 물을 줄이려는 의도지만, 동시에 자산이라는 양동이로 들어가는 물도 줄어들게 된다. 극단적인 경우에는, 중앙은행들이 수도꼭지를 한 번에 잠그기도 한다. 이제 한 자산군이나 테마가 오르려면, 다른 양동이에서 물이 들어와야만 한다. 하지만 이제 물은 자산에서 실물경제로 흘러가지 않는다. 오히려 '부의 역효과negative wealth effect'가 발생한다. 가뭄의 시기로, 대부분의 자산군이 고전하고 가치가 하락한다.

1장에서 우리는 파도, 즉 트렌드를 기다리고, 최대한 오래 타는 것에 관해 이야기했다. 여기서 핵심은 한 양동이에 물이 흘러가기 시작할 때 제일 먼저 그 자리에 도착하는 것이다. 하지만 물이 없으면 멋진 파도도 없다. 이런 관점에서, 금리와 금리로 파생되는 시스템 내 유동성의 양은 마치 중력과도 같다. 금리가 낮고 유동성이 풍부하면, 중력이 없기 때문에 모든 자산이 날아오른다. 반면 금리가 높고 유동성이 부족하면, 모든 것이 중력에 끌려 아래로 떨어진다. 이런 시각에서, 2022년은 중력이 돌아온 해라고 할 수 있다.

1950년부터 1960년까지는 유럽 주식이 세계 시장을 주도했다. 1960년대에는 미국의 '니프티 피프티Nifty Fifty(우량주 50)'라고 불리는

10년 주기 투자 테마

출처: MSIM, Bloomberg, Factset, Haver

소수의 주식이 특히 좋은 성과를 냈다. 여기에는 IBM, 제록스Xerox, 폴라로이드Polaroid, 이스트만 코닥Eastman Kodak, 맥도날드McDonald's, 월트 디즈니Walt Disney, 제너럴 일렉트릭General Electric, JC 페니JC Penney 등이 포함됐다. 당시 주식 시장은 어려움을 겪었는데, 우연이 아니라 금리와 인플레이션이 모두 높았다. 그럼에도 불구하고 피터 린치Peter Lynch는 펀드매니저로 큰 성공을 거뒀다. 그의 저서 《피터 린치의 이기는 투자》(권성희 역, 흐름출판, 2021)와 《전설로 떠나는 월가의 영웅》(이건 역, 국일증권경제연구소, 2021)은 지금도 읽을 만한 가치가 있다. 그의 독특한 투자 전략을 엿볼 수 있을 뿐만 아니라, 이 책이 담고 있는 시대상이 오늘날과 소름 끼칠 정도로 비슷하기 때문이다.

우량주 50의 목록을 다시 살펴보면 몇 가지 눈에 띄는 점이 있다. 첫째, 디즈니, 맥도날드, IBM과 같은 기업들은 오랜 시간이 지났지만, 여전히 건재하다. 반면, 한때 선도 기업이었지만 변화에 적응하지 못하고 사라졌거나 시장 가치가 크게 줄어든 기업들도 있다(예: 이스트만 코닥, 폴라로이드). 둘째, 한 시대의 승자라고 다음 시대까지 승자는 아니었다. 우량주 50의 시대 이후에는 성장 시장과 원자재 시장이 주목받았고, 그다음 1980년대는 일본이 대세였다. 도쿄는 1989년에 정점을 찍었고, 이후 부동산 시장과 주식 시장이 붕괴됐다. 그 후에는 우리가 생생하게 기억하는 주제로 넘어간다. 1990년대는 기술과 특히 인터넷의 시대였고, 2000년대는 중국이 2001년에 세계무역기구 WTO에 가입하며 성장 시장과 원자재가 주도했다. 가장 최근 10년은 미국의 거대 기술주들이 다시 득세했다.

금리라는 타임머신

"복리는 세계 8대 불가사의다. 이해하는 사람은 이익을 얻고, 이해하지 못하는 사람은 대가를 치른다."
– 알베르트 아인슈타인

이자의 핵심은 돈의 시간 가치를 계산하는 데 있다. 모든 경제 및 금융 활동은 시간의 흐름 속에서 일어나기 때문이다. 이자는 흔히 '돈의 가격'으로 설명된다. 하지만, 난 에드워드 챈슬러Edward Chancellor가 《금리의 역습》(임상훈 역, 위즈덤하우스, 2023)이라는 훌륭한 저서에서 제시한 정의를 더 선호한다. 여기서 그는 이자를 '시간의 가격'으로 표현했다. 삶에서 시간은 돈보다 더 중요하다. 시간은 가장 중요한 통화다.

$$NPV = -C0 + \frac{C1}{1+r} + \frac{C2}{(1+r)2} + \ldots + \frac{Cr}{(1+r)^T}$$

$-C_0$ = 초기 투자 C = 현금 흐름 r = 할인율(대출 금리, 투자 수익) T = 시간

우리는 제한된 숫자만 가지고 있다. 돈은 벌 수 있고, 잃을 수 있고, 다시 벌 수도 있다. 하지만 지나간 시간은 절대 되돌릴 수 없다. 시간은 희소하고, 시간은 가치가 있다.

만약 우리가 분자에 들어가는 모든 현금 흐름과 적절한 할인율 r을 완벽하게 알고 있다면, 자산의 가치에 관해 논의할 필요도 없다. 그저 단순히 계산하면 되는 문제다. 하지만 현실 세계에서는 상당한 불확실성이 존재한다. 채권의 경우, 분자에 해당하는 쿠폰(이자)은 기본적으로 고정되지만, 할인율 r은 이자율의 변동에 따라 크게 달라질 수 있다. 그리고 이로 인해 채권의 가치와 가격도 상당히 요동치게 된다. 심지어 주식은, 불확실성이 더 크다. 주식에서는 분자(미래 수익에 따라 달라지는 배당금)와 분모를 모두 예측하기 어렵다. 이는 주식이 채권보다 더 심리적인 영향을 많이 받는 이유를 일부 설명해준다.

이번에는 분모, 즉 할인율에 잠시 집중해보자. 할인율은 주로 금리로 결정된다. 할인율 r이 매우 높다는 건, 미래의 가치를 오늘로 환산했을 때 상대적으로 매우 낮다는 걸 의미한다. 이는 복리의 원리에서 기인한다. 다시 말해, 제곱을 오늘로 환산해 계산하면 현재 화폐 가치만큼 크지 않다는 의미다. 금리가 낮을 때는 상황이 정반대가 된다. 미

래의 현금 흐름이 현재 가치로 매우 크게 환산된다. 특히 금리가 매우 낮거나 마이너스일 경우, 더 극단적으로 나타난다. 우리가 얼마 전 경험했던 상황이다. 간단히 말해, 미래에 대한 할인율이 거의 존재하지 않아, 미래의 가치가 거의 무한해진다. 이 상황은 두 가지 주요한 결과를 가져온다. 첫째, 미래의 현금 흐름이 큰 가치를 가지기 때문에 더 많은 투자 프로젝트가 승인된다. 둘째, 이론적으로 거의 모든 자산의 가치가 매우 높게 평가된다. 이는 투자 세계에서 주식, 부동산, 채권 등의 (급격한) 가격 상승으로 나타난다.

이런 관점에서 보면, 중앙은행이 금리를 올리거나 내림으로써 단순히 경제를 부양하고 둔화시키는 걸 넘어, 모든 자산의 가치에 큰 영향을 미치는 모습을 어렵지 않게 볼 수 있다. 또한 이것은 기술주나 바이오테크 주식이, 식품 회사보다 금리의 변동에 훨씬 민감한 이유를 설명해준다. 생명 기술 주식은 대개 현금 흐름이 미래에 있기 때문이다. 할인율이 매우 중요한 이유다. 결국 이런 기술주들은 미래에는 큰 수익이 기대되지만, 당장 몇 년간 많은 현금을 소모하기 때문이다.

금리와 경기는 계속해서 변한다

경기 침체는 특히 주식 시장에 나쁜 소식이라는 인식이 있다. 경제가 둔화되고, 소비와 투자가 감소하며, 실업률이 상승한다. 하지만 금융 세계에서, 우리가 사용하는 공식에 따르면, 수많은 분자 값이 하락하게 되고, 조건이 동일하다면 주식의 가치도 감소한다는 결론이 나온다. 하지만 경기 침체는 예외 없이 금리 인하로 이어진다. 지난 30~40년 동안, 경기가 좋고, 금리가 확실히 오르고 있을 때 투자하고, 반대로 위기나 침체가 오고, 금리가 하락할 때 주식을 팔았다면, 대부분의 경우 매매 타이밍이 매우 잘못됐다고 할 수 있다. 여기서 하나의 황금 규칙이 도출된다. 경기 침체의 바닥이 보이는데, 금리가 여전히 하락하고 있다면, 대개 주식 시장에 더 적극적으로 참가하기에 나쁘지 않은 시점이다.

마에스트로, 노벨상 수상자, 리버스 카이젠(점진적 약화)

금리 변동의 역사 속에서, 2007~2008년 글로벌 금융 위기와 2020년 팬데믹 이후만큼 금리가 낮아지거나 심지어 마이너스까지 내려간 적은 없었다. 정부와 중앙은행이 금리 정책을 극단적으로 운용하면서까지 금융 시스템에 유동성을 공급해야 했던 이유는 충분했다. 그리고 더는 금리를 내릴 수 없을 때는, 양적 완화(장기 금리를 낮추기 위한 대규모 정부 및 기업 증권 매입)도 함께 실행했다. 이런 개입이 없었다면, 금융 위기나 팬데믹은 1930년대와 비슷한 심각한 불황으로 이어졌을 가능성도 있다.

한때 세계에서 가장 존경받던 중앙은행장이었던 앨런 그린스펀$^{Alan\ Greenspan}$은 1987년 8월, 미국 연방준비제도^{Fed} 의장으로 취임했다. 그리고 바로 1987년 10월 19일 '블랙 먼데이'가 찾아와 미국 주식 시장이 하루 만에 20% 이상 폭락했다. 이에 앨런 그린스펀은 단호하게 금리를 인하했다. 그 결과 폭락으로 인한 손실은 불과 몇 개월 만에 회복됐고 미국 경제도 침체에 빠지지 않았다.

그린스펀이 재임한 18년 반 동안, 금리라는 무기는 정교하고 규칙적으로 사용됐다. 그는 월스트리트의 황소 무리(강세장 지지자)에게 수호성인 같은 존재로 떠올랐다. 경제와 시장에 유동성을 주는 궁극적인 공급자가 됐다. 선임자인 폴 볼커$^{\text{Paul Volcker}}$는 인플레이션을 억제한 인물이었지만, 그의 후임인 앨런 그린스펀의 재임 기간에는 경제 주기를 없애고, 경기 침체를 허용하지 않아야 한다는 인식이 생겨났다. 세계와 정치 지도자들도 이런 방향이 옳다고 여겼다.

오늘날에도 금리를 낮추는 데는 여전히 한계가 존재한다. 만약 은행이 마이너스 금리를 너무 과도하게 부과하면, 사람들은 돈을 전부 인출할 것이다. 물론 안전하진 않다. 하지만 금리가 낮아질 수 있는 하한선을 설정한다. 이는 디지털 화폐 도입과 현금의 완전한 폐지가 위험한 이유다. 어느 흐린 날 아침 중앙은행이 경기 부양의 필요성을 느낀다면, 우리 모두는 -5%, -10%의 마이너스 금리를 맞닥뜨릴 수 있다. 어쨌든 중요한 점은, 이 모든 방법이 금리를 더 이상 내릴 수 없는 상황에서, 통화 정책을 더 완화하고 세계에 유동성을 대량으로 공급하는 방법이라는 점이다.

중앙은행들의 유동성 주입은 일종의 '점진적 약화$^{\text{negative kaizen}}$'로 볼 수 있다. 1980년대 중반, 일본 주식 시장이 고공 행진을 하던 시절에는 뛰어난 개념들로 가득한 일본 경영서적들이 넘쳐났다. '카이젠^{kaizen}'이 그 중 하나였다. 내 앞에 강이나 호수의 수면이 있다고 생각해

보자. 그 수면을 낮추면, 물 밖으로 뾰족한 돌들이 드러나기 시작한다. 그 돌들이 바로 문제들이다. 돌들을 제거하고 문제를 해결한다. 그리고 다시 수면을 낮추고, 이 과정을 반복한다. 이런 방식으로, 시스템은 점점 더 좋아지고, 점점 더 견고해진다.

하지만 중앙은행가들은 몇 년 동안 카이젠을 반대로 실행했다. 문제가 발생할 때마다, 원인이 무엇이든, 수천억 달러의 막대한 유동성을 그 위에 쏟아부었다. 문제가 보이지 않을 때까지 덮어버렸다. 기업인과 투자자들이 우리에게 정기적으로 묻는다. "이런 방법을 얼마나 더 지속할 수 있을까?" 우리의 대답은 항상 같았다. '거의 무기한.' 아니면 2022년처럼 인플레이션이 갑자기 치솟기 시작할 때까지다. 그러면 중앙은행들은 어쩔 수 없이 자산 규모를 줄이고 금리를 인상하게 된다. 수면을 낮춰야만 하는 상황인 것이다.

여기서 내릴 수 있는 가장 중요한 결론 중 하나는 다음과 같다. 만약 인플레이션이 구조적으로 다시 발생하면, 즉, '중력이 없는 세상'에서 '중력이 있는 세상'으로 돌아가게 된다면, 그리고 티나There Is No Alternative, TINA(대안이 없다)와 트리나There Really Is No Alternative, TRINA(정말로 대안이 없다)가 떠나면, 그리고 중앙은행들이 1987년 10월 이후 해오던 방식을 더는 못 하게 되면, 우리는 매우 큰 변화를 겪게 된다.

의도치 않은 결과의 법칙

경제학자 윌리엄 화이트William White는 2012년, 〈초완화적 통화정책과 의도치 않은 결과의 법칙Ultra Easy Monetary Policy and the Law of Unintended

Consequences⟩이라는 제목의 연구 보고서를 발표했다. 화이트는 이 보고서에서 극단적으로 낮은 금리는 많은 소비와 적은 저축 비율을 부추긴다고 했다. 이렇게 미래의 소비를 현재로 앞당기면, 장기적인 저축, 특히 은퇴를 위해 저축할 가능성을 낮추는 단점이 있다. 또 낮은 금리는 특정 금액을 달성하기 위해 더 많은 돈을 따로 모아야 한다는 문제도 있다.

이런 저금리는 투기와 위험한 투자를 부추긴다. 역설처럼 들리지만, 중앙은행들이 안정성을 보장하고 모든 수를 써서라도 경기 순환을 억제하려고 할수록, 오히려 그들이 불안정성의 주요 원인이 된다. 이 역설을 가장 잘 연구하고 설명한 사람은 하이먼 민스키Hyman Minsky다. 1996년에 사망한 이 미국의 경제학자는 《불안정성 가설Instability Hypothesis》로 유명하다. 그의 핵심 아이디어는 경제가 안정될수록 사람들은 더 큰 위험을 감수하는 경향이 생겨, 결국 안정성을 약화시킨다. 경제가 오랫동안 호황을 누릴수록 과거의 위기에 관한 기억은 희미해진다.

정부 역시 부채에 대한 비용이 급격히 낮아지면, 부채를 더 떠안는 제동 장치를 없애버린다. 중앙은행이 금리를 낮추는데, 굳이 재정을 바로잡을 이유가 있을까? 마지막으로 중요한 건, 중앙은행이 모든 자산의 가치를 끌어올림으로써 사회의 불평등을 심화시킨다는 점이다. 자산 가치 상승의 혜택을 누리려면, 당연히 자산을 소유하고 있어야 한다. 그리고 가능하면 많은 실물 자산을 보유해야 한다. 반면, 젊은 세대는 저축의 증가 속도보다 부동산 가격이 빠르게 오르면, 부동산을 쳐다볼 수조차 없다. 이 모든 현상은 사회적 불만을 야기하고 포퓰리즘을 부추길 수 있으며, 일부 계층은 이제 경제 시스템이나 세계 질서가 자신에게 이득이 되지 않는다고 생각하게 된다.

투자자들에게 중요한 결론은, 중앙은행의 정책이 자산 가격을 끌어올릴 때 가능한 한 많은 실물 자산을 보유하는 게 최선이며, 자산을 담보로 대출을 일부 받는 것도 (물론 과하지 않은 선에서) 매우 유용하다. 이런 세계에서, 실물 자산의 가치는 체계적으로 상승하는 반면, 부채의 실질 가치는 인플레이션으로 인해 빠르게 감소하게 된다. 반대로, 중앙은행이 돈줄을 잠그고 자산 가치가 하락하는 상황이 되면, 일시적으로 그 반대 효과가 나타난다. 하지만 정부 자체가 이미 상당한 수준의 부채를 쌓아둔 상태라, 중앙은행이 이런 정책을 오래 지속할 가능성은 크지 않다.

금리와 유동성이 모든 자산군에 매우 결정적인 영향을 미친다. 따라서 어떤 트렌드, 주제, 아이디어도 현재 통화 환경이 힘든지, 아니면 유동성이 풍부한지와 분리해서 생각할 수 없다. 투자의 관점에서는, 적어도 단기적으로는 후자의 상황이 분명 더 유리하다. 그러나 예상 밖의 결과가 일어날 수 있다는 걸 항상 명심해야 할 것이다.

글로벌 경제 트렌드, 이것만은 기억할 것 10

❶ 코로나 팬데믹으로 인한 주식 시장 폭락은 진입하기에 아주 좋은 시점이었다.

❷ 시장이 폭락할 때 시간은 느려진다. 일주일이 영원처럼 느껴질지언정 투자자라면 담력을 발휘해야 한다.

❸ 2022년 이후 인플레이션 상승으로 인해, 중앙은행들은 더 이상 예전처럼 행동할 수 없게 됐다. 재정을 줄이고 금리를 인상해야 했다.

❹ 중앙은행은 시장 유동성의 수도꼭지를 여닫을 수 있다. 하지만 물이 어디로 흘러갈지는 코끼리들, 특히 투자자와 기업들이 결정한다.

❺ 금리는 마치 타임머신과 같다. 현금 흐름이 시간을 여행하고, 서로 다른 자본 흐름을 비교할 수 있게 해준다.

❻ 금리는 중력과 같다. 금리가 오르면 모든 자산을 끌어내린다. 반대로 금리가 충분히 떨어지면 가장 무거운 자산마저 상승한다.

❼ 시장에는 금리 주기가 경제 주기보다 훨씬 더 중요하다. 경기 침체의 바닥이 보이면 매수가 좋은 생각일 수 있다.

❽ 안정을 추구할수록, 불안정성의 위험이 커진다.

❾ 우리는 중앙은행의 조치로 발생한 의도치 않은 결과를 앞으로 몇 년 동안 받아들이며 살아야 한다.

❿ 이어지는 장에서 메가트렌드들을 분석하고 그것이 금융 시장에 미치는 영향을 평가할 때, 유동성의 상황을 파악하는 게 매우 중요하다. 즉, 돈줄이 열려 있는지 닫혀 있는지를 알아야 한다.

I
혁신

생산성이 보장되는 장밋빛 시나리오

모든 것을 바꾸는 양자 컴퓨터

2042년 3월 15일, 〈글로벌 타임스〉, 줄리앙 마에스

미국 국립경제연구소NBER에 따르면, 2040년 10%였던 생산성은 2041년 19%로 두 배 가까이 증가했다. 경제 포럼 학술대회에서 블룸 교수가 외쳤다.
"대단해요! 생산성 가속화는 예상된 일이지만, 지난 몇 년은 예측을 완전히 뛰어넘었습니다."

일반 인공지능의 시대가 열리다

정말 놀라운 수준이다. 생산성 증가율은 2032년 1% 미만에서 2039년 4%까지 서서히 상승했다. 이번에 노벨 경제학상을 수상한 브린욜프슨 교수는 "해당 기간, 생산성은 우리가 예상한 대로 증가했습니다."라고 말했다.
"이 기간 일반 인공지능General Artificial Intelligence의 도움으로 두뇌 집단의 생산

성이 거의 25% 증가했습니다. 이들은 미국 전체 부가가치의 거의 60%를 생산하는데, 이 기간에 전체 경제의 생산성을 15%로 끌어올렸습니다."

양자 컴퓨팅은 돌파구가 됐다. 미국에서는 2040년 생산성 증가율이 10%로 급등했다. NBER(미국 국립경제연구소)의 최신 수치에 따르면, 2041년에는 그 수치가 19%로 두 배가 된다. 슈퍼컴퓨터로 몇 달이 걸리던 계산이 이제 고작 몇 시간이면 완료된다.

양자 컴퓨터는 역시 빨랐다

양자 컴퓨터의 혁신 소식은 빠르게 퍼졌다. 세계 양자 컴퓨팅 연합의 연구 책임자인 로르 르 바르는 이렇게 설명했다. "복잡한 문제를 해결하려면 막대한 양의 데이터를 기하급수적으로 계산해야 합니다. 기존 컴퓨터는 이런 부분에서 어려움을 겪습니다. 하지만 양자 컴퓨터는 다릅니다. 이 컴퓨터를 인공지능[AI], 기계학습 알고리즘과 결합하면 폭발적인 결과가 나온다는 걸 알았습니다."

사업 투자가 1년 안에 두 배로 늘었다. 양자 컴퓨팅은 전 산업 분야에 도입돼, 각 분야에 특화된 문제를 해결했다. 그 결과 생산성이 눈에 띄게 향상됐다. UPS의 CEO인 발라 수브라마니안은 패널 토론에서 경로 최적화, 운송비용 절감, 주문 분류를 통해 엄청난 효율성과 비용 절감 효과를 얻었다고 발언했다. '제너럴 일렉트릭General Electric'의 CEO는 혁신 이후 자사의 소재 부문에서 약 30%에 달하는 생산성 향상을 달성했다고 평가했다. 재생에너지,

전자 기술, 특수 산업 공정에 이상적으로 적용될 수 있는 신소재가 개발됐다. 'BNP 파리바BNP Paribas'의 CEO는 초단타 매매, 위험 분석, 포트폴리오 최적화가 크게 개선되며 전년도 대비 수익이 50% 증가했다고 말했다.

개발도상국은 앞으로 어떻게 될까?

생산성 향상은 모든 서방 국가에서 뚜렷하게 나타나고 있다. 개발도상국들도 그 흐름에 편승하게 될까? 글로벌 개발연구소의 롤란드 삭스는 의심의 여지가 없다고 말한다.

"재생에너지와 인프라에 관한 대규모 투자는 2030년대 평균 연간 5%의 생산성 향상을 이끌었습니다. 그 결과 서방 국가들과의 부의 격차도 상당 부분 해소됐습니다. 양자 컴퓨팅은 저장 용량과 지속 시간이 훨씬 긴 배터리 기술의 혁신을 가져와, 사실상 무료에 가까운 에너지를 제공할 것입니다. 이로써 연쇄 효과가 발생하는데, 예로 무제한 해수 담수화가 있습니다. 그 하나만으로도 사막화를 막고, 모든 사람에게 식수를 제공하며, 농업 생산성을 끌어올릴 수 있습니다."

지금까지 불가능했던 많은 일이 저렴한 에너지로 가능해진다. 그리고 삭스에 따르면, 현재 우리는 핵융합 상용화를 눈앞에 두고 있다.

"가난한 나라와 부유한 나라를 구분하는 시대는 곧 역사의 뒤안길로 사라질 것입니다."

블룸 교수는 올해 초 세상을 떠난 노벨 경제학상 수상자 폴 크루그먼Paul

Krugman을 기리는 말로 회의를 마무리했다.

"오래전 폴은 생산성이 전부는 아니지만, 장기적으로 보면 거의 전부라고 말했습니다. 폴, 당신이 틀렸습니다. 생산성은 그냥 전부입니다!"

1
생산성 부스트

키포인트

- ☑ 생산성 향상은 고령화되고 있는 서양 경제권의 유일한 성장 원천이다. 새로운 범용 기술은 생산 과정의 근본적인 변화, 새로운 법과 규제, 그리고 다른 역량을 가진 노동력의 도입을 주도한다. (하지만 시간이 필요하다.)

- ☑ 챗GPT를 대표로 하는 인공지능(AI)은 생산성을 가속하는 주역이 될 수 있다. 하지만 전문가에 따르면, GPT 같은 AI가 실제 생산성 수치에 드러나려면 최소 10년 이상이 필요하다.

- ☑ 지난 10년간의 디지털 제품 혁신의 문제는 생산성 향상이 소비자 잉여, 즉 삶의 질 향상으로 나타날 뿐, 생산자 잉여, 즉 더 많은 경제적 후생으로 이어지지 않는다는 점이다. 후자만 GDP에 포함된다.

- ☑ 대안적 계산으로 '실현된 소비자 잉여'를 계산하면, 연간 GDP의 0.1~0.9% 증가했음을 알 수 있다. 하지만 문제는 이런 이론적인 생산성의 증가로는 세계적으로 높은 부채 수준을 해결하지 못한다.

질문　생산성은 어떻게 진화할까?

챗GPT　앞으로 세계 생산성이 어떻게 변화할지는 정확히 예측하기 어려워요. 하지만 생산성에 잠재적으로 영향을 미칠 확실한 요인은 존재해요.

⋮

우선, 자동화와 디지털화는 생산성 향상으로 이어질 가능성이 높다. 이 기술은 인간의 실수를 줄이고, 효율성을 높이며, 비용을 줄일 것이다. 그리고 경제의 세계화가 심화될수록 생산성도 증가할 것이다. 기업들이 더 저렴한 인건비와 국제 협력의 장점을 누릴 수 있기 때문이다. 마지막으로, 근로자의 교육 수준과 기술 향상도 생산성에 영향을 미칠 수 있다. 직원 교육과 훈련에 투자하는 기업은 직원들의 지식과 기술을 향상해 생산성을 높일 수 있다.

AI의 혁신

챗GPT는 대표적으로 대중에게 인공지능의 능력을 보여주고 있다. 이 챗봇은 번개 같은 속도로 정확한 텍스트를 작성할 뿐만 아니라, 슈퍼 지능으로 시, 요리법, 컴퓨터 코드 등도 작성할 수 있다. 또 디자인 매니저 암마르 레시Ammaar Reshi처럼, 챗GPT를 미드저니Midjourney 및 다른 AI 도구들과 함께 사용하면, 아동 도서도 만들어 낼 수 있다.

AI는 새로운 생산성 붐을 이끄는 원동력이 될 수 있을까? 블로거 노아 스미스Noah Smith는 이렇게 주장했다.[1]

AI의 핵심은, 일반적인 컴퓨팅 기술과 마찬가지로, '정신적 노동의 절약'이다. 물리적 기술이 인간의 육체적 능력을 확장했던 것처럼, 만약 AI가 인간의 사고를 확장해 준다면, 또 한 번의 생산성 붐이 다가올 가능성이 크다.

생산의 중요성

오픈 필란트로피Open Philanthropy의 재무가 톰 데이비드슨Tom Davidson은 AI가 더 성장할 수 있다고 말한다.[2] 이렇게 AI가 쏘아 올린 긍정적 피드백의 순환은 연간 경제 성장률을 30%까지 끌어올린다. 동료 연구자인 아제야 코트라Ajeya Cotra는 이런 '변혁적 AI'가 2100년 이전에 개발될 확률을 80%, 2050년 이전에는 50%로 추정했다. MIT의 퓨처테크 소속 베시로글루Besiroglu와 그의 동료들은 지난 70년에 비해 생산성이 두 배로 증가할 것으로 생각한다.[3] 인공지능의 핵심 기술인 딥러닝이 연구개발R&D 분야에서 널리 사용될 만큼 더 좋아져야 한다.

그렇게 되면 인간 과학자들보다 더 폭넓게 아이디어를 재조합하고, 철저하고 나은 연구를 통해 지식 생산을 촉진하게 된다. 딥러닝의 도입은 물리적 자본의 투자를 증가시키고 처리 능력을 크게 향상시켜, 아이디어 생산과 성장의 영구적인 증가로 이어진다. 이런 시스템의 확장이 과학자를 더 많이 확보하는 일보다 훨씬 쉽다. 구체적으로 예를 들면, 현재 미국 국립과학재단NSF이 지원하는 STEM 연구 센터에서 컴퓨터 등에 투자하는 자본은 6% 정도에 불과하다.

AI의 제약 산업 진출은 이미 협력 계약(브리스톨 마이어스 스퀴브 Bristol Myer Squibb와 엑스사이엔티아Exscientia)과 AI 기업 인수(바이오엔테크 BioNTech의 인스타딥InstaDeep 인수)를 통해 진행되고 있다. 코로나19 위기 당시, AI는 일라이 릴리Eli Lilly의 류마티즘성 관절염 치료제가 코로나바이러스 억제 효과가 있다는 사실을 밝혀냈다. 또한 AI는 UCB의 건선 치료제 빔젤렉스Bimzelx 개발에도 기여했다. AI의 가능성은 점점 강력해지는 컴퓨터와 스스로 학습하는 알고리즘에 데이터를 기반으로 훈련을 시키면, 관련 데이터베이스를 샅샅이 탐색하는 데 있다. 그 결과, 새로운 질병 표적과 이상적인 신약 후보를 빠르게 발견한다.

생산성이 전부는 아니지만, 장기적으로 보면 거의 전부다.

노벨상 수상자인 폴 크루그먼Paul Krugman의 말이다.4 경제학자 앨런 블라인더Alan Blinder와 윌리엄 보몰William Baumol도 같은 견해를 보였다.5 이들에 따르면, 생산성 성장률의 작은 차이도 오랜 시간 누적되면, 은행의 복리 이자처럼 커져 한 사회의 번영에 막대한 차이를 만든다. 가난을 줄이고 여가 시간을 늘리며, 교육, 공공 보건, 환경 보호, 예술 분야에 관한 국가의 재정 능력을 키우는 데 이보다 중요한 요소는 없다고 한다.

첫 번째 산업혁명과 두 번째 산업혁명에는 생산성이 폭발적으로 증가했다. 하지만 세 번째 산업혁명, 즉 컴퓨터 혁명 때는 생산성 증가가 보이지 않았다. 로버트 J. 고든Robert J. Gordon 교수에 따르면,[6] 1891년부터 1972년까지 미국의 노동생산성은 연평균 2.3% 증가했다. 그러나 두 번째 산업혁명에서 탄생한 발명품들이 점차 수명을 다하면서, 1972년부터 1996년까지 생산성 증가율은 1.4%로 떨어졌다. 한편, 1960년대에 접어들며 컴퓨터 시대가 도래했다. 하지만 뜻밖의 현상이 나타났는데, 미국 경제학자 로버트 솔로Robert Solow는 1987년 이렇게 표현했다.

컴퓨터의 시대라는 건 어디에서나 나타나지만, 생산성 통계에서는 나타나지 않는다.

생산성의 역설

1970~1980년대에는 컴퓨터와 정보기술IT이 전체 자본 장비에서 차지하는 비중이 너무 작아 생산성에 유의미한 영향을 줄 수 없었다

는 게 하나의 설명이다. 임계 질량(핵분열 연쇄 반응을 유지하는 데 필요한 최소 질량)에 도달한 건 그 이후였다. IT 및 소프트웨어에 관한 투자(GDP, 국내총생산의 비율로 표시)는 1960년부터 2000년까지 4.6% 증가했다. 이는 미국의 노동생산성이 1996년부터 2004년까지 2.5%나 급격히 상승하는 결과로 이어졌다. 이런 뒤늦은 발현이 생소한 일은 아니다. 성장의 가속은 산업의 혁명과 반드시 일치하지 않는다. 예로, 증기기관은 1705년에 발명되어 18세기 후반에 널리 보급됐다. 하지만, 미국의 생산성과 성장에 관한 철도의 효과는 1850년에서 1900년 사이에 나타났다. 이는 범용 기술GPT, General Purpose Technologies*의 특징이다. 이 새로운 기술 시스템은 거의 모든 것을 바꾼다. 이런 변화에는 시간이 필요하다.

ICT(정보통신기술) 혁명에 대한 회의론

고든 교수는 2차 산업혁명의 발명품들과 2002년 이후 정보통신기술(ICT) 혁명에서 나온 혁신들 사이의 근본적인 차이를 설명했다. A안과 B안 중 하나를 선택해야 한다고 가정해 보자. A안을 선택하면, 2002년에 사용 가능했던 모든 전자 기술을 계속 이용할 수 있다. 여기에는 Windows 98 노트북과 인터넷 접속이 포함된다. 그리고 수돗물과 실내 화장실도 계속 사용할 수 있다. 하지만 2002년 이후에 개발된 기술

---

* 범용 기술은 전체 경제를 움직이고 변화시키는 혁신을 의미한다. 대부분의 GPT는 완성된 해결책이라기보다는 새로운 기회를 제공하는 기반 기술의 역할이다.

> 은 더 이상 사용할 수 없다.
>
> B안을 선택하면, 당신은 iPad로 X(트위터), 페이스북, 왓츠앱을 마음껏 계속 사용할 수 있다. 하지만, 이 선택을 하면 실내 배관 시설, 즉 수돗물과 실내 화장실을 더 이상 사용할 수 없다. 이제는 매일 물을 길어 오고, 오물을 밖으로 내다 버려야 한다. 비가 오는 새벽 3시에 사용할 수 있는 화장실은 젖고 진흙투성이인 야외 화장실뿐이다. 당신은 어떤 선택을 하겠는가?

칼럼니스트 존 손힐John Thornhill은 〈파이낸셜 타임스〉에 이런 글을 썼다.

거대 기술 기업들이 창의성을 크게 떠벌리지만, 실제로는 혁신을 위한 혁신을 추구한다. 현실 세계의 문제는 거의 해결하지 못하고, 오히려 새로운 문제를 만들어낸다는 비판을 받고 있다. 기술 저널리스트인 브라이언 머천트Brian Merchant는 실리콘밸리 신화의 종말을 선언하며, 현재 거대 기술 기업들은 새롭고 유용한 무언가를 창조하는 일보다 임대료를 뜯어내고 새로운 경쟁자를 짓밟는 데 더 관심이 있다고 주장했다.

실제로, 암호화폐나 메타버스, 소셜미디어와 같은 혁신들이 인류에게 긍정적인 기여를 할지는 아직 명확하지 않다. 하지만 손힐은 우리가 기술을 더 생산적으로 활용하는 새로운 국면에 접어들고 있다는 근거를 최소 두 가지 제시했다. 2022년까지 전 세계 기술 기업들에서

15만 명이 정리해고될 예정이다. 좋은 일은 아니지만, 반대로 은행, 소매업체, 의료 회사 등에서 기술 인력이 급증하고 있다. 미국의 기술 관련 종사자는 12% 증가한 640만 명에 이른다. 기술 인력이 다양한 산업 분야에 더 널리 배치되고 있다. 둘째로, 이제 모든 기업이 인공지능AI, 클라우드 컴퓨팅 같은 가장 강력한 기술 도구에 접근할 수 있게 됐다. 이제 회사의 최고기술책임자CTO만 이런 기술을 이해하고 활용하는 게 아니다. 제품 및 마케팅 부서의 책임자 또한 사용하기 시작했다.

생산성 측정

KU 루벤 국제경제학 명예교수인 테오 페터스Theo Peeters 교수가 몇 년 전 나의 책《승자 경제De winnaarseconomie》에서 인터뷰를 통해 과거 생산성 향상과 생산자 잉여에 대해 설명했다.[7] 그리고 그것은 다시 직원들에게 분배되어 그들의 소득과 부의 증가로 이어졌다. 오늘날에는 생산성 증가가 소비자 잉여를 낳아 삶의 질을 높여준다. 하지만 삶의 질은 GDP에 포함되지 않는다.

> **디지털에서 발생한 소비자 잉여는 대개 GDP로 이어지지 않는다**
> 소비자 잉여는 소비자가 어떤 재화를 소비할 때 경험하는 가치 즉, 그

재화에 대해 기꺼이 지불할 최대 가격과 실제로 지불한 가격 간의 차이다. 시장에서 저렴하게 판다면, 소비자들은 비싸게 주고 살 필요가 없다. 반면, 생산자 잉여는 기업이 상품을 판매해 얻는 실질 소득을 의미한다. 이는 상품 생산의 실제 비용과 판매 가격을 지칭한다. 최종 상품의 생산자 잉여만이 GDP에 포함된다. 20세기의 자동차, 책, 카세트테이프와 같은 전형적인 실물 상품들은 전혀 문제가 되지 않는다. 이전에는 판매된 자동차 수가 두 배로 늘면 생산자 잉여와 GDP 기여도가 두 배가 되고, 소비자 잉여도 두 배가 됐다. 그러나 오늘날, 검색 로봇, 소셜 미디어, 디지털 지도와 같은 순수 디지털 상품들이 등장했다. 이들은 한계 비용(생산량을 한 단위 더 늘릴 때 발생하는 추가 비용)이 0원이다. 한 명이 검색 로봇을 사용하든 백만 명이 사용하든 로봇의 비용은 동일하다. 소비자들이 이러한 무료 상품들을 더 많이 사용할수록 소비자 잉여는 증가한다. 그러나 이는 복지를 좋아지게 했을 수는 있어도, 생산자 잉여와 GDP의 상관관계는 설명하기 어렵다. 마지막으로, 디지털 상품이 실물 상품과 서비스를 대체하고 있다. 백과사전이 좋은 예시이다. 오늘날 그 모든 정보는 위키피디아에서 무료로 볼 수 있다. 오늘날 우리는 디지털 지도, 온라인 소프트웨어, 스트리밍 음악 서비스, 온라인 교육 자료, 소셜 미디어 플랫폼 및 앱 같은 많은 디지털 상품을 무료로 사용한다. 간혹 제공업체들이 온라인 광고로 수입을 창출하기는 하지만, 핵심은 '무료'라는 점이다.

QR 코드 스캔 등을 통해 무료 온라인 결제의 속도가 빨라지며 여가 시간 또한 늘어났다. 스마트폰은 카메라, 알람 시계, 스트리밍 서비스를 통한 음악 플레이어, 계산기, 컴퓨터, 내비게이션, 유선 전화, 게임 기기, 비디오 재생기 및 녹음 장치 등 다양한 기기를 대체했다. 게다가 스마트폰에는 검색 엔진, 소셜 미디어, 인스턴트 메시지 같이 예전에는 존재하지 않았던 새로운 앱과 기능들이 있다. 한 추정치에 따르면, 이렇게 대체된 기기들의 가격을 (일부) 합치면 5,000달러가 넘는다고 한다.[8] 가장 비싼 아이폰 모델도 이보다는 싸다.

미국인의 평균 디지털 미디어 사용 시간은 2008년 하루 약 2.7시간에서 2018년 6.3시간으로 증가했다. 2020년에는 코로나19의 영향으로 그 수치가 7.9시간으로 증가했으며, 2024년에는 하루 8.5시간에 이르게 됐다.[9] 이 중 대부분은 모바일 기기의 앱을 사용하는 시간으로, 이 앱들의 90% 이상이 무료다. 소비자들이 무료 디지털 상품을 더 많이 소비할수록, 소비자 잉여와 부는 증가한다. 그러나 이는 생산자 잉여와 GDP에 반영되지는 않는다. 정보 분야가 GDP에서 차지하는 비중은 4~5% 수준으로 1980년대 이후 오랫동안 일정하게 유지됐다. 2016년이 되어서야 5.2%로 늘어났고, 코로나19 이후 5.6%를 향하고 있다. 기술은 40년 전보다 우리 삶에 훨씬 더 많은 영향을 준다. 하지만 우리는 그 부분은 측정하지 않는다. 노벨상 수상자 윌리엄 노드하우스William Nordhaus는 기업들이 기술을 혁신해도, 사회적 수익 전체의 겨우 3~4%만 가져간다는 점을 발견했다.[10] 나머지 96~97%는 소비자에게 흘러간다. 디지털화의 실제 기여도를 수치화하려면, 단순히 생산 부문만 측정해서는 안 된다.

구글의 수석 경제학자인 할 배리언^{Hal Varian}은 구글이 검색 서비스로 절약해 준 시간을 계산했다.[11] 평균적으로 구글을 사용하지 않고 무작위 질문에 답하는 데 22분이 걸렸다. 구글을 사용하면 7분이 걸렸다. 절약된 시간에 연간 1인당 검색 횟수와 평균 시급 22달러를 곱하면 1인당 연간 500달러를 절약한다는 결론이 나온다. 물론 구글이 실제로 시간을 절약해 주는지는 의문이다. 무엇보다, 검색 로봇이 없던 시절에는 사람들이 그렇게 질문을 하지는 않았다.

2019년 브린욜프슨^{Brynjolfsson}의 실험[12]은 소비자들에게 특정 상품을 계속 사용하거나, 금전적 보상을 대가로 일정 기간 포기하기 중 하나를 선택하게 했다. 예를 들어, 미국인은 평균적으로 위키피디아 1년 이용을 150달러로 평가했는데, 이는 연간 150억 달러의 소비자 잉여를 나타낸다. 페이스북은 월평균 48달러의 가치로 평가됐다. 이 소비자 잉여를 미국 GDP에 포함하면, 연간 0.05~0.11% 포인트가 추가된다. 브린욜프슨은 이 방법을 사용해 미국에서 가장 인기 있는 디지털 상품들이 창출하는 소비자 잉여를 추정했다. 미국인 중간값은, 2017년에 3만 2,000달러로 평가됐다.

'이론적인' 생산성 증가의 문제는, 전 세계의 높은 부채에 대한 해결책을 제시하지 못한다는 점이다. 소비자 잉여가 생산자 잉여에 반영되지 않으면, 이는 부가가치세 또는 법인세 수입의 증가로 적절히 변환되지 않는다. 측정되지 않은 생산성 증가로 인해 매년 GDP 성장이 급격히 낮아지고 정부 부채가 증가하면, 전체 부채의 비율이 높아지는 건 당연하다.

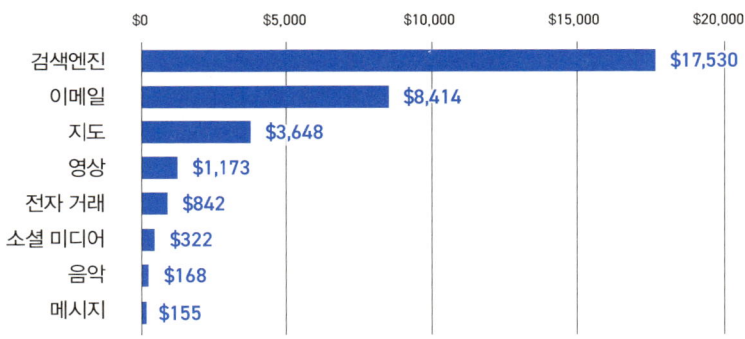

출처: Erik Brynjolfsson, Felix Eggers, Avinash Gannamaneni et al.

　여기서 가장 중요한 질문은 이런 디지털 혁명이 생산자들의 실질적인 생산성 향상으로 이어져 더 큰 이익과 임금을 만들 것인가에 있다. 다시 말하지만, 기술 낙관론자들은 성장이 폭발하기 직전이라고 믿는다. 채드 시버슨Chad Syverson 교수의 연구는 1970년 제3차 산업혁명 시작 이후의 생산성 성장 패턴이 1890년부터 1940년까지 전력화의 초기 50년(제2차 산업혁명의 첫 부분)과 비슷하다고 강조했다.[13] 처음 25년은, 1970~1995년처럼 노동생산성이 느리게 성장했고, 그 후 10년간 가속화가 이어졌는데, 전력화 시기에는 1915년에서 1924년까지, IT 시기에는 1995년에서 2004년까지였다. 그리고 생산성은 다시 10년간(1924년에서 1932년) 둔화되었다가 1932년에서 1940년까지 평균 2.7%라는 마지막 성장 급등세를 기록했다. 어쩌면 성장 급등은 생각보다 더 가까이 있을지도 모른다. 내 동료인 아르네 마에스

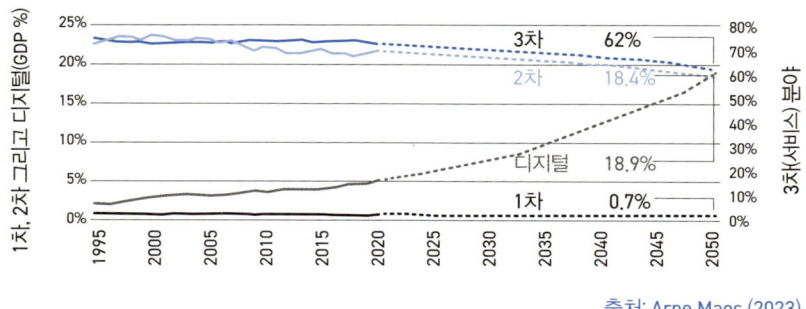

출처: Arne Maes (2023)

Arne Maes는 벨기에 GDP에서 디지털 경제*의 비중이 1995년 이후 두 배로 증가한 모습을 소개했다. 아르네는 '이런 추세가 계속된다면, 디지털 경제는 2050년까지 벨기에 전체 GDP의 5분의 1을 차지한다. 이는 건설과 산업 부문의 합보다 많다.'고 주장했다. 그러니 절망하지 말자.

---

* 좁은 의미의 OECD 방법론에 따르면, 디지털 경제에는 출판, 시청각 및 방송 서비스, 통신, 컴퓨터 소프트웨어, 컨설팅 및 컴퓨터 서비스, 컴퓨터, 전자 및 광학 제품이 포함된다.

2
디지털 혁명의 특징

키포인트

- ✓ 새로운 경제는 주로 무형 자산에 기반한다. 여기에는 연구 개발 및 특허, 고객 및 공급업체 네트워크 구축, 전산화된 데이터 및 소프트웨어, 그리고 인적 자본 등이 포함된다.

- ✓ 무형 자산의 특징은 확장성, 조합 가능성, 파급 효과, 그리고 매몰 비용이다. 이런 세상에서는 불확실성이 더 커지지만, 더 많은 아이디어가 더 빠르게, 그리고 훨씬 큰 규모로 확산된다. 또 다른 특징인 복잡성은 승자 독식 효과를 불러온다.

- ✓ 무형 자산의 독특한 특징들은 디지털 기술 등에서 나타나는 기하급수적인, 빛처럼 빠른 연산의 연속에 기초한다.

- ✓ 기술의 발전은 가속 보상의 법칙을 따른다. 좋은 컴퓨터는 더 많은 데이터를 점점 더 빠르게 처리해, 다양하고 더 나은 칩을 만드는 데 도움을 준다. 또한 서로 다른 기술들이 상호 영향을 주고받으며 기술의 변화를 지속적으로 가속한다.

- ✓ 사람들은 기하급수적 성장의 힘을 이해하지 못한다.

브린욜프슨Brynjolfsson과 매카피McAfee는 약 5년 전 '대부분의 이득은 아직 우리 앞에 있다.'고 주장했다. 기존의 기술을 기반으로 한 새로운 기술의 발전이 더 광범위한 분야에서 새로운 조합을 이끌어내며, 이는 다시 새로운 혁신의 힘이 된다.《제2의 기계 시대》(이한음 역, 청림출판, 2014)의 저자들은 디지털 혁명의 두 가지 핵심적인 특징을 명시했다.

향후 24개월 동안 지구는 앞선 역사 전체를 합친 것보다 더 많은 컴퓨터 능력을 추가하게 된다. 증가량은 향후 24년 동안 천 배가 넘을 수도 있다.

바로 디지털 혁신은 기하급수적이고 여러 분야를 조합하는 형태로 일어난다는 점이다. 더욱이 새로운 경제는 유형보다는 무형 자산에 의해 주도되는데, 이 또한 특별한 특징이 있다.

무형 자산의 시대

물리적인 형태가 없는, 무형 자산과 디지털 기술의 사용은 종종 높은 고정 비용과 네트워크 효과로 특정화된다. 둘 다 개척 기업 외에는 따라 할 수 없는 독특한 규모의 경제를 가져와, 기술의 확산을 둔화시킨다. 더 복잡한 기술은 추가적인 장벽을 만들고, 이 모든 것은 승자 독식 효과로 이어진다. 그리고 이것은 생산성의 성장을 늦춘다.

회계 규칙의 죽음

유형의 상품을 생산하는 산업 회사들은 대차대조표로 생산적 자산의 합리적인 그림을 그린다. 하지만 디지털 회사는 다르다. 회계 규칙에 따르면, 대차대조표상의 자산은 물리적 형태를 가져야 하고, 회사의 경계 내에 있어야 하며, 회사의 소유여야 한다. 그러나 디지털 회사들은 대부분 무형 자산을 소유하며, 수많은 회사가 회사의 경계를 훨씬 넘어서는 생태계를 가지고 있다. 우버의 자동차나 에어비앤비의 임대 부동산이 그 예다. 디지털 기업들은 '물리적' 기업들보다 근본적인 가치뿐만 아니라 가치 창출의 진짜 원천에 관해서도 훨씬 더 불명확하다. 기업 리더들과의 인터뷰를 통해서만 무형 자산에 대한 투자와 그 숨겨진 가치를 명확히 알 수 있다. 그래서 기업들은 연간 보고서의 주석에 추가 정보를 적어 투자자들에게 의견을 전달하기도 한다. 이게 재무제표가 관련성을 유지하고 회계의 종말을 피하는 유일한 방법이다.

조나단 해스켈Jonathan Haskel과 스티안 웨스트레이크Stian Westlake는 2021년 저서 《자본 없는 자본주의》(조미현 역, 에코리브르, 2018)에서 무형 경제의 부상을 설명했다. 그리고 2022년에는 그 후속작인 《자본 없는 자본주의 리부트》(조미현 역, 에코리브르, 2024)를 출간했다. 첫 번째 책에서 저자들은 'S'로 시작하는 단어 네 개로 무형 자산의 고유한 특징을 설명했다. 바로 확장성scalability, 시너지synergies, 파급 효과spill-overs, 그리고 매몰성sunkeness(또는 '매몰 비용')이다.

확장성 및 시너지 효과

확장성의 한 예는 토요타의 린^{lean} 생산 방식(적량 생산)으로, 전 세계로의 빠른 확산을 가능하게 만든다. 코카콜라의 주요 자산은 비밀 시럽의 제조법과 브랜드의 이름값이다. 이 비법과 코카콜라 브랜드 자체는 하루에 콜라를 천 개를 팔든 10억 개를 팔든 비슷하게 작동한다. 음악도 마찬가지다. 싱글 앨범을 한 장 만들어도, 낮은 비용으로 원하는 만큼 음반을 제작할 수 있다. 최근에 각광받는 디지털 음원이라면, 음반을 제작할 필요조차 없다.

두 번째는 시너지이다. MP3 프로토콜과 소형화된 하드 디스크, 애플의 디자인 기술, 그리고 애플과 음반사 간의 라이선스 계약을 합치면 무엇이 될까? 바로 아이팟이다. 영국의 과학 언론인 맷 리들리$^{Matt\ Ridley}$는 유명한 TED 강연에서 "혁신은 아이디어들이 섹스할 때 일어난다."고 말했다.[14] 이런 시너지 효과는 우리가 앞서 말한 '재조합'의 측면과 일치한다. 경제 역사가 마틴 와이츠만$^{Martin\ Weitzman}$은 "'재조합 혁신'은 오래된 아이디어들이 새로운 방식으로 새로운 아이디어를 만들어내는 방식을 의미한다."고 설명했다.[15] 새로운 무언가는 기존의 기술들이 합쳐져서 발명된다. 그리고 그 발전은 다시 새로운 개발을 쌓기 위한 블록이 된다. 오늘날 컴퓨터 칩, 통신, 인터넷 인프라의 확장, 클라우드 컴퓨팅 및 소프트웨어 응용 프로그램의 발전을 예로 들 수 있다. 와이츠만은 "성장의 궁극적인 한계는 새로운 아이디어를 만드는 능력보다는, 잠재적으로 생산적인 아이디어를 더 풍부한 결실로 만드는 능력이다."라고 결론지었다.[16]

파급 효과와 매몰 비용

세 번째 'S'는 파급 효과를 의미한다. 무형 자산IVA은 보호하고 방어하기가 어렵다. 특허, 상표권 또는 저작권으로 지적재산권을 보호하더라도, 복제의 위험은 남는다. 아이디어를 상당 부분 변경하면 특정 시점부터는 특허로 보호받지 못한다. 한 예로, 스티브 잡스는 애플의 iOS 운영체제가 구글의 안드로이드 운영체제로 복사되고 '변형'됐다고 분노했다. 아이디어는 비非 배타적이다.

무형 자산의 마지막 특징은 매몰 비용이다. 내 아이디어, 브랜드 또는 경영 방식에 많은 돈을 투자했더라도, 이것을 팔 때는 그 경계가 분명하지 않다. 회사가 망하면, 기계는 대개 빨리 팔 수 있다. 유형의 물건은 표준화, 대량 생산되어 있고 기업과 분리하기 쉬워, 팔기가 쉽다. 하지만 토요타가 수백만 달러를 투자한 린 생산 시스템은 그렇지 않다. 이 시스템만 공장에서 분리해 따로 팔 수 있을까?

요약하자면, 무형 자산이 지배하는 세상에서 매몰 비용은 더 큰 불확실성을 초래한다. 상황이 잘못되면 무형 자산은 가치가 떨어진다. 그러나 상황이 잘 풀리면, 그 확장성으로 더 큰 가치를 갖게 된다. 이처럼 모 아니면 도인 상황은, 은행 대출을 복잡하게 만든다.

혁신적인 독점

요제프 슘페터와의 인터뷰:
이론은 마음의 극장이다

난 비엔나 오페른링에 위치한 메르디앙 호텔의 침대에 앉아 다른 세상, 다른 시간에서 온 우아한 필체의 편지를 다시금 읽었다.

드 레우스 경과 기젤스 님께.
귀하께서 쓰고 계신 혁신에 관한 책에 불가피하게 저의 이름이 언급되어, 귀하를 대화에 초대합니다. 이는 귀하께서 하고 계신 진실의 부정을 늘리지 않기 위함입니다. 1월 8일 오후 9시에 오페른링의 부르크 키노 영화관으로 오세요. 예약할 때 이름을 물으면, 존 메이나드 스미스[John Maynard Smith]라고 하시기 바랍니다.

코엔은 늘 그렇듯이 내가 미쳤다고 말하며 따라오기를 거부했다. 하지만 난 미스터리라면 환장하는 사람이다. 그리고 난 시시한 장난 아니면 멋진 이야기가 펼쳐질 장소로 가고 있다. 난 어젯밤 쌓인 눈에 수없이 반사되는 가로등 불빛 속에서 길을 건넜다. 그리고 구석에 있는 미술관에서 기이한 모습의 창작물과 그림들과 마주했다. 내 오른쪽으로 몇 건물 떨어진 곳에 있는 작은 영화관과 극명한 대조를 이뤘다.

"예약하셨습니까, 성함이…?"

"존 메이나드 스미스입니다." 난 게임에 참여하기로 결심하며 외쳤다. 우리는 문을 지나 드문드문 조명이 비치는 어두운 복도를 통해 빨간 좌석들이 있는 작은 극장으로 들어갔다.

"보고 싶은 영화가 있으신가요?" 우리를 안내한 젊은 남자가 물었다. 이 상황에서는 밀로스 포먼Milos Forman의 〈아마데우스Amadeus〉 외에는 아무것도 떠오르지 않았다.

영화는 바로 시작됐다. 젊은 남자는 내 옆에 앉았다. 하지만 안토니오 살리에리의 이야기가 제대로 시작되기도 전에 화면이 멈췄다. 옆의 남자를 보니, 그리 젊지 않은 외모였다. 그리고 이제야 그가 흰 장갑에 우산을 들고 있는 게 눈에 들어왔다.

슘페터 교수였다. 그가 "생각보다 멍청하지는 않군요."라고 말했다. 영어는 완벽했지만, 틀림없이 독일인의 억양이었다. "당신은 역사상 가장 중요한 혁신의 물결, 아니 혁신의 군집 중 하나를 눈앞에 두고 있습니다. 그 자체는 새로운 게 아닙니다. 하지만 그 발생 속도는 당신이 정신적으로, 심리적으로, 사회적으로 감당하지 못할 만큼 빠를 수도 있습니다. 이번에는 창조적 파괴의 과정이 상당히 빠를 겁니다. 이는 수년 동안 경제를 정화하지 않아서이기도 합니다. 자, 이제 질문해도 좋아요."

I. 혁신

난 첫 질문으로 대화를 이어갔다.

"당신께서는 《자본주의 사회주의 민주주의》(이종인 역, 북길드, 2016)와 《사업 주기 Business Cycles》 두 권에서 신용이 혁신 과정에 필수라고 주장했죠? 기업가들이 혁신을 이어가도록 하기 위함이 아닌가요?"

"아, 당신은 고전을 아는군요. 그래요. 돈은 생명선입니다. 발전의 엔진이라고 할 수 있습니다. 하지만 일정 시점이 되면, 돈의 흐름이 멈춰야 하고, 생존 불가능한 아이디어는 실패하게 둬야 합니다."

그는 다소 길고 극적인 침묵으로, 나에게 생각을 정리할 시간을 줬다.

"교수님, 지금 제가 콕 집어 걱정하는 건 이것입니다. 교수님께서는 창조적 과정이 매번 혁신을 군집으로 가져온다고 하셨습니다. 이는 부를 창출하는 진보입니다. 그 과정에서 종종 새로운 기업들이 나타나 기존 회사들을 대체하곤 합니다. 이 새로운 독점 기업들은 큰 시장 지배력을 가지고 혁신에 대한 보상으로 많은 수익을 올리기도 합니다. 하지만 오늘날에는 구글, 마이크로소프트, 애플 같은 기존의 기술 거인들이 즉시 대체되지는 않을 것 같습니다?"

"지금 나한테 투자 조언을 받으려는 건가요?" 그는 텅 빈 영화관을 빠르게 걸었다. "중요한 건 진보가 그 역할을 하도록 자유롭게 두는 겁니다. 새로운 경쟁자들이 거대 기술 기업들이 혁신하도록 압박합니다. 그리고 기존 기업들이 혁신을 해내지 못 하면 대체되는 겁니다. 누가 이겨서 최초로 10조 달러의 시장 가치를 달성하든 상관없습니다.

중요한 건 바로….”

그는 마치 정보를 너무 많이 주고 있다는 걸 깨달은 듯 갑자기 말을 멈췄다. 그리고 주머니에서 종이 한 장을 꺼내, 몇 가지를 적은 뒤 다시 접어서 조심스럽게 안주머니에 넣었다.

나는 잠시 고요한 스크린을 응시하다가 말했다. "교수님, 질문 하나 더 해도 될까요? 교수님의 연구에서는, 경기 순환을 콘드라티예프 Kondratiev와 그의 파동 이론을 기반으로 하셨습니다. 지금 저는 주기를 세는 데 어려움을 겪고 있습니다. 만약 최근 몇 년간의 디플레이션이 겨울이었다면, 왜 정화가 일어나지 않은 걸까요? 그리고 지금이 완전한 인플레이션 상태라면, 계절로는 여름입니다. 그럼 봄은 어디에 간 걸까요?"

"우선, 젊은이, 난 니콜라이의 작업에 더 기반을 둔 게 아닙니다. 그는 단지 주기가 존재한다는 걸, 아주 단순하게 확립했을 뿐이지. 실질적인 틀은 내가 만들었습니다. '슘페터 파동'이라고 할 것을…. 하지만 지적인 질문입니다. 아마 내 대답을 들으면 놀랄지도 모르겠군요. 역사상 처음으로 겨울이 정화를 가져오지 않았습니다. 그리고 대규모 유동성 주입으로 봄을 건너뛰었죠. 현재 당신은 인플레이션의 여름을 겪고 있지만, 여전히 거대한 부채의 산을 안고 있습니다. 즐거운 일은 아닙니다. 난 바이마르 공화국의 인플레이션 시기를 겪어 봤거든요."

"결국 모든 건 다윈으로 귀결되는군요. 가장 강한 자, 가장 빠른 자, 가장 똑똑한 자가 살아남는 게 아니라, 변화에 가장 잘 적응하는 자가 살아남는다."

점점 작아지는 형체가 점점 더 극적인, 연기하는 동작으로 외쳤다. "난 경제학의 다윈입니다. 행성이 죽지 않으면 승리합니다. 하지만 승리에는 막대한 책임이 따릅니다. 그리고 경제가 그 흐름을 따르도록 내버려둬야 합니다. 포뮬러 1 대회에서 경기 침체는 피트 스톱과 같습니다. 어쨌든, 내가 이 시대에 살았다면 세계 챔피언이 되었겠군요." 그가 내 쪽으로 돌아와 살짝 고개를 숙이며 말했다. "나는 항상 빈 최고의 연인, 오스트리아 최고의 기수, 그리고 세계 최고의 경제학자가 되고 싶었습니다. 두 번째 것만 이루지 못했군요. 하지만 다음 라운드를 위해 재충전이 필요합니다. 경기 침체는 창조적 과정의 일부입니다. 이 내용을 당신의 책에 쓰세요."

그리고 그는 갑자기 사라졌다. 난 다시 재생되기 시작한 〈아마데우스〉를 봤다. 하지만 다윈, 거대한 시장 자본화, 그리고 봄이 없는 한 해를 되뇌었다.

가치주, 성장주, 혹은 유니콘과 불사조?

요제프 슘페터와의 만남에서 내가 깨달은 건, 혁신을 통해 새로운 독점을 창출하는 기업에 투자해야 한다는 것이다. 그렇다고 오랜 역사를 가진 기존의 기업들을 잠재적인 매수 목록에서 즉시 지워야 한다는 뜻은 아니다. 실제로 일부 기업들은 매우 강력한 시장 지위, 거의 독점에 가까운 지위를 가지고 있다. 슈퍼 투자자 워런 버핏은 이를

'해자moat'라고 불렀는데, 기업의 이익을 잠재적인 침입자들로부터 보호하는 역할을 한다. 코카콜라와 마이크로소프트가 두 가지 예다. 코카콜라는 견고한 브랜드를 가지고 있다. 매년 때가 되면 TV에 등장하는 썰매와 산타클로스를 좋아하지 않는 사람이 있을까? 마이크로소프트는 수년간 막대한 현금 흐름을 창출하고, 다른 분야에도 지배적인 영향을 끼치는 운영체제를 가지고 있다. 하지만 어떤 독점도 영원하지는 않다. 스스로 끊임없이 재창조하는 게 중요하다. 작가이자 인플루언서인 피터 힌센Peter Hinssen은 이런 기업을 불사조라고 불렀다. 변혁을 통해 재에서 다시 날아오르는 기업들이다. 유니콘Unicorn은 최소 10억 달러 가치가 있는 비상장 기업으로, 새로운 리더로 성장할 수 있는 신생 기업을 말한다.

한편, 어떤 기업들은 놀랍도록 오래 지속되기도 한다. 현재 세계에서 가장 오래된 기업은 578년에 설립된 일본의 건설 회사 공 구미Kong Gumi이다. 다음 세 기업은 오스트리아의 성 베드로 수도원 쿨리나리움St Peter Stifts Kulinarium(803년), 독일의 슈타펠터 호프Staffelter Hof(862년), 영국의 왕립 조폐국The Royal Mint(886년)이다.

성숙한 기업은 가치주인 경향이 있다. 물론 항상 그렇지는 않다. 기존의 가치주도 급진적인 전환을 통해 또 다른 급격한 성장을 끌어내기도 한다. 시장에 진입하는 젊은 기업들은 대개 성장주다. 물론 항상 그렇지는 않다. 간혹 성숙한 주식이 증시에 상장되기도 한다.

장기적인 관점에서 성장주와 가치주의 성과를 비교해 보면, 둘 다 장기간 시장을 능가하는 시기를 가지며 포트폴리오에서 각자의 장점을 확실하게 보여준다. 그러니 불사조의 아름다운 잠재력을 간과하지 말자. 여기서 가장 상상력을 자극하는 예시는 아마도 애플이다. 애플은 1976년 스티브 잡스Steve Jobs와 스티브 워즈니악Steve Wozniak이 설립했다. 1980년 12월 12일 상장 당시 가격은 주당 22달러였다. 이는 오늘날 모든 주식 분할을 고려하면 0.1달러로 환산된다. 현재 주가를 고려하면 전혀 나쁜 투자가 아니다. 하지만 그 길이 순탄하지만은 않았다. 1985년, 두 명의 스티브는 경영진과의 전략 불화로 회사를 떠났다. 이후 빌 게이츠의 마이크로소프트, IBM 등 수많은 기업과 끝없는 싸움으로 어려운 세월을 보냈다. 1997년, 스티브 잡스가 다시 복귀하여 마이크로소프트와 화해했고, 그 이후는 역사책에 나온 대로 진행됐다. 불사조가 날아오르며 운 좋게 주식을 소유한 사람들에게 황금을 산더미만큼 안겨줬다. 단순히 소유하는 것뿐만 아니라 보유하는 게 중요했다. 이 또한 트렌드다. 많은 투자자가 한 번쯤은 포트폴리오에 애플을 담은 경험이 있다. 하지만 성공한 사람은? 개인적으로, 내가 투자에서 저지른 가장 큰 실수는 하락하는 주식을 선택한 일이 아니다. 또는 실패한 주식을 너무 오래 보유한 일도 아니다. 오히려 추세가 역전되기 전에 급등하는 주식에서 너무 빨리 이익을 실현한 일이었다. 돌이켜보면 난 이런 방식으로 애플 같은 트렌드를 무수히 놓쳐왔다.

 난 낮거나 명확한 하락 추세에 있는 주식 목록을 보지 않는다. 나는 상승하는 새로운 52주 신고가 또는 사상 최고가를 기록하는 주식, 그룹, 섹터, 테마를 본다. 왜냐하면 이런 종류의 주식을 봐야, 자연스럽

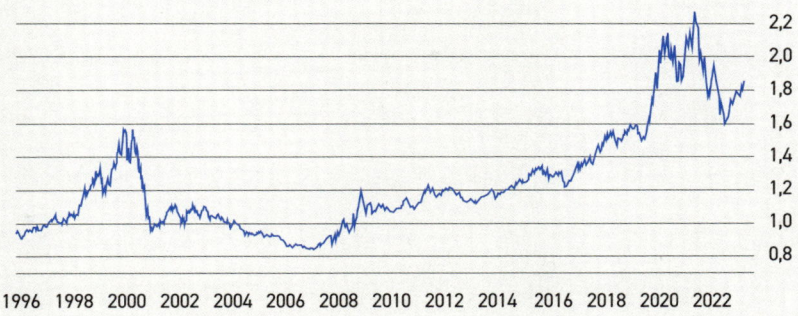

게 애플과 다른 거대한 상승 종목을 만나게 되기 때문이다. 애플이 신고가를 여러 번 기록하는 궤적을 그리지 않았다면, 현재 주가까지 오르지 못했을 것이다. 우리는 먼저 도서관에 가서 어떤 주식, 섹터 또는 테마가 잘될지 읽고 공부하고, 분석하고 가설을 세운다. 그런 다음 실제 현실을 확인한다. 어쩌면 너무 이른 시기라 움직임이 없을 수도 있다. 기다린다고 해가 될 건 없다. 추세가 충분히 강하고, 애플처럼 파동이 거대하다면, 내가 후기 다수자에 속해도 상관없다. 진입할 수 있는 지점이 아주 많다. 하지만 추세가 너무 부정적이라면 아이디어를 미루는 게 나을 수도 있다. 반대의 상황에도 똑같이 적용된다, 심지어 더 좋을 수도 있다.

많은 투자자가 눈에 보이는 높은 주식을 사기를 어려워한다. S&P500과 같은 지수에 투자하면 확실히 도움이 된다. 이는 점진적 통찰이라고 할 수 있다. 왜냐하면 내 경력의 상당 부분, 차기 마이크로소프트나 엔비디아를 찾는 과정은 투자 행복의 절정이었다. 하지만 나이가 들면서 깨달은 것도 있다. 정기적으로 가중치가 재조정되고 재균형을 잡는 S&P500, 나스닥100 또는 다른 지수들은 영구적으로 추세를 따른다고 볼 수 있다. 최근 실적이 좋지 않은 주식들은 매우 정기적으로 지수에서 제외되고 최근 실적이 좋았던 회사들로 대체된다. 또 역사상 가장 전설적인 기술 분석가 중 하나인 랄프 아캄포라 Ralph Accampora는 "좋은 것은 오르고 나쁜 것은 내린다."고 단순하게 표현했다.

위대한 지식인 슘페터라면 S&P500을 자신의 이론을 실행하는 훌륭한 도구로 여겼을지도 모른다. 무엇보다, 이 지수 안에서는 창조적 파괴가 가속되고 있다. S&P500에 포함된 주식이 그 안에 머무는 기간은 1960년대에는 평균 30년 이상이었고, 1990년대 중반까지도 비슷했다. 하지만 지금은 평균 15년이다. 이는 우리가 살고 있는 기하급수적 시대와 또 다른 큰 차이로 보인다. 하지만 그렇다고 차기 애플 찾기를 멈춰야 한다는 뜻은 아니다. 앞서 언급했듯이 이는 52주 신고가 또는 사상 최고가 목록에 있다. 경험상 이 목록에는 급성장하는 소매업체나 기술 및 생명공학 주식이 자주 보인다. 다음은 누가 될까?

기하급수적인 성장

1965년, 인텔의 공동 창립자 고든 무어Gordon Moore는 인텔 칩의 구성 요소인 트랜지스터 수는 매년 두 배로 증가한다고 말했다(무어의 법칙).[17] 2010년대 후반이 되자 칩당 트랜지스터 수의 증가 속도가 느려졌다. IBM은 2021년에 2나노미터 크기의 트랜지스터를 개발했는데, 손톱 크기만 한 칩에 500억 개의 트랜지스터가 들어있다. 그런데 이는 5나노미터 칩을 개발한 지 만 4년 만의 일이었다.

미래학자이자 구글의 임원인 레이몬드 커즈와일Raymond Kurzweil에 따르면, 기술은 가속 보상의 법칙에 따라 발전한다. 좋은 컴퓨터는 더 많은 데이터를 처리해 줘, 더 나은 칩을 만드는 데 도움이 된다. 그리고 이 과정은 점점 더 빨라지고 있으며, 나아가 다양한 기술에서 동시에 진행되고 있다.

역사적으로 기술은 예측 가능한, 세 가지 뚜렷한 단계의 생애 주기를 따른다. 연구 개발, 대중의 기술 채택, 그리고 성숙이다. 첫 번째 단계는 느리고 점진적이며 비용이 많이 든다. 기술이 변곡점에 도달하고 비용의 효율성이 높아지며 빠르게 선택되기 전까지 그렇다. 전기가 발명되고, 미국 인구의 4분의 1이 이 신기술을 받아들이기까지 46년이 걸렸다. PC는 16년이었다. 그리고 2000년 이후, 평균 10년으로 단축됐다. 인터넷은 7년이다. Open AI의 챗GPT는 출시 두 달 만에 이미 1억 명 이상의 실사용자를 기록했다. 우리는 새로운 가속화의 시기를 맞이하고 있는 걸까?

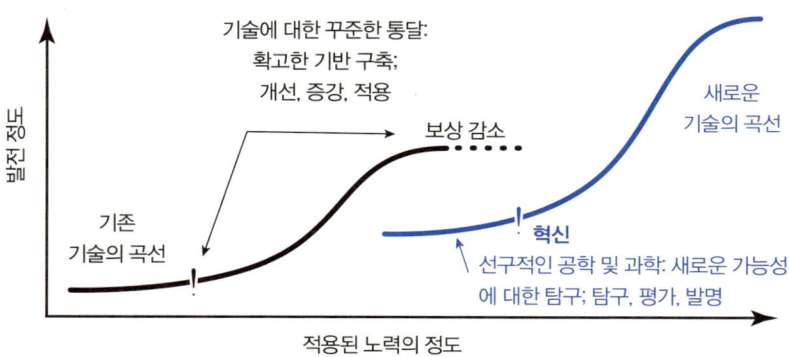

　결과적으로, 우리는 새로운 가속화 단계에 진입한다. 그래서 개별 기술의 발전이 둔화되더라도 기술 변화의 속도는 지속적으로 가속되는 결과가 나온다. 바로 이게 AI 발전에서 일어난 일이다. "2012년에서 2018년 사이에, 대규모 AI 모델을 훈련하는 데 사용된 컴퓨팅 능력은 무어의 법칙보다 약 6배 빠르게 증가했다."고 작가인 아짐 아자르Azeem Azhar가 설명했다.18 그 이유는 바로 적시에 기존의 컴퓨터 칩이 AI 칩으로 대체됐기 때문이다. 이런 새로운 유형의 칩 덕분에 컴퓨팅 능력은 가까운 미래까지 기하급수적인 성장을 지속할 전망이다. 그런데 이 그래픽 칩은 몇 년 또는 수십 년 내에 한계에 도달할 것으로 보인다. 그래서 완전히 새로운 접근 방식이 차례를 기다리고 있는데, 바로 양자 컴퓨팅이다.

　아짐 아자르는 팟캐스트에서 "양자 컴퓨팅은 1960년대 현대 컴퓨터의 발전이 그랬던 것처럼, 어려운 문제를 해결하는 우리의 능력에 큰 변화를 가져올 것"이라고 리게티 컴퓨팅의 창립자이자 전 CEO인 채드 리게티Chad Rigetti와의 대화 중에 말했다.

초성장의 힘

미국의 미래학자 레이 커즈와일Ray Kurzweil은 체스 이야기로 지속가능한 기하급수적 성장을 설명했다. 한 영리한 게임 발명가는 자신의 창작물을 황제에게 선보이기 위해 수도 파탈리푸트라로 향했다. 깊은 인상을 받은 황제는 그에게 무엇을 보상으로 받고 싶은지 물었다. 발명가는 황제의 아량에 경배를 표하며 말했다. "가족을 먹여 살릴 쌀을 조금만 주십시오." 그리고 체스판을 사용하여 얼마나 많은 쌀을 받을지 결정하자고 제안했다. 발명가는 "체스판의 첫 번째 칸에 쌀알 하나를 놓으시고, 두 번째 칸에 두 개, 세 번째 칸에 네 개를 놓는 식으로, 각 칸이 이전 칸의 두 배가 되도록 해주십시오."라고 요청했다. 황제는 발명가의 정직한 모습에 감동하여 "그렇게 하라."고 답했다. 32번째 칸, 즉 체스판의 첫 번째 절반이 지났을 때, 황제는 발명가에게 40억 개의 쌀알을 줬다. 이는 상당한 양으로, 큰 논 한 필지 정도였다. 그런데 체스판의 나머지 절반으로 넘어가면, 적어도 둘 중 한 명은 패배할 것이다. 이제 숫자가 수십억, 수조, 수천조로 변하기 때문이다. 숫자가 너무 커지고 이해하기 어려워, 숫자를 세기조차 버거울 수 있다. 커즈와일은 오늘날 우리는 체스판의 두 번째 절반에 와 있다고 한다.

눈에 보이지 않는 성장

기하급수적 성장은 이해하기 힘들다. 사람들은 제대로 따라가지 못한다. 우리를 깜짝 놀라게 한다. 기하급수적 성장 패턴의 특징은 성장을 오랫동안 거의 인지할 수 없다는 점이다. 자, 축구 경기장에 물방울 한 방울(1밀리리터)이 떨어진다. 1분마다 물방울의 수가 두 배로 증가한다. 경기장을 가득 채우는 데 얼마나 걸릴까? 몇 주? 몇 달? 몇 년? 정답은 약 44분이다! 그리고 무서운 점은 40분쯤이 지나도 여전히 경기장에는 물이 조금밖에 없을 것이다. 그런데 겨우 4분 뒤면, 당신은 수영을 하고 있거나 물에 빠지게 된다. 물이 코앞에까지 다가와야 그때서야 당신은 상황의 심각성을 깨닫는다. 마찬가지로 그래서 사람들은 저축이나 퇴직 연금의 복리 성장률에 한결같이 놀란다.

새로운 기술 발전은 엄청난 속도로 우리를 압도한다. 이는 컴퓨팅 분야에만 해당되는 게 아니다. 2016년에 스페이스X와 블루 오리진은 로켓의 수직 착륙에 성공했다. 발사. 착륙. 반복. 겨우 5년 뒤인 2021년 9월, 스페이스X는 우주 관광객 4명을 3일간 궤도에 머물게 했다. 2024년에는 각 분야의 최고 전문가 6~8명, 그리고 한 명 이상의 우주 비행사가 달 궤도 유인 비행을 계획하고 있다.

기하급수적 성장은 간혹 두려움도 유발한다. 살아있는 유기체를 무한한 자원에 적도 경쟁자도 없는 환경에 두면, 언제나 항상 기하급수적으로 성장한다. 코로나19 감염자가 기하급수적으로 늘었던 게 엊그제 같다.

우리의 AI 미래

AI, 이번에는 '진짜'일까?

"배들은 이미 망망대해로 출항했다.
인도로 가는 항로를 찾기 위해….
모두를 휩쓸어버릴 새로운 아이디어를 향해."

— 빅토르 위고, 《노틀담의 꼽추》

AI, 이번에는 '진짜'일까? AI에 대한 논의는 50년 넘게 이어져 왔고, 우리는 이미 네다섯 번의 거짓 시작을 겪었다. 그럼, 이번에는 무엇이 다를까? 이는 혁신이 일어나는 방식과 밀접한 관련이 있다. 내가 읽은 혁신에 관한 최고의 책은 스티븐 존슨 Steven Johnson 의 《탁월한 아이디어는 어디에서 오는가》(서영조 역, 한국경제신문사, 2012)이다.

레오나르도 다빈치처럼 시대를 앞섰던 선구자들은 이미 잠수함, 비행기, 낙하산을 그렸다. 하지만 실제로 만들 부품이 없었다. 그렇다면 AI의 부품, 구성 요소, 건물을 지을 벽돌은 무엇일까? 답은 막대한 컴퓨팅 능력과 빅데이터이다. 지난 50년 동안에는 우리에게 없거나, 충분하지 않았다. 하지만 지금은 가지고 있다. 특히 수년 안에 양자 컴퓨팅의 능력이 더해진다면, 이는 투자 트렌드로 주목해야 한다. AI 열차는 이미 출발했고 돌아오지 않는다.

경제의 역사를 보면, 새로운 기술은 언제나 일자리를 없애고, 새로운 일자리를 만들었다. 그 과정에서 번영과 안락함 또한 증가했다. 그런데 이번에는 어떨까? 지금까지 새로운 기술이란 언제나 도구였고, 더 효율적으로 일하는 방식이었다. AI도 그렇게 될 수 있다. 아마도 기존의 일자리를 대체하는 건 컴퓨터가 아니라 AI를 지능적으로 사용할 줄 아는 사람일 것이라는 분석가들의 주장이 옳아 보인다. 그러나 노동 시장과 업무 방식은 결코 이전과 같지 않다. 예로, 프로그래머를 생각해 보자. 얼마 전까지만 해도, 코딩만 잘해도 평생 걱정 없다고들 했다. 요즘도 그럴까? 어려운 질문이다. 다행히도 순전히 경제적인 측면이라면 코엔에게 맡길 수 있다.

AI는 새로운 버블이 될까?

"주식 시장의 거품은 허공에서 생겨나지 않는다. 현실에 탄탄한 기반을 두고 있지만, 오해로 왜곡된 현실일 뿐이다."

– 조지 소로스

거품을 부풀리면 두 가지가 필요하다. 하나는 상상력을 자극하고 꿈꾸게 하는 훌륭한 아이디어 혹은 테마이고, 다른 하나는 불을 지필 연료, 즉 유동성이다. 전자는 AI에서 분명히 드러난다. 몇 가지 간단한 명령으로 AI가 해내는 일들은, 컴퓨터에 익숙하지 않은 사람들이 보면 일종의 초능력처럼 느껴진다. 컴퓨터가 인간보다 자신을 더 잘 프로그래밍하게 되어, 일이 잘 풀리면 모든 일을 대신하고, 일이 잘못된다면 세상을 장악한다는 건 말할 필요도 없다. 여기가 바로 우리가 투자자로서 바라는 위치가 아닐까?

물론 정확한 시간표를 그리기란 쉬운 일이 아니다. 일부 분석가와 관찰자들은 2000년 3월에 터진 인터넷 버블을 기준으로 봤을 때, 우리는 겨우 1995년쯤 왔다고 주장한다. 다른 사람들은 이미 5분 전, 즉 1999년 12월이라고 말한다. 나의 직감으로는 우리는 1998년에 있으며, 앞으로 2년 정도는 거품이 커질 것이라고 생각한다. 하지만, 이 말에 확신을 두기는 어렵다. 요즘은 그런 세상이기 때문이다. AI가 특히 그렇다.

당신도 AI에 투자할 수 있을까?

"생명 그리고 새로운 생명이 있다, 지구상 어디에나 생명이 있다. 그것이 끝이고, 시작이다."

– 케빈 크로슬리–홀랜드, 《북유럽 신화》

과거와 다른 점은 현재 시장이 마이크로소프트, 구글, 애플과 같은 기술 거인들이 전체 AI 이야기에서 큰 승리를 거둘 것이라는 전망이다. 이 기업들의 주가 상승을 보면 알 수 있다. 그러나 수백 년의 금융 역사는 이 결론에 반대하고 있다. 새로운 산업은 일반적으로 새로운 회사와 새로운 리더를 포함한다. 창조적 파괴의 과정은 오래된 독점 혹은 준독점을 새로운 독점으로 대체한다. 이것이 새로운 산업을 구축하고 대대적인 정리에서 살아남는 기업가들에 대한 보상이다.

어쩌면 이번에는 다르지 않을까? 아주 어려운 질문이다. 역사상 현재 세대의 거대 기술 기업들처럼 인상적인 시가총액, 막대한 현금, 그리고 경제력을 가진 기업들이 다수 존재한 전례가 없었다. 과연 이들은 자신을 방해하는 어떤 공격도 물리칠 만큼 강력할까? 감히 예상하기 힘들다.

다행히도 AI 이야기를 활용하는 다른 방법이 있다. 모두가 금을 캐려고 할 때, 새로운 스타가 되는 광부는 소수에 불과하다. 대부분 실패한다. 새로운 골드러시가 일어났다면, 삽과 곡괭이를 판매하는 기업에 투자하는 것이 좋은 생각이다. 인터넷 버블 시기에는 소위 장비 제조업체, 즉 케이블, 서버, 라우터를 공급하는 시스코^{Ciscos} 같은 기업들이었다. 오늘날에는 반도체 제조업체와 반도체 산업을 위한 장비 제조업체들이다. 하지만 조심해야 한다. 거품이 터진다고 이 회사들이 파산하지는 않겠지만, 매출은 급격히 감소한다. 시스코의 주식은 2000년 하락 이후 10년 넘게 횡보했다.

여기에, AI의 황금이 나오는 미지의 분야도 있다. AI는 의심의 여지

없이 기하급수적인 기술이다. 그 빠른 성장은 다른 많은 기술들이 더 빠르게 성장하는 데 도움을 준다. 좋은 예시가 생명공학 분야다. AI를 사용하면 단백질을 매우 빠르게 매핑할 수 있다. 단백질은 의학에서 매우 중요한데, 약물 분자를 붙이는 데 자주 사용된다. 이때 단백질의 공간 구조가 특히 중요하다. 보통 하나를 매핑하는 데 몇 년이 걸리는데, 단백질의 종류는 수천수만 가지나 된다. 하지만 AI를 사용하면 전체 작업을 몇 달 안에 끝낼 수 있다. 이 데이터는 제약 산업에 제공돼 성장을 도왔다. 마침내 개별 환자에게 맞춰진 약이 더 빠르게 제조 가능해졌다.

분명히, 앞으로 AI들이 생성해야 할 데이터는 산더미처럼 많이 있다. 그리고 어딘가에 저장되고 처리되어야 한다. 저장 및 클라우드 컴퓨팅은 당연히 이득을 얻게 된다. 여기서 중요한 단서는, (인터넷 시대의 고유한 특징) AI가 생산하는 정보의 품질은, AI가 사용한 데이터셋의 품질에 매우 크게 좌우된다는 점이다. 그래서 양질의 전용 데이터가 매우 귀중하다. 투자자라면 누가 이 데이터를 가지고 있는지 궁금해진다. 난 블룸버그, 스포티파이, 넷플릭스, 우버, 메타, 구글, 애플, 에어비앤비, 비자, 아메리칸 익스프레스, 보험사, 은행, 그리고, 정부까지 떠올렸다. 하지만 매번, 어떤 기업이 그 데이터를 원하고 사용하는지를 알아야 한다.

보안의 측면도 있다. 누구도 자신의 데이터가 아무렇게나 사용되는 걸 원하지 않는다. 의료 전문가가 맞춤형 약을 만들려면 나의 데이터가 필요하다. 하지만 미래의 고용주나 동료에게 당신이 암이나 다른 질병에 걸릴 확률이 높다는 걸 알리고 싶은가? 이는 잠재적으로 취업을 하거나 친분을 쌓을 기회를 줄일 수도 있다. 또한 건강 보험에 저렴한 가격으로 가입할 수 없게 될지도 모른다.

마찬가지로, 이 모든 곡예를 실행할 에너지도 중요하다. 챗GPT는 암호화폐 채굴보다 더 많은 에너지를 소비한다. 어딘가에서 반드시 채워야 할 에너지다. 따라서 (대체) 에너지에 대한 투자는 AI에 대한 간접 투자도 된다. 하지만 이 부분은 기후 변화 장에서 더 자세히 다뤄보자.

3
새로운 기술 & 생산성 가속

키포인트

- ✓ 수십 년 동안, 매년 10%의 비율로 향상되며, 일정한 비용을 유지하는 기술이 있다. 이런 기술의 아름다움은 가격이 하락하면 모든 장소에서 나타난다는 점이다.

- ✓ 기하급수적 기술은 AI, 3D 프린팅, 에너지 및 생물학 분야에서 나타난다. 이런 기술들은 지금까지도 눈부신 성장률을 보였지만, 앞으로도 지속될 전망이다.

- ✓ 생산성 가속화에서 중요한 건, 새로운 기하급수적 기술의 보급뿐만 아니라, 가정과 기업에서 수요가 생겨야 한다는 점이다. 최근 지적재산권에 관한 투자의 급증은 긍정적인 신호다.

- ✓ 생산성 성장의 추세는 종종 전쟁, 글로벌 금융 위기, 공급 충격 및 주요 정치적 변화로 전환된다. 코로나19와의 전쟁과 러시아의 우크라이나 침공으로 인해 최근 몇 년간 우리는 '기로'에 놓여있다.

기하급수적 기술의 장점은 가격이 내려가면, 갑자기 어디에서나 나타난다는 점이다. 컴퓨터 칩은 처음에는 NASA와 방어 미사일에 사용됐다. 오늘날에는 단순히 제품의 이동을 추적하기 위해 포장재에도 부착한다. 가격이 내려가면, 기술의 힘과 능력이 폭발한다. 오늘날 스마트폰의 컴퓨팅 능력은 아폴로 달 탐사 임무에 사용된 컴퓨터보다 약 10만 배 더 뛰어나다.[19] 기하급수적 기술은 AI, 3D 프린팅, 에너지, 그리고 생물학 분야에서 나타나고 있다.

3D 프린팅

2001년부터 2017년까지 제너럴 일렉트릭의 최고 경영자였던 제프리 이멜트Jeffrey Immelt에 따르면, 3D 프린팅은 이미 사물 인터넷IoT* 만큼 유망하다. 그는 "3D 프린팅은 제품을 처음부터 올바르게 만든다. 핵심부터 쌓아 올리는 게 바로 이 기술의 성배다."라고 2013년에 말했다.[20]

한편, 항공우주 분야에서는 이미 3D 프린트로 부품을 만들고 있다. 나스닥 상장사인 메터리얼라이즈Materialise의 프리드 반크레인Fried Vancraen은 잡지 〈트렌즈Trends〉와의 인터뷰에서 "우리는 에어버스의 내

---

* 사물 인터넷(IoT)에서는 기계와 로봇이 서로, 그리고 대규모 데이터베이스에 연결된다. 빅데이터는 이런 대다수 기업 리더들의 꿈을 현실화하고 있다.

부 부품을 만들고 있다.[21] 차세대 항공기가 수소로 비행하면, 많은 부품이 3D 프린트로 제작될 전망이다. 엔진의 복잡성뿐만 아니라, 무게도 많이 줄일 수 있다. 오늘날 3D 프린팅은 규제가 덜 엄격하고 무게 절감이 중요한 드론 분야에서는 이미 중요한 역할을 하고 있다."고 말했다.

AI와 머신러닝 등의 발전은 새로운 기술들이 조합될 수 있는 잠재력을 보여준다. 자동화 프린팅으로 생산 과정을 효율적으로 만들어, 3D 프린팅의 접근성을 높인다. 2020년, 모르도 인텔리전스Mordor Intelligence는 전체 3D 프린팅 시장을 137억 달러로 추정했다. 이 조사 연구 기관은 2026년 전체 시장 규모는 약 640억 달러, 연평균 복합 성장률은 29.5%에 이를 것으로 예상했다.

에너지와 생물학

컴퓨터 칩과 3D 프린팅 외에도, 아자르는 에너지와 생물학 분야에서도 유사한 기하급수적 특징이 있다고 했다. 그는 "각 분야의 핵심 기술 비용이 10년마다 6배 이상 극적으로 하락하고 있다."고 말한다. 1975년, 태양 전지판의 가격은 생산 전력 와트당 약 100달러였다. 비용이 높아 위성에만 사용됐다. 그러나 1975년부터 2019년까지 태양 전지판의 가격은 500분의 1로 떨어져 와트당 23센트 미만이 됐다. 2019년까지 10년 동안 태양 전지판으로 생산한 전기의 가격은 89%

하락했다. 이는 태양 전지판의 비용이 가장 저렴한 화석연료인 가스 발전소보다 낮아졌음을 의미한다.

화석연료와 달리 재생에너지는 에너지 운반체가 아니다. 전기나 배터리 같은 에너지 운반체는 에너지를 생산하지 않는다. 단순히 다른 에너지 시스템이나 연료로부터 에너지를 담고 있을 뿐이다. 배터리 역시 기하급수적인 길을 걷고 있다. 리튬 이온 배터리의 저장 비용은 2010년 이후 연간 19%씩 하락했다. 2021년 대규모 배터리는 석탄 및 가스 발전소만큼 경쟁력을 가지고 있다. 재생에너지와 그 저장소의 비용 하락은 앞으로 10년간 지속될 가능성이 매우 높다.

지금까지 우리는 일상생활에서 컴퓨터 칩이 일으키는 변화의 힘을 경험했다. 바로 PC, 스마트폰, 인터넷, 클라우드 컴퓨팅, 서비스형 소프트웨어[SaaS], AI 등의 출현이다. 그 결과 나타난 디지털 서비스는 전통 산업, 의료, 금융, 관광 및 모빌리티 모두에 막대한 이점을 제공했다. 3D 프린팅, 에너지, 생명공학이 더 싸고 좋아지면, 이런 범용 목적 기술[GPT]의 영향력은 우리 삶의 모든 측면으로 확장된다. 다만 아직 도달하지 못했을 뿐이다. 하지만 산업 공정, 운송, 농업, 데이터 센터 등에 (거의) 무료 에너지가 제공되면, 그로 인한 생산성의 향상은 우리의 이해를 완전히 벗어나게 된다.

기하급수적 기술의 밝은 미래

프랑스 중앙은행의 안토닌 베르주Antonin Bergeaud 외 연구진은 전쟁, 글로벌 금융 위기, 공급 충격 및 주요 정치적 변화와 같은 큰 충격이 발생하고 나면, 종종 추세가 바뀌었다고 주장한다.22 1차 세계대전 이후에도 새로운 기술의 확산과 수요 회복 덕분에 상승했다. 2차 산업혁명에서 새로운 기술들이 다수 출현했지만, 널리 확산되고 생산성에 영향을 미치기까지는 수십 년이 걸렸다. 1920년대에는 전기와 자동차가 빠르게 확산됐고, 1950년대에는 자동화가 이루어졌다. 이들은 일상생활을 바꾼 범용 목적 기술GPT이었다. 1929년에는 미국 건물의 70%에 전기가 보급됐는데, 전쟁 직후에는 겨우 30%였다.

지난 10년간 우리는 주요 기술 기업들 안에서 혁신과 역동성이 가속하는 장면을 목격했다. 그러나 생산성이 증가하려면 새로운 기술이 더 널리 확산되어야 한다. 지금까지는 그렇지 못했다. 글로벌 금융 위기 이후의 성장 약화는 기업들의 IT 투자를 둔화시켰다. 최근 몇 년간 신기술은 공급의 측면은 확실히 성장했지만, 충분하지는 않다. 가계 소비와 기업 투자를 통한 수요의 증가가 필요하다. 소득 불평등의 심화와 디레버리징(부채 감소)은 지난 10년간 이를 저해했다.

이제는 상황이 변하고 있다. 위 차트는 미국 민간 및 정부의 지적 재산IP 투자와 총요소생산성TFP 간의 관계를 보여준다. 과거에는 투자, 특히 IP 투자가 생산성 가속화의 근원적인 원인이었다. 1980~2000년까지 미국에서 IP 지출은 연평균 약 8% 증가했다. 그

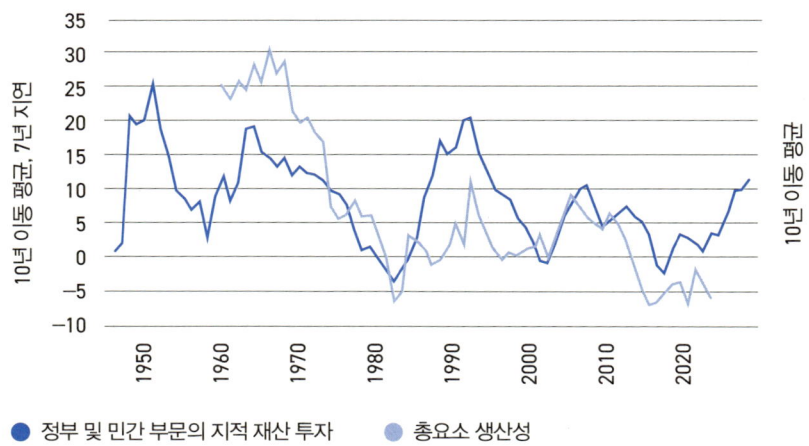

출처: BNP Paribas Fortis, Macrobond

이후 둔화되다가, 2007~2008년 글로벌 금융 위기 이후에는 전체적으로 감소했다.

투자은행 골드만삭스Goldman Sachs의 연구에 따르면,23 생산성은 항상 평균으로 회귀했다. 장기적으로 봤을 때(지난 140년간), 미국의 총요소생산성은 안정적인 편이었다. 연평균 1.2% 정도로 가속과 감속의 주기가 번갈아 나타났다. 참고로, 유럽과 영국은 최근 수십 년간 미국보다 생산성 성장이 낮아졌다. 베르주는 그의 공동 저자와 발표한 연구에서 과거에 변화를 이끌었던 충격들을 언급했다. 그리고 우리는 최근 몇 년간 전쟁과 팬데믹 충격들을 피하지 못했다.

메디치 효과

다양성과 포용성이
혁신의 진행을 가속하는 방법

"한 사람에게서 아이디어를 훔치면 표절이지만,
여러 명에게서 훔치면 연구다."

– 윌슨 메즈너

오늘날 모두가 이야기하는 다양성과 포용성은, 나은 세상과 더 큰 번영으로 향하는 길에는 반드시 필요하다. 즉, 출신, 성별, 나이, 피부색, 민족, 사회적 배경 등에 관계없이 모든 사람에게 동등한 기회가 주어져야 한다. 혁신은 아이디어와 개념을 연결하는 모두의 마음속에서, 또는 새로운 아이디어를 만드는 사람들의 무리 속에서 일어난다.

혁신에 관한 최고의 책 중 하나인 프란스 요한슨Frans Johansson의《메디치 효과》(김종식 역, 세종서적, 2015)는 출판된 지 20년이나 되었다. 그럼에도 여전히 획기적인 책의 핵심 아이디어는 혁신과 창의성은 다양한 영역, 아이디어, 사람, 문화의 교차점에서 발생한다는 점이다. 요한슨이 그려내는 이미지는 밝고 다채로운 광선들이 서로 춤추기 시작하며 교차하는 비전이다.

아이디어에는 방향성 아이디어와 교차성 아이디어 두 가지 종류가 있는데, 방향성 아이디어는 하나의 광선 안에서 발생하고, 교차성 아이디어는 광선들이 서로 교차할 때, 즉 문화, 영역, 서로 다른 관점들이 서로 접촉할 때 발생한다. 요한슨은 이러한 겹침을 교차점이라고 불렀다. 그리고 여기서 혁신의 마법이 만들어진다. 대부분의 선도적이고 획기적인 발명은 여러 과학 분야에 걸쳐 있으며, 완전히 다른 배경을 가진 사람들이 이뤄낸다. 혁신적인 아이디어가 나오려면 반드시 그렇게 해야 한다. 가능한 한 많은 광선이 서로 겹치게 하면, 그 교차점에서 새로운 아이디어가 탄생한다. 이 모두를 받아들이면, 우리는 막대한 영향을 끼칠 무언가를 얻을 뿐만 아니라, 일정한 틀도 얻게 된다. 우리는 항상 마이크로소프트, 애플 또는 엔비디아처럼 기하급수적으로 성장하는 새로운 기업을 찾고 있다. 무엇보다, 논리적인 질문이 따라온다. 기업가, 사업가로서 마법이 일어날 가능성이 더 높은 상황이나 환경을 어떻게 만들 것인가? 그리고 투자자로서, 참여할 수 있는 상황과 기업을 어떻게 찾을 것인가?

인간은 질서를 좋아한다. 연상 장벽associative barrier이 높으면 해결책에 빨리 도달할 수 있어 진화에 적합하다. 사고의 과정이 집중되어 있기 때문이다. 단어를 듣거나 이미지를 볼 때, 우리의 마음에 연상의 사슬이 만들어진다. 물고기의 이미지는 요리사와 낚시꾼에게 매우 다른 연상을 일으킨다.

투자자로서 우리는 혁신적인 기업을 찾아야 한다. 이러한 기업들은 수많은 독창적인 연결을 만들어 기하급수적으로 성장하고, 시간이 흐르면 거의 필연적으로 주가가 상승한다. 현실에서는 모든 기업을 추적하고 외부인으로서 기업 내부를 들여다보는 건 불가능하다. 하지만 단서는 찾을 수 있다. 그 기업이 다양성에 신경 쓰는가? 이사회에 여성은 몇 명이 있는가? 직원들에게 사이드 프로젝트를 진행할 시간을 따로 주는가? 매출이나 이익의 몇 퍼센트가 R&D에 투자되는가? 매년 몇 건의 특허를 출원하는가? 다른 회사나 대학과 얼마나 협력하고 있는가? 그리고 가장 중요한 건, 기업에 자체 연구 기관이나 연구소가 있는가? 우리는 바로 이런 걸 알아내야 한다.

여기서 다시 슘페터가 나타난다. 강자는 더 강해지고, 약자는 더 약해지다가 사라진다. 인재와 자원은 가장 유망한 곳으로 흘러간다. 하지만 우리가 볼 수 있는 전환점이 있다. 기업이 기하급수적으로 성장하기 시작하면 한 분기가 아니라 종종 수년간 지속된다. 우리는 그 전환점을 포착해야 한다. 윌리엄 오닐William O'Neil의《최고의 주식 최적의 타이밍》(박정태 역, 굿모닝북스, 2012)은 시장에 관한 최고의 책 중 하나다. 그가 만든, 인베스터스 비즈니스 데일리IBD에는 '새로운 미국 The New America'이라고 불리는 50개의 가치주 지수가 있다. 이는 새로운 성장 기업과 기하급수적으로 성장을 찾는 한 가지 방법이지만, 유일한 방법은 절대 아니다.

그런데, 우리의 선형적인 생각은 투자 분야에서는 많은 걸림돌이 된다. 일단 우리는 급성장하는 기업의 성장을 체계적으로 과소평가한다. 새롭게 성장하는 많은 기업의 가치가 우리에게는 지나치게 높아 보여, 새로운 애플과 마이크로소프트를 종종 놓치게 한다. 주당 순이익의 20배 이상은 절대 지불하지 않겠다고 결심하는 사람은 절대 포트폴리오에 이런 유형의 주식을 담지 못한다. 그러다 우리는 종종 망해가는, 적어도 성장이 확연히 감소하는 기업을 사게 된다. 기하급수적 성장의 이해를 돕는 최고의 책 두 권은 아짐 아자르Azeem Azhar의 《기하급수적 시대The Exponential Age》와 피터 디아만디스Peter Diamandis와 스티븐 코틀러Steven Kotler의 《컨버전스 2030》(박영준 역, 비즈니스북스, 2021)이다. 이 책들은 전례 없는 성장의 시대를 앞둔 우리에게 용기와 희망을 주는, 읽고 또 읽을 만한 작품이다.

서로 다른 관점들을 한데 모으는 메디치 효과Medici Effect는 다양한 분야의 흥미로운 인물들이 모여 르네상스를 탄생시킨 피렌체의 메디치 가문에서 유래했다. 그 이후 지식은 고도로 전문화되고 파편화됐다. 하지만 난 우리가 다시 전문가들 사이에서 연결고리를 만들고, 광선과 아이디어들을 통합할 수 있는 만능인의 세계로 돌아가고 있다고 확신한다. 또 AI가 여기서 하게 될 역할도 매우 궁금하다. 동시에, 만약 세상이 덜 세계화되거나, 코엔의 말처럼 다르게 세계화된다면, 연결, 혁신, 궁극적으로 번영을 위한 기회도 줄어들 것이라는 점이 걱정된다.

4
코로나19의 영향

키포인트

- ✓ 기업들은 팬데믹 기간에 사업 절차의 디지털화와 자동화를 가속했다. 특히 서비스 부문과 중소기업에서 이러한 경향이 두드러졌다. 전통적으로 생산성 면에서 뒤처지는 분야로, 이제는 새로운 기술 더 넓게 확산되고 있음을 의미한다.

- ✓ 재택근무의 도입은 특히 서비스 부문에서 상당한 생산성 향상을 가져왔다. 통근에 소모되는 시간이 줄고, 시간이 더 효율적으로 관리된다.

- ✓ 코로나는 특히 생산성이 가장 낮은 부문에 영향을 미쳐, 경제에서 차지하는 비중을 감소시켰다. 이 변화가 지속될지, 모든 경제의 생산성을 끌어올리게 될지는 몇 년 안에 알게 된다.

- ✓ 반면, 좀비 기업의 수가 증가했다. 부채가 많은 기업들로, 평균 생산성이 낮고 투자를 적게 한다. 게다가 스타트업으로 가야 할 자금을 빼앗아간다.

1차 세계대전과 2차 세계대전 이후 생산성은 경제 재건과 함께 오랜 기간 급격히 상승했다. 코로나바이러스와의 전쟁 이후 상황은 어떻게 흘러갈까?

가속화된 디지털화

코로나 팬데믹 기간에 기업들은 사업 절차의 디지털화와 자동화에서 큰 진전을 이뤘다.[24] 행정 업무의 디지털화에서도 엄청난 발전이 있었다. ICT 및 금융과 같은 분야의 직원들은 원격으로 근무하게 됐고, 기업들은 새로운 디지털 솔루션의 장점을 누리게 됐다. 생산성은 초기 봉쇄 이후 증가했다. 도소매업, 제조업 및 숙박업에서는 생산성이 다소 늦게 상승했지만, 2021년 꽤 후반까지 강하게 유지됐다. 이는 일시적인 강세일까, 아니면 지속가능한 상승일까?

제조업은 지난 수십 년간 꾸준히 자동화를 진행해 왔다. 서비스 부문이 규모가 훨씬 큰데도 제조업이 서비스업을 다소 따라잡는 모습을 보였다. 이런 현상은 중소기업에서도 마찬가지였다. 이는 신기술이 기업에 널리 보급되는 게 관건인, 생산성의 성장에 좋은 소식이다. 이런 점에서 팬데믹은 확실하게 이바지했다.

유럽 중앙은행의 생산성 및 노동 시장 전문 고문인 팔로마 로페즈-가르시아Paloma Lopez-Garcia는 "코로나 기간, 특히 연결성과 관련된 기술에서 큰 업데이트가 있었다. 하지만 단기간에 생산성에 효과가 나타

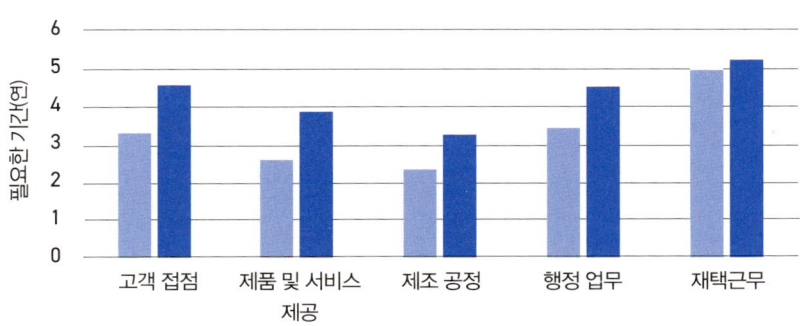

출처: BNP Paribas Fortis

나지는 않을 것이다. 생산 공정의 효율성을 높이기 위해서는 시간과 보완적인 투자가 필요하다."라고 말했다. 기업들이 꼽은 가장 유망한 디지털 애플리케이션들(빅데이터 분석, 클라우드 컴퓨팅, AI)을 활용하려면 고성능 5G 네트워크가 먼저 구축되고, 사이버 보안 문제도 해결되어야 한다. 그는 연결성 관련 기술을 언급했다. 전자상거래가 활성화되자 소비자들도 몰려왔다. 금융 부문에서는, 은행 애플리케이션의 출시와 고객의 가입이 갑자기 두 단계나 상승했다.

재택근무의 시작

연결성 측면의 가장 큰 변화는 의심할 여지 없이 재택근무의 도입이었다. 이전에는 대기업과 중견기업에서 주당 평균 반나절 정도만 재택근무가 허용됐고, 소기업에서는 거의 불가능했다. 하지만 팬데믹 이후 집에서의 업무는 더 이상 특별한 것이 아니다.

바레로Barrero, 블룸Bloom, 데이비스Davis의 연구에 따르면, 미국 생산성은 재택근무로 인해 잠재적으로 5% 증가했다.25 경제 블로거 노아 스미스Noah Smith도 이런 낙관론에 전적으로 동의하며,26 "통근 시간 단축, 효율적인 시간 관리, 그리고 훨씬 저렴한 주거 공간은 서비스 산업의 주요 비용, 즉 인력의 시간과 공간을 크게 절감한다. 비동시적 관리와 기업 간 경계의 모호함은 생산 과정을 급진적으로 재편한다. 어쩌면 전기가 도입되며 큰 공장이 작은 독립 작업장들로 분할된 정도의 영향이 있을지도 모른다."라고 했다.

재택근무 외에도 기업들은 데이터의 힘을 더욱 잘 알게 됐다. 이런 측면에서 데이터 품질 향상이 매우 중요하다. 양질의 데이터일수록 활용도가 높고, 의사 결정과 고객 접근에 더 유용하다.

혁신과 일자리

혁신과 자동화는 과거 수백만 개의 일자리를 사라지게 했다. 하지만 동시에 새로운 일자리도 끊임없이 생겨났다. 맥킨지에 따르면, AI의 혁신으로 인해 현재 일자리의 약 절반이 2030년에서 2060년 사이에 자동화될 수 있다고 한다. 이전 예측보다 10년이 앞당겨졌다. 2020년 세계경제포럼은 차세대 스마트 기계의 등장으로, 2025년까지 8,500만 개의 일자리가 사라질 것으로 추정했다. 동시에 9,700만 개의 일자리가 창출돼, 순수하게 1,200만 개의 일자리가 증가할 것이라고 예상했다. 누가 영향을 받게 될까? 대개 이런 새로운 디지털 기술에 투자하지 않은 기업의 직원들이다. AI 때문에 일자리를 잃는 게 아니다. AI를 사용하는 회사 때문에 일자리를 잃는다. 이는 2019년 BNP 파리바 포티스의 148개 기업 고객과 13개의 '미래 공장Factories of the Future, FoF'을 대상으로 한 연구에서도 나타났다.[27] 자동화 및 디지털화가 일자리 수에 미치는 영향에 관해 질문했을 때, 일반 기업 고객 중 약 3분의 2가 단기(3년 미만)적으로는 일자리 창출보다 순 일자리 감소가 많을 것이라고 예상했다. 장기적으로는 그 비율이 3대 1로 증가했다. 반면, FoF에서는 기간과 관계없이 일자리 감소보다는 일자리 창출을 예상하는 응답이 두 배 더 많았다. 미래를 더 잘 준비한 기업일수록 디지털화와 자동화의 위험뿐만 아니라 기회를 더 많이 보고 있었다. 이는 실제로도 확인이 되는 부분이다. 2015~2020년까지 벨기에의 모든 FoF의 평균 매출 성장률은 14%로, 업계 평균인 2%를 훨씬 웃돌았다. 같은 기간 동안 그들의 생산성 성장률은 9.7%로 거의 두 배에 달했다. 그리고 첨단 디지털화와 자동화에도 불구하고, 고용은 13% 증가했다. 경쟁 업체들보다 1.5% 높은 수치다.

자동화는 점점 더 긍정적으로 인식되고 있다. 영국의 경제학자인 짐 오닐Jim O'Neill은 '생산성 강화 AI 애플리케이션은 인구 고령화와 같은 경제적으로 해로운 추세에 대응하는 데 맞춤형 해결책이 될 수 있다.'고 동의했다.

미국에서는 팬데믹 기간에 고령화 문제와 더불어 수백만 명이 직장을 그만두었다. 봉쇄 조치와 재택근무의 새로운 기회도 원인의 일부였다. 기업의 선택은 간단하다. 자동화하지 않으면 추가적인 업무를 처리하지 못해 성장 잠재력이 제한된다. 반면 생산 공정 및 서비스를 자동화하고 디지털화하면 성장 기회를 유지할 수 있다. 이는 또한 우리가 미래 생산성에 대해 낙관적으로 생각하게 한다.

더 많은 기술은 우리 모두를 발전시킬까?

'천 년의 역사와 함께 현대적 증거는 한 가지를 분명히 보여준다. 새로운 기술이 무조건 커다란 번영을 가져오지는 않는다. 성공의 여부는 경제적, 사회적, 정치적 선택에 달려있다.' 미국 MIT 대학의 경제학 교수인 대런 아세모글루Daron Acemoglu와 사이먼 존슨Simon Johnson이 함께 저술한 《권력과 진보》(김승진 역, 생각의 힘, 2023)에 나오는 문장이다. 아세모글루는 벨기에 경제 일간지 〈드 타이트De Tijd〉와의 인터뷰에서 '기술이 순전히 자동화와 노동자에 대한 통제 강화에만 사용된다면, 번영이 증가하고 공유되는 일은 없을 것'이라고 말했다. 그리고 '이는 게으른 자동화로, 생산성은 거의 증가시키지 못하면서, 임금만 동결시켜 기업의 이익을 부풀린다.'라고 덧붙였다. 고객을 돕겠다고 애쓰는 무능한 챗봇이 대표적인 예다. AI는 오늘날 그런 길에 접어들 위험에 처해 있다. 아세모글루는 '또 다른 자동화는 기계를 인간의 목표를 돕는 더 나은 도구로 사용하는 것'이라 말한다. 우리는 이를 기계 효용이라고 부른다. 이 접근 방식은 컴퓨터 마우스, 클릭 가능한 하이퍼링크, 구글의 첫 번째 검색 로봇처럼 몇몇 주요한 혁신을 이끌었다. 이런 종류의 혁신은 인간의 생산성을 향상시킨다. 이는 탄탄한 생산성의 증가로 이어지고, 더 높은 임금으로 전환되어 복지를 폭넓게 증진시킨다. 아세모글루는 더 포용적인 AI로 번영의 새로운 도약을 이끌어 내려면, 교육이나 건강관리처럼 매력적인 목표가 있어야 한다고 주장한다. 개인 맞춤형 교육이나 간호사의 역할을 진단까지 확장시키는 디지털 도구를 생각해 보자. 이는 품질 향상으로 이어지고, 교사와 간호사의 수요와 급여까지 높일 수 있다. 하지만 이런 역동적인 상황은 현재의 비용 절감에 관한 강박이 사라져야만 시작될 수 있다.

경제의 역동성

낮은 생산성, 높은 영향력

경제의 역동성은 생산성을 높이거나 낮출 수 있는 또 다른 중요한 요소다. 로페즈-가르시아는 "경제에는 많은 기업이 동시에 확장·축소하고 시장에 진입·퇴장하는 회전문이 많이 있다. 이러한 회전문은 불경기뿐만 아니라 시기와 분야나 국가를 불문하고 기업 간 자원의 대규모 재분배를 초래한다."라고 말했다.

이런 재분배는 코로나 위기 동안 특히 두드러졌다. 코로나 팬데믹으로 가장 큰 영향을 받은 분야는, 특히 대면 상호작용이 많고(숙박업, 여가 및 문화, 일부 부동산 분야), 생산성이 가장 낮은 분야였다. 타격이 크지 않았던, 제조업이나 기술 집약적 부문 같은 분야는, 오히려 온라인 솔루션의 수혜를 보기도 했다. ECB에 따르면,[28] 코로나 팬데믹 시작부터 2021년 2분기까지 생산성 증가의 30~40%는 가장 생산성이 낮은 분야가 축소되고 가장 생산성이 높은 분야가 확장된 덕분이었다.

자본과 노동이 가장 높은 분야에서는, 생산성을 영구적으로 올릴 수 있을까? 로페즈-가르시아와 그의 동료 벨라 죄르피Béla Szörfi는 이렇게 말했다. '첫째, 분야 재할당의 기여가 얼마나 오랜 기간 지속될지는 확실하지 않다.' 사람들이 계속해서 온라인의 팬으로 남을까, 아니면 오프라인 쇼핑이 다시 활기를 찾을까? 숙박업은 타격에서 완전히 회복될 수 있을까? '둘째, 여러 분야 간의 일자리 및 자본의 재편은 한 분야 내의 재편보다 더 어렵고 시간도 오래 걸린다. 회복에도 부담을 줄 수 있다.'

팬데믹은 좀비 기업의 수를 확실히 증가시켰다. 정부가 코로나 팬데믹 기간 장기적인 생존 가능성과 상관없이 모든 기업을 구제금융으로 지원하면서, 이런 기업의 비중이 증가했다. 팬데믹 이전, 국제결제은행BIS은 좀비 기업의 비율을 미국의 모든 상장 기업의 20%, 전 세계 모든 기업의 15%로 추정했다. 현재 그 비율은 확실히 더 높아졌다. 1980년대 이후 세 배로 증가한 '좀비화' 추세는 계속해서 낮아지는 금리와 분명 연관돼 있다.

5
에너지 전환

키포인트

☑ 유럽의 7,500억 유로 규모 '차세대 EU(NextGenerationEU)' 계획은 생산적 투자의 거대한 물결을 이끌고 있다. 지난 수십 년간 투자가 너무 부족했던 탓도 있지만, 단순한 보조금과 저금리 대출과는 달리, 개혁을 수반한다.

☑ 기후 기술의 혁신은 가장 다양한 영역과 분야에 혜택을 가져오는 연쇄 효과를 창출한다.

☑ 이런 생산성 향상 요인들은 새로운 녹색 규제의 홍수로 상쇄된다. 이 규제들은 생산성이 낮은 적응 투자와 조기 상각해야 할 자산들을 대거 흡수한다.

☑ 우리가 지향하는 저탄소 경제는 주로 생산성이 낮은 노동집약적 활동과 연관될 가능성이 더 높다.

☑ 생산성에 관한 매우 중요한 부정적 요소 두 가지는 (일시적으로 높은) 에너지 비용과 탈세계화이다. 이 둘은 생산을 다른 방식으로 강제한다.

2022년, 코로나바이러스는 서서히 사라졌다. 하지만 2월 24일, 러시아가 이웃 나라인 우크라이나를 침공했다.

코로나 이후 회복 계획

러시아의 우크라이나 침공 이후, 유럽연합 집행위원회는 리파워 EU 계획을 시작했다. 에너지 전환 투자를 장려하고, 공급을 다양화하며, 에너지 절약을 독려한다는 게 목표다. 여기에 필요한 자금(2027년까지 2,100억 유로)은 차세대 EU 계획에서 아직 할당되지 않은 기금으로 마련할 예정이다.

    회복 계획에는 비전이 있다. 지원되는 프로젝트의 최소 3분의 1은 친환경적이어야 하며(새로운 리파워 EU 이니셔티브를 포함하면 기후의 비중이 증가한다), 20%는 미래 디지털화에 기여해야 한다. 생산성을 높이는 주요 원동력 중 하나인 R&D는 기후 투자의 핵심 요소다. EU 회복 기금의 11%는 청정기술 및 재생에너지 개발을 위한 '파워업Power Up' 플래그십 프로그램에 전적으로 배정됐다. BNP 파리바 런던의 경제학자 스피로스 안드레오폴로스Spyros Andreopoulos는 "추가로, CO_2 세금 및 화석연료 발전소의 초과 이익의 일부가 녹색 R&D의 보조금으로 사용된다."고 설명한다. 이는 EU의 생산성 향상에 도움이 된다. 전력망 통합도 어느 정도 도움이 되겠지만, 이 과정은 상당한 시간이 필요하다. 어쩌면 수십 년이 걸릴지도 모른다.

마지막으로, 투자로 막대한 가치를 얻기에 이상적인 타이밍이다. 팬데믹 발생 이후 실행된 재정 조치들은 충격 완화에 놀라운 효과를 발휘했다. 주된 이유는, 모든 국가가 같은 방향을 향해 있었고, 당시 극도로 완화된 통화 정책이 효과를 증폭시켰기 때문이다. 공공 투자 지출 또한 성장에 매우 긍정적이다. 100여 개의 학술 연구에 따르면, 1유로의 투자는 이후 2년 동안 평균 1.2유로의 추가 GDP 산출을 발생시켰다. 세금 감면이나 이전 지출의 경우, 그 성과는 3배나 낮았다. 이 효과는 실제로 더 클지도 모르는데, 이런 추정치에는 디지털 및 녹색 지출의 특정 효과가 반영되지 않았다. IMF는 재생 가능한 전력에 백만 달러를 투자하면 새로운 일자리 8개가 창출되지만, 기존 전력의 경우 3개에 불과하다고 추정했다.

새로운 녹색 법령

유럽의 그린딜은 투자 계획과 함께, 기업들에게 오염 감소 투자를 요구하는 새로운 규제의 거대한 물결을 일으켰다. 하지만 이런 규정의 변화는 기업의 부가 가치를 더하지도 않으면서, 다른 생산적 투자의 원천은 고갈시킨다. 그 결과 단기적인 생산성 성장의 감소로 이어진다. 그래서, 재정적인 이유로 해당 투자를 할 수 없는 몇몇 기업들은, 운영을 중단하거나 매각을 시도한다. 여기에 베이비붐 세대의 은퇴도 가세한다. 미국은 2018년 사업주 중 51%가 55세 이상이었다.[29] 만약, 후임자가 없다면 기후 변화대응에 동참하기 위한 투자와 노력이 이어질 수 있을까?

BIS는 저탄소 경제가 노동집약적 활동(예로, 순환 경제)과 더 연관될 가능성이 높다고 지적한다.30 이 활동들의 특징으로 종종 낮은 생산성을 꼽을 수 있는데, 이는 바우몰의 비용 질병 효과Baumol's cost disease effect*를 증폭시키고 전반적인 생산성과 경제 성장을 둔화시킨다. 또, 녹색 정책은 새로운 경제 활동의 진입 장벽을 높이기도 한다. 31 그러면 오염을 유발하는 특정 활동이 환경 규제가 느슨한 다른 국가로 옮겨 갈 수 있다. 유럽은 2026년 말부터 탄소 국경세를 도입해 이를 막을 계획이다. 녹색 정책은 또한 제품 및 생산 공정의 선택을 제한하고, 특정 투입물의 사용을 요구해 시너지를 감소시킨다. 이 또한 특히 단기적으로는 생산성 성장의 저하로 이어진다.

기후 혁신의 연쇄 효과

하지만 친환경 규제가 생산성에 미치는 영향은 긍정적이다. 포터 가설Porter hypothesis(포터와 판 데르 린데, 1995)에 따르면, 어떤 환경 정책은

---

* 바우몰의 비용 질병, 또는 바우몰 효과(Baumol effect)는 생산성 성장이 (거의) 없는 부문에서 임금이 상승하며 전체 생산성에 부정적인 영향을 미치는 현상이다. 이런 임금의 상승은 노동생산성이 성장한 분야의 임금 상승과 나란히 발생한다.

혁신과 생산성을 증진해, 단기적인 비용을 넘는 장기적인 이점을 가져온다고 주장한다. 혜택을 보는 기업은 해당 산업의 기술 리더로, 이들은 새로운 기회를 가장 잘 포착하고 새로운 기술을 빠르게 적용할 수 있다. 기술력이 부족한 기업들은 새로운 규정에 맞추기 위해 상대적으로 더 많은 투자가 필요하다. 친환경 정책은 경제 전반에 긍정적인 파급 효과를 주는 새로운 분야나 활동의 출현도 촉진할 수 있다.

순환 경제와 새로운 사업 모델

순환 경제는 새롭고 유망한 생태계다. 엘렌 맥아더 재단에 따르면, 이 시스템 안에서 유럽의 GDP는 현재의 선형 모델보다 2030년까지 7%, 2050년까지 12% 더 성장할 것이라고 한다. 《순환경제 시대가 온다》(최경남 역, 전략시티, 2017)의 저자인 피터 레이시Peter Lacy와 야콥 루트크비스트Jakob Rutqvist에 따르면, 순환 경제는 2030년까지 4조 5천억 달러, 2050년까지 2조 5천억 달러의 생산량을 창출할 수 있다. 이에 비해 IMF는 2022년 말, 글로벌 GDP를 100조 달러를 약간 넘는 정도로 추정했다. 순환 경제는 제품과 재료를 재사용하고, 수리하며, 재활용함으로써 원자재 수요를 줄여 생산 및 유통 비용을 낮춘다. 맥킨지는 EU-27에서 2030년까지 모빌리티, 식품, 건설 분야의 1차 원자재 생산 및 사용 비용이 1조 8천억 유로(25%) 절감될 것으로 계산했다. 새로운 사업 모델은 제품을 판매하거나 제품 관련 서비스를 제공하기보다는 순수 서비스로 진화하고 생산자가 제품의 소유권을 유지한 채 제품의 사용을 서비스로 제공하는 추세다. 이런 변화는 생산자가 지금처럼 쉽게 책임을 팔아넘기지 못하게 방지한다. 이로써 생산자, 소비자, 제품이 새로운 관계를 맺고, 제품 성능과 수명에 큰 영향을 미치게 된다. 순환 경제의 창시자인 발터 슈타헬Walter Stahel은 "우리는 공급망에서 공급 순환으로, 장난감에서 도구로, 패션에서 기능으로 나아가고 있다."고 말한다.

기후 혁신은 매우 다양한 분야에서 연쇄 효과를 일으킨다.[32] 팬데믹 직전, 화석연료로 오염된 공기를 마셔 사망한 사람이 매년 800만 명 이상이었다(전 세계 사망자 수의 거의 5분의 1 정도).[33] 사람들의 건강이 좋아지면, 장기적인 질병이 줄어 일할 사람이 더 많아진다. 저렴하고 풍부한 에너지는 오염의 정화, 저렴한 생산 등으로 가는 문을 열어준다. 그리고 현재 매우 비싼, 해수 담수화의 비용도 낮춘다. 신선한 물은 갈증 해소 외에도, 식량 생산을 확대하고 비용을 절감한다. 그리고 수직 농업이나 배양육과 같은 농업 기술의 혁신은 식량 생산에서 물과 화학적 비료의 소비를 줄인다.

에너지 비용

생산성 전문가 팔로마 로페즈-가르시아는 "안타깝게도 중기적인 생산성 성장을 예측하기는 어렵다."고 말한다. 에너지 가격의 상승과 탈세계화 현상이 가장 중요하다. 이 두 가지의 심화는 다른 생산 방식의 필요성을 일깨우고, 구조적 변화를 촉발한다. 아니면 아예 생산하지 못하게 될지도 모른다. 2022년 하반기에는 전기와 가스 가격이 너무 높아 생산으로 수익을 내지 못하는 유럽의 기업들이 많아졌다. 벽돌 제조업체, 화학, 비료, 유리 회사와 같은 에너지 집약 기업들은 생산 설비의 일부를 가동 중단했다.

유럽의 전기세는 어떻게 될까?

2018년에서 2020년 유럽의 전기세는 메가와트시(MWh)당 약 50유로를 유지했다. 그동안 가스의 40% 가량이 러시아에서 왔기 때문에 우크라이나 전쟁과 그에 따른 러시아의 점진적 가스 공급 중단으로, 유럽은 2022년에 다른 가스 공급원을 신속하게 찾아야 했다. 그리고 유럽은 소비량을 10~15% 줄이면서, 이 문제를 해결하는 데 성공했다. 특히 이전에 어려웠던 미국 셰일 가스의 LNG를 수입하면서, 겨울철 가스 공급량을 95%까지 채웠다. 그리고 2022년 여름이 되자 어마어마한 할증료가 전기세를 전례 없는 최고치인 MWh당 600유로까지 끌어올렸다. 겨울에는 가격이 MWh당 약 400유로를 맴돌았다. 예전에 비해 가스 공급량이 높아진 2023년, 향후 몇 년간은 여전히 불확실하다. 유럽 선물 시장에서 추정하는 겨울철 유럽 전기 가격은 최소 2027년까지는 MWh당 100유로에서 150유로 사이를 오르내린다. 최고치보다는 훨씬 낮지만, 여전히 '정상' 전기세의 세 배에 달한다. 이는 유럽의 경쟁력과 생산성에 부담을 준다. 유럽이 대체 에너지원을 더 많이 채택함에 따라 부족 현상은 줄어들고 있다. 추가 가스 터미널과 LNG 선박

유럽의 전기 가격

2018~2020 평균 전기 가격: MWh 당 50유로

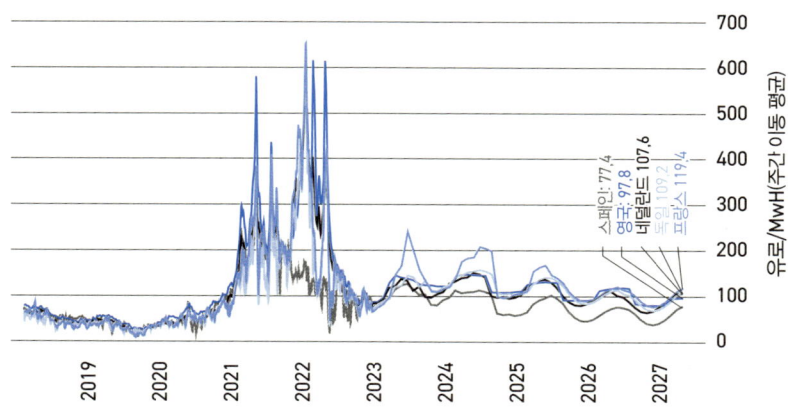

출처: Intercontinental Exchange (ICE)

제작으로, 가스 운송 시장의 부담도 완화됐다. 파이프라인이 주요 운송 수단인 현재의 지역 가스 시장은 점차 글로벌 시장으로 변모하고 있다. 미국과 유럽 간의 가격 차이도 줄어들 전망이다.

많은 지역에서 산업 정책을 시행하면 기후 변화대응을 가속할 수 있다. 하지만 자유 시장 지지자들은 부정적인 상태다. 국가는 가장 생산적인 투자를 선택하는 일에, 안 좋은 기록을 남겼다. (무역) 보호주의의 증가도 탈세계화로 향하는 또 다른 발걸음이다.

🔦 글로벌 경제 트렌드, 이것만은 기억할 것 10

❶ 생산성 증가는 고령화된 서구 경제의 미래 성장을 위한 유일한 원천이다.

❷ 최근 디지털 제품 혁신의 문제는 생산성으로 발생한 이득이, 생산자 잉여로는 이전되지 않는다는 점이다.

❸ 소비자 잉여에 대한 대안은 연간 GDP를 0.1에서 0.9% 포인트 증가시킨다. 그러나 이런 이론적인 생산성 성장으로는 전 세계의 높은 부채를 바로잡지 못한다.

❹ 챗GPT와 같은 인공지능은 생산성 가속화의 희망을 부추긴다. 그러나 아직은 시간이 더 필요하다.

❺ 새로운 경제는 확장성, 조합성, 파급 효과, 매몰 비용이라는 특징을 지닌 무형자산 위에 구축된다. 이런 경제에서는 불확실성이 더 크지만, 훨씬 더 큰 규모로 빠르게 확산되는 아이디어도 더 많다.

❻ 급속도로 발전하는 기하급수적 기술들은 AI, 3D 프린팅, 에너지, 생물학 분야에서 나타나고 있다. 이런 기술은 가격이 하락하면 모든 장소에 등장한다.

❼ 생산성 성장의 추세 전환은 종종 전쟁 후에 일어난다. 우리는 코로나 19, 우크라이나 전쟁을 겪었다.

❽ 코로나 팬데믹으로 생산성이 낮은 가장 기업과 분야에서 디지털화와 자동화가 가장 크게 가속화됐다. 반면, 좀비 기업도 더 많이 생겨났다.

❾ 유럽의 '차세대 EU NextGenerationEU' 계획에 의한 생산적 투자의 거대한 물결은 새로운 친환경 규제로 상쇄되어 가치 절하로 이어진다.

❿ 높은 에너지 비용, 탈세계화, 그리고 새로운 친환경 규제는 생산 방식의 변화와 생산성에 부담을 준다.

⚙️ 투자하기 전, 이것만은 명심할 것 10

❶ 독점 기업은 투자하기에 놀라울 정도로 수익성이 높다.

❷ 끊임없이 자신을 재창조하는, 불사조 같은 기업을 주시해야 한다. 돈값을 하는 기업이다.

❸ 주식 시장에서 선두 주자가 되는 게 항상 이득은 아니다.

❹ S&P500 지수는 은연중에 트렌드를 추종한다.

❺ AI는 실재한다. 컴퓨팅 능력과 데이터는 혁신의 테이블에 놓여 있다. 따라서 응용 프로그램들이 등장하기까지 오랜 시간이 걸리지는 않을 전망이다.

❻ 오늘날의 AI를 2000년의 인터넷 버블 상황과 비교하면 1998년쯤 와 있다. 그러니 빠르게 투자하고, 과대평가를 제때 포착하는 데 집중해야 한다.

❼ 피할 수 없는 붕괴 이후, 잔해 속에서 기회를 찾아야 한다.

❽ 좋은 데이터를 소유한 자가 힘과 이익을 얻는다.

❾ 창의성은 서로 다른 영역, 아이디어, 사람, 문화의 교차점에서 발생한다.

❿ 다양한 이사진, 많은 특허, 그리고 자체 연구소로 자사의 지식을 확장하는 기업들을 찾아야 한다.

II
기후

2039년, 모두가 입을 모아 말하는 기후 재앙

희망의 빛이 비치는 재앙적인 한 해

2040년 1월 3일, 〈기후 에디터〉, 요스 반스틸란트

미빅4(미국, 중국, 인도, EU) 간의 메가 금융 협정으로 한 줄기 희망이 생겼다. 지구 온난화의 악순환에서 벗어나기 위한 협정이다. 올해는 단 한 대륙도 빠지지 않고 기후 재앙으로 파괴적인 상황이 발생했다.

우리의 세계가 기후 변화에 짓눌린 모습을 보면 가슴이 아픕니다.

셀린 존슨 미국 대통령이 뉴델리 기후 정상회담 후 말했다. 미국, 중국, 인도, EU 간에 체결된 이 협정에는 메탄 포집 기술 개발을 위한 거대한 자금이 필요했다. 남극과 그린란드의 빙하가 녹으며, 연간 수만 톤의 메탄가스가 배출되어 다른 모든 기후 노력을 허사로 만들고 있다. 신흥 경제국의 에너지 전환 자금도 대폭 증액된다.
딩쉐샹 신임 중국 지도자는 "지구를 구하려면 우리는 함께 행동해야만 합니다."라고 말했다. 빙하가 녹는 걸 막기에는 너무 늦었다. 이산화탄소 농도

증가는 해양을 산성화시켜 다른 먹이사슬에도 극적인 결과를 초래하고 있다. 그린피스 최고경영자 루디 알바레즈는 같은 회의에 초청되어 '12시 5분 전이 아니라 12시 15분'이라고 주장했다.

역대급 폭염

2039년, 세계는 다시 한번 과거 정부 지도자들의 우유부단함이 초래한 고통스러운 결과에 직면했다. 가장 큰 희생자는 아프리카였다. 말리와 에티오피아는 기온이 54°C까지 치솟아 수만 명의 사망자가 발생했다. 많은 이들이 대책으로 유럽을 선택했지만, 다수가 비극적인 결과를 맞이했다.
유럽의 남부 국가들은 살인적 더위에 시달렸다. 스페인과 포르투갈에서는 가뭄 및 황폐화로 관광 산업이 무너졌다. 집값은 폭락했다. 북부에서는 벨기에와 독일부터 시작해, 큰 강들이 작은 개울처럼 말라버렸다. 프랑스는 여러 해안 도시들이 반복적으로 침수되자, 결국 네덜란드의 사례를 따라 자체 델타 프로그램을 시작했다.

인플레이션을 부추기는 원자재

전 세계적인 홍수 피해로 곡물과 밀의 가격이 폭등했다. 유럽의 인플레이션은 8%까지 치솟았다. 신흥국에서는 평균 인플레이션이 20%에 달했다. 재해의 타격을 입은 보험 청구액이 사상 최고치를 기록했다. 거대 보험사들은 줄줄이 파산했다.

현재 전 세계의 평균 기온은 약 250년 전 산업혁명 시기보다 1.2°C 더 높다. 1980년대부터 10년마다 어김없이 더 뜨거워졌다. 인간의 활동이 이런 추세의 주된 원인일 가능성이 높다. 우리가 할 수 있는 최선은 지구 온난화를 1.5°C로 제한하는 일이다.

우리에게 남은 탄소 예산은 겨우 250기가톤(Gt = 10억 톤)에 불과하다. 현재 연간 배출량 38Gt을 감안하면, 6년 안에 소진되는 수치다. 온난화를 1.5°C가 아닌 2°C로 제한하면, 250Gt 외에 추가로 350Gt을 더 배출할 수 있다. 하지만 이것도 쉽지 않다. 경제적으로 재앙을 겪은 2020년에는 봉쇄와 동결 덕분에 배출량이 5.4% 감소했다. 우리가 연간 5.4%씩 배출량을 꾸준히 줄인다고 가정하더라도, 약 2050년에는 예산이 전부 소진된다. 그리고 매년 12Gt의 온실가스가 계속 배출될 전망이다.

1
전쟁과 에너지

키포인트

- ☑ 우크라이나 전쟁은 기후 변화대응을 10년 앞당겼다. 높은 에너지 가격은 친환경 에너지원의 투자 회수 기간을 절반으로 단축시켰다. 연간 투자가 극적으로 증가했지만, 그래도 아직 여기서 두 배로 늘어나야 한다.

- ☑ 친환경 에너지원으로의 전환은 수입 에너지 의존도를 줄였다. 녹색 전환에 필요한 광물 및 금속에 대한 의존도를 줄이는 것도 목표다.

- ☑ 에너지 전환이 성공하려면 반드시 저소득 및 중소득 국가들이 동참해야 한다. 빈곤 탈출과 인구 증가로 인해 CO^2 배출량이 가장 빠르게 증가하는 나라들이다. 하지만 이들 국가의 녹색 전환 투자는 몹시 부족하다.

- ☑ 부유한 국가들은 매년 최소 1,000억 달러를 지원하겠다는 약속을 우선 이행해야 한다.

- ☑ 그 자금은 민간 자본 유치에 활용될 수 있다. 표준화되고 규제화된 탄소 시장에서 거래되는 자발적 탄소 배출권은 미래의 금융 패키지를 완성한다.

재앙은 때때로 전환점이 된다. 이제 에너지 전환은 에너지 안보와 손을 잡고 있다. 전환 속도는 갑자기 여러 단계가 달라졌다.

에너지 전환의 시대

푸틴은 눈 하나 깜짝하지 않고 유럽으로 가는 가스 밸브를 잠가 버렸다. 유럽에 필요한 가스의 40%가 공급을 멈췄다. 다른 에너지원을 찾아 필사적으로 노력하는 과정에서 유럽의 오판이 전 세계적인 문제로 변모했다. 이들이 가스와 석유를 들여오기 위해 터무니없는 가격을 지불하는 바람에, 저소득 국가들이 대가를 치렀다. 이미 전쟁이 발발하기 1년 전인 2021년에 석유 및 가스 생산국들로 자금이 흘러 들어가고 있었다. 극심한 날씨와 코로나 봉쇄 해제 이후 되살아난 수요는 미국과 유럽의 가스 가격을 각각 두 배, 네 배로 폭등시켰고, 유가 또한 두 배가 됐다.

에너지 안보, 합리적인 가격의 충분한 공급이 다시 중요해졌다. 기후 변화대응을 가속하면 그 안보에 힘이 된다. 재생에너지는 현지에서 생산한다. 우크라이나 전쟁은 이 아이디어를 상기했다. 약간 더 긴 관점에서 보면, 러시아와 OPEC+ 국가들은 자기 무덤을 판 꼴이다.

〈이코노미스트〉는 전쟁과 보조금이 변화대응 계획을 10년 앞당겼다고 평가했다. GDP 1단위를 생산하는 데 필요한 에너지양으로 측정한 전 세계 경제의 에너지 집약도가 2022년에 2% 감소했다. 이는

10년 만에 가장 가파른 하락세였다. 대체 에너지원에 대한 투자가 치솟았다. MwH당 50유로의 시장 가격에서 독일 태양광 발전소의 투자 회수 기간은 11년이었다. 이후 가격이 5배 이상 상승하며, 투자 회수 기간이 3년 미만으로 단축됐다. 하락에도 불구하고, 2023년 중반의 전기 선물은 2024~2026년 기간 동안 100~150유로/MWh, 그 이후에는 100유로/MWh 미만의 가격 범위를 나타냈다. 투자 회수 기간은 여전히 최소 절반이다.

전 세계 정부들은 기후대응 계획을 가속했다. 미국은 친환경 기술에 3,700억 달러의 보조금을 배정한 인플레이션 감축법IRA을 도입했다. 유럽연합 집행위원회는 IRA에 대응해, 이미 7,500억 유로 규모인 차세대 EU 기금(그중 3분의 1은 친환경 투자용)에 녹색 산업 계획을 추가했다. 보조금은 특정 조건에서 증가하며, 에너지 프로젝트 인허가는 간소화될 수 있다. 태양광 설비 두 배 증가 계획은 2030년에서 2025년으로 앞당겨졌다. 중국은 제14차 5개년 계획에서 전체 에너지 조성 중 재생에너지 비중 목표를 처음으로 제시했는데, 2025년까지 33%였다. 한편, 일본은 그린 트랜스포메이션 계획을 도입했다.

국제에너지기구IEA의 2021~2023년 글로벌 에너지 투자 추정 보고서는 몇 년 만에 처음으로 희망적이었다. 재생에너지 용량은 2022~2027년 기간에 2,400기가와트GW 증가한다. 이는 중국의 전체 설치 용량과 맞먹으며, 2021년 예측보다 3분의 1 증가한 수치다. 녹색에너지 투자는 화석연료 투자보다 1.7대 1의 비율로 더 빨리 증가하고 있다. 만약 전자가 현재 속도로 계속 성장하면, 2030년까지 기후 약속을 이행하기에 충분한, 그 이상의 인프라 및 전력화 투자가 이루어진다.

IEA 보고서는 또한 2022년 화석연료 산업의 초과 이익 중 50% 미만이 석유와 가스 개발 및 탐사에 다시 투입됐다고 강조했다. 5년 전에는 (수익이 훨씬 낮았지만) 여전히 82%가 재투자됐다. 이는 투자자들이 기후 정책이 해당 투자의 수익성을 크게 낮춘다는 점을 인지하고 있음을 나타낸다. 전환이 완료되면, 이런 자산의 대부분은 보류 상태가 될 전망이다.

해당 위험은 러시아 침공 이후 EU 회원국에서 계획한 25개의 LNG 터미널에도 적용된다. 추가될 이 시설들은 EU 전체 화석 가스 수요의 약 41%를 수용하는 규모다. 과거 러시아 가스 수입 총량을 초과하는 양이다. 기후 행동 추적기[CAT]에 따르면, 25개의 터미널이 모두 건설되어 사용될 경우, 연간 총 탄소 배출량이 약 1.9Gt 증가한다고 한다. 첫 번째 선택지는 자산이 사용되지 않고 취소되는 것이다. 두 번째 선택지는 터미널이 가동되어 우리가 더 오래 화석연료에 갇히는 상황이다.

EROI 렌즈를 통한
에너지 전환과 번영

우리는 인류 역사상 위대한 전환기 중 하나에 직면해 있다. 기후는 금융 시장보다 훨씬 더 복잡하고 혼란스러우며 예측하기 어려운 시스템이다.

우리 주변은 에너지로 둘러싸여 있다. 열역학 제1법칙에 따르면 닫혀있는 시스템 안에서 에너지는 생성되거나 파괴될 수 없다. 에너지는 한 형태에서 다른 형태로 변환된다. 그리고 유명한 상품 전략가이자 펀드 매니저인 아담 로젠츠바이크Adam Rozencwajg가 자주 사용하는 개념인 EROIEnergy Return on Investment(에너지 투자 대비 회수율)가 나의 이목을 끌었다. EROI와 더 잘 알려진 ROIReturn on Investment(투자 수익률)는 투자 대비 수익을 나타낸다는 점에서 서로 비교할 수 있다. 투자된 에너지 단위당 얼마만큼의 에너지 단위를 얻을 수 있는가? 초기 인류를 예로 설명하면, 창을 만들고, 매머드를 잡아, 자르고 요리하는 데 들이는 에너지와 궁극적으로 그 음식으로 얻는 에너지를 비교하면 된다. 로젠츠바이크는 당시 얻은 에너지 비율을 5대 1로 계산했다. 즉, 여기서 EROI는 5이다. EROI가 5라면, 경제 및 인구 성장에 기적을 기대할 수 없다. 활동을 통해 얻은 에너지가 간신히 생명을 유지하는 정도에 불과하기 때문이다.

  1650년이 되자 영국에서는 연료원으로 나무 대신 석탄을 태우기 시작했다. 석탄의 EROI는 약 10이다. 갑자기 세계가 산업혁명을 맞이할 준비를 했다. 이제 투자와 성장을 위한 여유가 생겼다. 세상을 생각할 시간이 더 많아졌다. 철학이 번성하고 계몽주의 시대가 시작됐다. 물론 모든 게 오염되고, 불평등이 심해지고, 찰스 디킨스의 책에 나온 아동 노동과 같은 끔찍한 일도 발생했다. 하지만 더 나은 세상을 향한 중요한 발걸음을 내디뎠다. EROI가 10이 아니었다면, 경제의 번영도, 《국부론》도, 애덤 스미스도 존재하지 않았다. 이 자체만으로도 아쉬운 일이다.

  19세기 중반, 1846년 아제르바이잔에서, 1859년 미국 펜실베이니아에서 석유가 발견된다. EROI는 다시 한번 30이라는 수치로 치솟는다. 이제 우리는 '현대'라고 부르는 세상에서 투자할 여지가 더 많아졌다.

  태양광, 풍력, 수소의 EROI는 얼마일까? 이러한 기술에 얼마의 에너지를 투자하면, 얼마를 얻을 수 있을까? 바람이 불지 않고 태양이 비치지 않을 때를 대비해 에너지를 저장할 충분한 용량을 확보해야 한다. 실제로 오늘날에는 여전히 전통적인 형태의 예비 생산이 분명히 필요하다.

에너지 안보

세 번째 선택지는 LNG 터미널을 만들어, 다음 에너지 위기 때 사용하는 완충 장치로 사용하면 된다. 하지만 전환 과정에서 발생하는 가격이 상당하다는 단점이 있다. 하지만 재생 가능 에너지의 구축은 너무 느리게 진행되고, 화석연료의 단계적 폐지는 너무 빨라 불균형을 이루고 있다. 그리고 전환이 이루어진 후에도, 극심한 가뭄으로 인해 탄소 중립 에너지 생산(냉각수 없음)이 불가능한 상황을 대비한 완충 장치는 여전히 필요하다.

미국이 석유 및 가스 투자를 줄이면 전환 기간에 OPEC에 대한 의존도가 높아진다. 비록 전 세계의 석유 생산량은 점점 줄어들고 있지만, 이중 OPEC의 점유율은 30%에서 50%로 증가했다. 미국의 전략비축유는 그 어느 때보다 중요해졌다. 리서치 회사 TS 롬바드의 그레이스 팬Grace Fan은 "OPEC+가 바이든을 무시한 건 에너지 및 국가 안보를 위한 양측의 '빅 딜'의 문을 열었다."고 말했다.34 이 거래에는 늘어나는 탄소 감축 조치와 최소한의 보조적 화석연료 공급을 교환하는 내용이 포함된다.

전기 자동차 및 배터리 셀을 생산하려면 흑연, 코발트, 리튬, 희토류 금속이 필요하다. 그리고 이 중 50%는 중국에서 생산된다. 폴리실리콘에서 웨이퍼, 태양 전지, 또 패널 자체에 이르기까지 태양광 패널의 생산은 최소 80%가 중국의 손에 있다. 이는 서방 경쟁국들보다 중국에게 막대한 우위를 제공하며, 아마도 2020년대 말까지 지속될 전망이다.

원자재의
슈퍼사이클

10년 뒤 우리는 오늘의 자원 환경을 그리워 할 것이다. 현재 우리는 '자원 부족의 시대'의 시작 지점에 있다.

이야기는 언제나 똑같다. 공급부터 시작해 보자. 높은 가격은 높은 가격으로 해결되고, 낮은 가격은 낮은 가격으로 해결된다. 가격이 낮으면 당연히 투자가 줄어들고 수익성이 낮은 기업들은 사업을 중단한다. 그 결과 공급이 감소하고 가격이 상승한다.

2010년 이후 미국의 셰일 석유와 가스가 갑자기 시장에 진입하면서 에너지 가격이 대폭 하락했다. 대부분의 금속 가격 또한 낮아, 투자 유인이 거의 없었다. 여기에 거대 석유 및 광산 기업 다수가 앞선 주기 때 특정 자산에 과잉 투자하고 과도한 비용을 지불했던 사실을 더하면, 최근 몇 년간 투자가 사상 최저치를 기록한 게 그리 예외적인 일은 아니다. 더욱이 에너지 전환으로 화석연료 및 광업에 관한 투자가 유독 인기가 없어졌다. 가격이 상승하고 있지만, 여전히 해당 부문으로 자금이 유입되는 모습은 보이지 않는다. 오히려 그 반대다.

수요 측면은 어떨까? 수요는 경제 주기에 크게 의존하기 때문에 단기적으로 예측하기가 매우 어렵다. 하지만 기간을 조금만 더 늘려서

봐도, 추세는 명확하다. 아래 차트는 향후 몇 년간 여러 금속에 관한 수요를 나타낸다. 이런 강한 증가세는 당연히도, 에너지 전환이 주요 원인이다.

일부 예상에 따르면, 급증하는 수요를 충족시키려면 향후 몇 년 동안 수백 개의 새로운 광산이 필요하다. 그리고 물론, 환경적인 측면에서 재활용에 최대한 전념해야 한다. 하지만 재활용만으로는 충분하지 않다.

점점 많은 국가에서 희토류뿐만 아니라 구리도 전략적 원자재로 취급하는 건 우연이 아니다. 이미 칠레와 페루 같은 국가들은 국경 내 리튬 생산을 통제하고 그 이익을 자국민에게 돌려주기 위해 노력하고 있다.

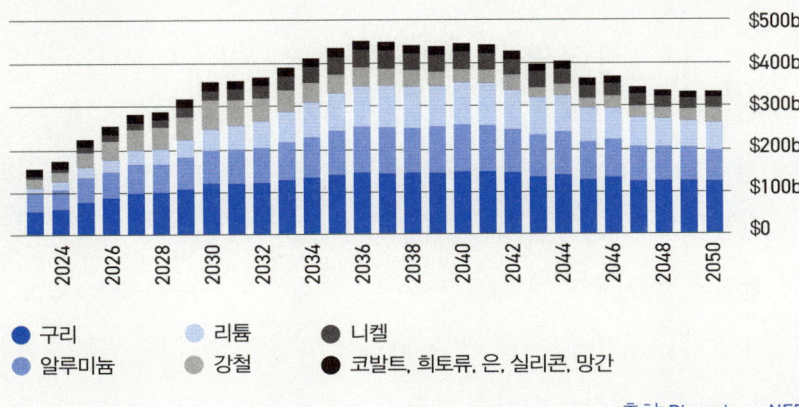

금속 수요 추정치

출처: Bloomberg NEF

미래 에너지 안보에 영향을 끼치는 세 가지 요인이 있다. 첫째, 미국과 중국이 주도하는 초강대국 경쟁 체제로의 회귀이다. 이는 더 다극화되고 분열된 국제 체계를 만든다. 에너지 시장에서, 서방은 더 이상 러시아 화석연료는 원치 않지만, 중국과 중립국인 인도는 원하고 있다. 글로벌 에너지 시장의 추가적인 분열은 모두의 에너지 공급 안보를 약화시켜 궁극적으로 가격 상승을 초래한다. 그러나 이 분열은 LNG 시장의 세계화로 상쇄된다. 터미널과 선박에 대한 막대한 투자는 시장을 지역 단위에서 글로벌 단위로 변화시키고 있다.

두 번째 새로운 현실은 많은 국가가 공급망의 자율성과 다각화를 열망하고 있다는 점이다. 러시아 전쟁과 코로나 팬데믹을 통해 단일 공급처에 의존하는 취약성이 드러났다. 에너지 전환의 가속화는, 가변적인 지정학적 요인에 영향을 받는 화석연료에 대한 의존도를 줄임으로써 에너지 자율성을 증가시킨다. 하지만 자율성은 동시에 불확실성도 증가시킨다. 이는 국내 산업을 장려함으로써 보호무역주의와 더 큰 분열의 위험을 증가시킨다.

셋째, 기후 변화 그 자체다. 2050년까지 전 세계 탄소 중립을 달성하려면 전 세계 에너지 소비의 50%가 전기로 충당되어야만 가능하다. 현재 그 수치는 20%에 불과하다. 나머지 전력 중 거의 대부분은 오늘날 38%에 불과한 무탄소 원천에서 생산되어야 한다. 하지만 이런 전력의 생산, 송전 및 배전을 위해 필요한 인프라는 폭풍, 산불 또는 기타 기후 재앙에 타격을 받을 위험이 더 크다. 또, 기후 변화가 재생에너지에 부정적인 영향을 미칠 가능성도 있다. 기후 변화에 관한 정부 간 협의체IPCC는 기후 변화로 바람을 발생하는 대기의 온도 차이가 줄어들어, 2100년까지 풍속이 10% 감소할 것으로 예상했다.

요약하자면, 거대한 투자는 단기 및 중기적으로 사용 재료의 가격을 상승시킨다. 재생에너지와 화석에너지 간의 불일치는 지정학적 게임과 더해져 가격 변동성을 증가시킨다. 향후 몇 년은 혼란이 예상된다.

북반구는 남반구를 도와야 한다

대부분의 선진국에서는 1인당 에너지 소비량이 이미 정점에 달했다. 하지만 빈곤에서 벗어나 생활 수준을 계속 높여야 하는 신흥 경제국에서는 에너지 소비량도 꾸준히 늘고 있다. 또 저소득 및 중소득 국가들은 인구 증가율도 가장 높다.

IMF가 72개 신흥 경제국을 대상으로 계산해 보니, 1990년 이후 연간 1%의 성장률 증가가 온실가스 배출량 0.7% 증가와 연관이 있었다. 중국에서는 2000년 3.6Gt이던 배출량이 2021년 11.5Gt으로 급증했다. 이는 미국의 두 배가 넘는 양으로, 절대치로 봤을 때 지구에서 가장 큰 오염원이다(하지만 1인당 배출량은 미국의 절반, 유럽 평균의 1/3 수준이다). 빠르게 성장 중인 두 국가, 인도와 인도네시아는 2030년까지 매년 8억 톤의 CO^2를 더 배출할 것으로 추정된다.

2000년, 신흥 경제국들은 총배출량의 42%를 차지했다(중국 제외 시 28%). 2023년에는 65%(중국 제외 시 34%)를 차지할 전망이다.

국제재생에너지기구IRENA 사무총장 프란체스코 라 카메라Francesco La Camera는 〈파이낸셜 타임스〉에서 "파리 협정의 성패는 미국에 달려 있지 않다. 유럽도 아니다. 그 국가들은 제 역할을 하고 있다."고 주장했다.35 파리 협정의 성패는 아프리카, 동남아시아와 같은 개발도상국에 달려있다.

진정한 녹색 전환을 위해서는 2030년까지 연간 2조 4천억 달러(또는 GDP의 6.5%)의 투자가 필요하다. 런던 정치경제대학 산하 싱크 탱크인 그랜섬 연구소는 앞서 이 금액을 2조 8천억 달러로 추정했다. 그리고 빈곤에서 벗어나기 위한 보건 및 교육과 같은 부문에 매년 추가로 3조 달러가 필요하다.

왜 서구 국가들이 개입해야 할까? 지난 270년간 대기 중 온실가스 배출량의 70% 이상을 북미와 유럽이 차지했기 때문이다. 2009년, 부유한 국가들은 2020년까지 연간 (겨우) 1천억 달러의 추가 자금을 제공하겠다고 약속했다. 2020년 실제 자금은 830억 달러를 넘지 못했다.

러시아 전쟁의 여파는 상처에 소금을 뿌렸다. 2021년 11월 제26차 기후 정상회의에서 서구 국가들은 새로운 화석연료 프로젝트와 연료 보조금을 중단하겠다고 선언했다. 하지만 에너지 위기의 결과, 유럽은 2022년 몇몇 석탄 발전소를 재가동했다. 브뤼셀과 워싱턴은 미국 LNG에 대한 새로운 협정을 발표했으며, 유럽 국가들은 새로운 가스 터미널에 투자했다. 영국은 셰일 생산 재개를 약속했으며, 유럽 정부들은 에너지 보조금을 시행했다. 신흥 경제국들은 서구 정부를 위선

적이라고 정당하게 비난했다.

해결책은 존재하지만, 무엇보다 서구 국가들이 약속을 이행해야만 한다. IMF 전 수석 이코노미스트이자 인도 중앙은행 총재 출신인 라구람 라잔Raghuram Rajan 교수는, 공정한 탄소세에 관한 흥미로운 메커니즘을 제시했다. 1인당 배출량이 가장 많은 지역(가장 부유한)이 가장 적게 배출하고 기후 변화의 영향에 가장 취약한 지역의 친환경 프로젝트에 자금을 지원하는 방식이다. 의무화된 국가의 탄소 시장(예: 유럽 배출권 거래제ETS)과 자발적 탄소 시장을 세계적인 차원에서 병행해 운영한다. 후자의 예를 들면, 과테말라의 조림 사업이나 말리의 주요 재생에너지 프로젝트의 일부에 자금을 지원하고, 그 대가로 이산화탄소 상쇄권을 받는 방식이다. 이로써 신흥 경제국들은 프로젝트 자금을 마련할 방법이 생긴다. 매우 유망하지만, 아직 규제나 표준화가 부족한 자발적 탄소 시장에 기업들이 나서기에는 법적 불확실성이 너무 크다.

글로벌 탄소세 제안

라구람 라잔 교수는 IMF 연설에서 글로벌 탄소세를 언급했다.[36] "모든 경제학자들이 타당하다고 말하지만 모든 상황을 고려해야 한다." 현재 미국에서 탄소세를 도입하는 건 정치적으로 불가능하다. 그리고 탄자니아의 1인당 이산화탄소 배출량은 0.2톤에 불과한데, 미국의 1인당 배출량은 16톤이다. 탄자니아에게도 불공평하다. 라잔 교수는 '따라서 과도하게 배출하는 미국은, 자국민의 평균인 16톤에서 전 세계의 평균인 4.6톤을 뺀 값을 지불해야 한다.'라고 계산했다. 이 초과 배출량에 3억 2,500만 명의 미국 인구를 곱하고, 글로벌 탄소 인센티브값을 곱한다. 예로 톤당 10달러라면, 이래야 글로벌 탄소세와 동등해진다. 필요시 이 10달러는 인상될 수 있다. 이럴 경우, 미국은 이 기금에 380억 달러를 지불해야 한다. 그리고 계산해 보면 전 세계에서 기금이 약 1,000억 달러가 모인다. 이 돈은 빈곤 국가들이 기후 변화에 대처할 수 있도록 부유한 국가들이 지원하기로 약속했던 금액이다. 배출량이 평균 이하인 탄자니아는 동일한 계산에 따라 약 24억 달러를 받게 된다. 이 얼마나 완벽한 자기금융 메커니즘인가? 이 시스템의 두 번째 장점은 인센티브가 옳은 방향으로 설정된다는 점이다. 탄자니아는 배출량을 늘릴 이유가 없다. 왜냐하면 받는 금액이 줄어들기 때문이다. 같은 이유에서 미국은 배출량을 줄이고 싶어 한다. 기금에 내는 금액이 줄기 때문이다. 모두에게 동일한 인센티브가 적용된다. 마지막으로, 이는 분산형 시스템이다. 이산화탄소 배출량을 어떻게 제한할지는 각국이 결정한다. 탄자니아와 미국이(유럽의 배출권 거래 메커니즘과 다른 탄소세 외) 자국 시민과 기업에 탄소세를 부과하는 데 관심이 없다면? 그러면 탄자니아는 석탄을 금지함으로써 이산화탄소 배출량을 줄일 수 있다. 미국은 최근 인플레이션 감축법에서 그랬듯이 탄소세 대신 인센티브를 제공하면 된다. 사람마다 방식은 다르다. 국가 차원에서 지불만 하면 된다. 자국 내에서 무엇을 할지는 각자의 선택이다. 이 시스템의 다른 흥미로운 점은 다른 국가들에게 책임을 할당한다는 점이다. 이게 글로벌 탄소세다.

신흥국에 민간 투자를 추가로 유치하려면 자금 조달 비용도 낮아져야 한다. 서구 국가에서는 녹색 투자 자금의 80%가 민간에서 나오지만, 저소득 및 중소득 국가에서는 겨우 14%에 불과하다. 그곳에 태양광 발전소를 건설하는 데 필요한 자금 조달 비용이 평균적으로 과도하게 높다. 명예 교수 아비나쉬 퍼사우드 Avinash Persaud에 따르면, 평균 이자율이 10.6%였다(유럽연합은 4%). 퍼사우드는 이를 시장 실패라고 했다. 그는 다자간 개발은행과 IMF가 공동 기관을 설립해, 헤징 기법으로 비용을 낮출 것을 제안했다. 그러면, 훨씬 더 많은 재생에너지 프로젝트에 자금을 조달할 수 있게 된다.

전쟁으로 전환 속도가 두 단계 높아졌다. 아직 두 배의 노력이 추가로 필요하며, 특히 신흥 경제국들이 참여해야 한다. 하지만 한 발짝 물러서서 우리가 기후 변화대응을 최대한 서둘러야 하는 이유를 살펴보자.

2
성장을 막는 기후 위기

키포인트

☑ 기후 변화로 인한 물리적 피해, 저탄소 에너지원으로의 변환은 위협적이다.

☑ 물리적 피해와 관련해, 1990년대 이후 보험 처리된 피해액이 매년 5~7% 증가하는 추세다.

☑ 과도한 더위와 추위 모두 노동생산성을 저해해 성장을 약화한다.

☑ 전환 기간의 주요 위험은 특정 기술과 상품이 명백히 배제되며 가치를 잃는 상황이다.

☑ 지구 온난화는, 비용은 즉시 체감되지만, 혜택은 더 먼 미래에 있다. 그래서 너무 오랫동안 대응을 미뤘다.

기후 문제는 언제 어디서나 빠지지 않는다. 하지만, 매번 이야기해도 과하지 않다. 이제 우리는 임계점에 다다르고 있다. 거시경제적 영향을 평가할 때, 두 가지 효과를 구별해야 한다. 첫째, 기후 위기가 글로벌 경제에 미치는 물리적 영향과 둘째, 저탄소 에너지원으로의 변환과 관련된 전환 위험이다. 이 두 가지 사이에는 명확한 이해관계가 있다. 전환이 성공적일수록 물리적 위험이 더 잘 억제된다. 기후 변화에 관한 대응이 늦을수록 두 가지 영향이 모두 증폭된다.

자연재해의 경제적 피해

극한의 날씨는 농업을 파괴하고, 국제 무역에 피해를 주며, 물리적 자본을 파괴한다. 또한 부를 파괴하고, 신뢰를 약화시키며, 기업 투자를 저해함으로써 수요에 영향을 미친다. 보험 처리된 손실은 보험 회사와 은행의 재정 건전성을 해친다. 이는 다시 전반적인 금융 안정성과 경제에 관한 신용 비용 및 가용성에 영향을 준다.

재해보험사 스위스 리^{Swiss Re}에 따르면, 2022년 자연재해는 전 세계적으로 2,750억 달러의 경제적 피해를 야기했고, 이 중 1,250억 달러가 보험 처리됐다. 이는 1990년대 이후 다섯 번째로 높은 금액으로, 해당 기간에 연간 5~7%의 증가 추세가 확인됐다. 날씨 관련 손실 사례는 1980년 이후 세 배나 증가했다. 이와 관련된 보험 손실은 도시화로 인해 취약 지역에 더 많은 자산이 집중되면서 여덟 배가 증가했다. 인플레이션으로 2022년 건물, 재건축 비용 또한 2020년 초보다 거의 40%가 높아졌다. 이런 추세는 계속 이어지고 있다. 적응기 없이 기온이 4.3°C 상승할 경우, 현재 해안 지역(및 인구)의 절반은 세기말까지 범람 위험에 노출된다. 이 해안 지역에서 위험에 처하는 자산도 늘어나는데, 전 세계 GDP의 5분의 1이나 해당된다.[37]

스위스 리에 따르면 자연재해로 인한 손실은 전 세계 GDP보다 빠르게 증가할 전망이다. 과거의 석면 시위와 비교해 보자. 미국에서만 보험사 최종 순 청구액이 850억 달러로 예상된다. 이는 슈퍼 태풍 샌디나 허리케인 아이다로 인한 청구액의 거의 세 배에 해당하는 금액이다.[38] 보험사들은 위험도가 높은 보험은 만들지 않거나, 터무니없이 높은 보험료를 받게 될 것이다. 2100년까지 2,500억~5,000억 달러 상당의 미국 부동산이 해수면 아래로 잠긴다.[39]

노동생산성에 미치는 부정적 영향

날씨가 극단적일수록 경제는 타격을 받는다. 쉽게 말해, 날이 더우면 일을 할 수 없다. 데리우기나와 샹(Deryugina and Hsiang, 2014)이 40년 동안 미국 내 여러 지역에서 연구한 결과, 평균 일일 기온이 15°C를 넘으면, 온도가 1°C 상승할 때마다 생산성이 1.7% 감소하는 것으로 드러났다. 지속적인 폭염은 생산성을 완전히 무너뜨린다. 34°C가 되면 노동자들의 작업 능력은 50%가 떨어진다.[40] 고온 스트레스로 인한 전 세계의 경제적 피해는 1995년 2,800억 달러로 추정됐다. 2030년에는 이 수치가 8배로 증가해 현재 전 세계 GDP의 2.5%인 2조 5천억 달러에 이르게 된다.

기후 변화의 물리적 충격은 경제 성장의 핵심 동력인 생산성을 약화시킬 수 있다.[41] '학습에 의한 개선'은 유지 보수 투자보다 새로운 생산적 자본 투자에서 훨씬 적게 일어나고, 혁신과 효율성 향상은 후자에서 발생한다.

버크 외Burke et al.는 2015년 모든 걸 포함시킨 하나의 모델을 만들어, 기온이 1인당 GDP 성장률에 미치는 영향을 추정했다. 그들은 극한의 더위와 추위 모두 성장에 해롭다고 가정했다. 그리고 1인당 생산량의 성장률은 연평균 기온 13°C에서 정점에 달하고, 기온이 그 이상 높아지면 급격히 떨어진다는 점을 발견했다. 이 결과를 기온이 4.3°C 증가하는 미래의 재앙적인 기후 시나리오에 투영하면, 2100년에는 (기후 변화가 없는 세상과 비교해) 전 세계적으로 소득이 5분의 1 감소한다.

전환 기간의 사업 손실

일부 경제 분야는 새로운 기술로 인해 구식이 되거나 쓸모없어지기 때문에 정부가 의도적으로 자원 배분을 바꿀 수도 있다. 예를 들어, 승용차요일제 같은 제도로 채찍질하면 된다. 아니면 런던처럼 초저배출

구역을 도입하는 방식도 택할 수 있다. 최근에는 도시 외곽까지 이 구역이 확장됐는데, 오염물질을 많이 배출하는 차량은 운전자에게 하루 12.5파운드(약 16달러)의 비용을 청구한다. 반면, 보조금을 지원해 새로운 기술에 대한 투자를 장려하는 방식도 있다.

이는 투자, 고용, 금융 시장에 영향을 미친다. '좌초자산stranded assets'의 위험이 높다. 이는 경제의 친환경화로 수요가 없어져 가치가 사라지는 기업의 자산을 말한다. 예로, 1.5°C 목표를 달성하려면 잔존 화석연료의 80%는 땅속에 남겨져야 한다. 이런 인식과 화석연료의 세금 인상 전망은 2015년 이후 탐사 및 개발 투자의 붕괴로 이어졌다.

또, 경제적 비용은 당장 발생하지만, 혜택은 먼 미래에 나타난다. 마크 카니Mark Carney 유엔 기후 행동 및 금융 특사는 이를 '시간차의 비극'이라 부른다.[42] "기후 변화의 참혹한 충격은 시간이 지나면 대부분 사람에게 전달될 것이다. 이는 현세대가 직접적인 해결 유인이 없어 미래 세대에게 미루는 꼴이다."라고 카니는 설명한다. 그 결과는 비즈니스 주기, 정치 주기를 넘어서며, 중앙은행처럼 재임 기간에 제한된 기술 관료적 기관의 주기(시간)를 넘어선다. 한번 넘어서면 기하급수적인 결과를 초래하는 극단적인 전환점이 기다리고 있다.

3
경제적 재앙 혹은 기회?

키포인트

✓ 기후 행동 추적기CAT의 예측에 따르면, 현재 정책들을 유지했을 때, 2100년에는 기온이 산업화 이전 시대 대비 2.7℃ 상승한다.

✓ '탈성장degrowth' 지지자들은 경제 성장을 늦춰서라도 기온 상승을 제한해야 한다고 주장한다. 하지만 이는 비참한 경제적, 사회적 결과를 초래한다.

✓ 에너지 인프라 및 기술에 관한 투자를 빠르게 두 배로 늘려 배출량을 신속히 줄여야 한다. 2030년까지는 투자로 성장을 증가시킨 다음, 점진적으로 탄소세를 늘려 흐름을 이어가야 한다.

✓ 탄소세를 직접 부과하거나 배출권 거래 시스템을 도입해 탄소 배출에 가격을 부과하는 게 배출량을 줄이는 가장 효율적인 방법이다.

✓ 오늘날 전 세계 탄소 가격의 평균은 이산화탄소 톤당 3달러에서 10달러 사이를 오간다. 탄소 중립 목표를 달성하려면 가격이 최소 50달러에서 100달러 정도는 되어야 한다.

✓ 전 세계에 탄소 가격이 없다면, 유럽은 탄소 국경세를 도입해야 한다.

파리 기후 협정2015은 지구 온난화를 1.5°C로 제한하는 게 목표다. 이 회의 직후, NGO 기후 행동 추적기CAT는 각국의 배출량 감축 목표와 여러 정책이 지구 온난화 측면에서 어떤 총체적인 효과가 있는지를 측정하는 지표를 만들었다. 2022년 11월의 최신 업데이트에서, 2100년까지 산업화 이전 시대 대비 2.7°C의 기온 상승을 예측했는데, 2021년 11월과 동일한 수치다.

소비를 줄이는 대신 다르게 소비하기

전 세계 정치인들은 탄소 중립에 성공하기 위해 막대한 투자를 계획하고 있다. 난 소비를 줄이는 대신 소비를 변화시켜야 한다고 생각한다. 둘은 전혀 다른 말이다.[43] 이는 다른 방법으로 물건을 생산하고 소비함으로써 '녹색 성장'을 달성하기 위해 도전하는 것과 그냥 백기를 흔드는 것만큼 차이가 난다. 이는 인류의 독창성과 책임감에 대한 믿음의 표출이다.

이 도전을 바라보는 한 가지 흥미로운 방법은 온실가스의 생산을 재구성하는 일이다. 이는 네 가지 요인에 기인한다. 인구, 그 인구의 번영(번영할수록 배출량이 많아진다), 성장의 에너지 집약도, 에너지의 배출 집약도이다. 여기서 인구 증가와 번영(1인당 GDP)은 절대 바꿀 수 없다고 가정해 보자. 그러면 증가하는 온실가스 배출량은 나머지 두 요인(에너지 사용 + 배출 집약도 = GDP 단위당 온실가스 배출량)으로 상쇄해야 한다. 그렇게 하려면 GDP와 온실가스가 완벽하게 분리되어야 한다. 즉, GDP는 계속 증가하지만 온실가스 배출량은 감소해야 한다. 가능한 일일까?

온실가스 배출 = 인구 × GDP/인구 × 에너지 수요/GDP × 온실가스/에너지 수요

지금까지 GDP 단위당 온실가스 배출량(-연간 1.8%)은 전 세계 GDP 성장률(+연간 3.8%)을 상쇄할 만큼 충분히 감소하지 않았다. 기후 온난화를 2°C 미만으로 제한하려면, 전 세계 연간 온실가스 배출량은 2030년까지 45% 감소하고, 2050년까지 0, 그 이후에는 마이너스 배출이 되어야 한다. 인구 증가와 그에 따른 복지 성장에 제한이 없다고 가정할 때, 이는 2050년까지 실질 GDP 단위당 온실가스 배출량이 연간 9% 감소해야 한다는 뜻이다. 지난 25년간의 감소율보다 5배 증가한 수치다. 탈성장 지지자들은 불가능하다고 말한다. 그들은 전 세계의 성장과 소비를 제한하거나 동일하게 유지해야 한다고 주장한다. 그 말은 현실적일까?

1. 세계는 성장을 필요로 한다. 경기 침체기에는 채무 불이행이 증가한다.
2. 세상이 그렇게 되면, 은퇴를 위해 자산을 충분히 축적하려는 투자자들이 엄청난 충격을 받게 된다. 성장 없이는 주가가 하락한다.

3. 탈성장 전략의 실현 가능성도 큰 의문이다. 한 국가만 실행하면 기업들은 이웃 국가로 이동하면 된다. 실업과 경제적 불황은 유토피아를 이루려는 국가의 목표를 약화시킨다.

4. 이런 이유로 대중이 지지할 가능성이 거의 없다. 이 전략은 현재의 소득과 부를 고착시킨다. 노력, 노고, 혁신에 대한 열정은 더 이상 적절하게 보상받지 못한다.

5. 국제적인 지지도 없다. 신흥 경제국의 정부는 자국민의 더 나은 미래에 대한 희망을 박탈하지 못한다. 서구 국가들도 선진국을 더 빠르게 성장시키는 축소는 받아들이지 않을 것이다.

이런 배경이 있다고 해서 탈성장 지지자들이 근거 없이 '녹색 성장론자'를 몽상가라고 비난하는 것은 아니다. 탄소 포집 및 저장, 그린 수소, 첨단 배터리와 같은 일부 핵심 기술은 아직도 상용화되지 않았다. IEA에 따르면, 이론적으로 이런 기술들은 2030~2050년 사이의 배출량을 절반 정도 감소시켜야 한다. 탈성장 지지자들은, 아직 개발되지 않은 기술을 고려해서는 안 된다고 말한다. IEA도 이런 기술들이 2030년까지 가동하려면 상당한 노력이 필요하다고 인정한다. 그러나 코로나 시기가 전한 긍정의 메시지 하나를 잊어서는 안 된다. 막대한 연구 개발 자금이 투입되면, 인간의 창의력은 거의 무한해진다.

세상에는 예언자보다
마법사가 더 필요하다

"넌 마법사야, 해리."

– 루베우스 해그리드

우린 한편으로는 이산화탄소의 배출량을 줄이고, 동시에 EROI(에너지 투자 수익률)를 효율적인 방식으로 달성해야 한다. 그럼 어떻게? 현재 우리는 해결책을 찾는 사람들이 더 많이 필요하다.

더 많은 기술적 역량을 위해서는 에너지가 필요하다. 그래서 기존 에너지 및 대체 에너지에 관한 투자, 특히 전환을 가능케 하는 기술에 관한 투자는 여느 때보다 흥미롭다. 차기 애플이나 마이크로소프트는 어쩌면 시스템 전체의 EROI를 개선할 방법을 찾아낼 배터리 또는 친환경 기술 기업일 수도 있다. 투자자에게는 적절한 분산 투자가 다시금 매우 중요해진다. 많은 돈이 새로운 기술을 후원하고, 다수의 실험이 진행될 때, 현재 우리가 불가능하다고 생각하는 혁신들이 생겨난다.

정책연구소 브뤼겔Bruegel의 계산에 따르면, 1990~2016년 유럽연합의 이산화탄소 배출량은 연간 0.8% 감소했다.[44] 이 과정에서 GDP 단위당 온실가스 감소율은 GDP 성장률보다 더 높았다. 특히, 성장의 에너지 집약도 감소(더 많은 서비스, 더 높은 에너지 효율)가 에너지의 배출 집약도보다 더 크게 기여했다. 기간을 조금 더 늘리면, 성장이 '에너지 없이' 이뤄지는 게 아니라 에너지가 완전히 탈탄소화될 수 있다. 재생에너지 기술의 가격이 급격히 하락하고, 저장 용량과 분배에 대규모 투자가 이루어지면, 에너지의 탈탄소화가 가속화될 수 있다. 실제로 행동도 그렇다. 우리가 무엇을 살 때, 그것이 남기는 탄소 발자국을 명확히 알아야 한다.

성장을 위한 투자

'녹색 성장'의 길은 대규모 투자, 신기술에 대한 믿음, 그리고 인식과 가격을 바탕으로 한 행동의 변화가 필요하다. 투자는 이제 확실하게 늘어났다. IRA(3,690억 달러)와 인프라 투자 및 일자리 법안(1조 2천억 달러, 이 중 3분의 1은 기후 관련)으로 미국의 녹색 투자는 2021년에 폭발적으로 증가했다. 이는 중국 친환경 기술에 대한 높은 의존도를 깨달은 결과이기도 하다. 다수의 연구에 따르면 IRA는 파리 기후 목표를 달성할 가능성을 크게 높였다. 유럽은 2030년까지 온실가스 배출량을 1990년 대비 최소 55%의 감축을 목표로 하는 '핏 포 55Fit for 55'

패키지를 도입했다. 녹색 산업 계획은, 정부 보조금 규정을 완화하고 태양광 및 풍력 발전 단지의 승인 기간을 단축했다. 이는 이미 승인된 차세대 EU 계획(7,500억 유로, 이 중 3분의 1은 녹색 투자용)에 추가되는 사안들이다.

2021년, 위에 언급된 투자 흐름 중 일부가 승인되기 전에도 IEA는 2030년까지 전 세계 경제 성장을 에너지 소비보다 7% 낮은, 누적 40%로 추정했다. 하지만 목표에는 미치지 못하는 수치다. 2022년 전 세계 에너지 투자는 GDP의 2.5%인 2조 4천억 달러에 달했다. 해당 투자는 2030년까지 연간 5조 달러(4.5%)로 정점에 이를 걸로 예상된다. 그리고 한동안 안정세를 유지하다가 2050년에는 4조 5천억 달러(그 시점에는 다시 전 세계 GDP의 2.5%)로 다시 감소할 전망이다.

에너지 전환을 주도하는 중국

기후 전문가 타이스 반 데 그라프Thijs Van de Graaf는 〈파이낸셜 타임스〉와의 인터뷰에서 "청정에너지 기술 경쟁에 관해 말하자면, 여러모로 경주가 이미 끝난 것처럼 보인다. 승자는 중국이다."라고 말했다.[45] 중국은 전 세계에서 온실가스를 가장 많이 배출하는 국가로, 전력 생산의 58%를 석탄에 의존한다. 하지만 중국의 기업들은 에너지 전환을 위한 자국의 막대한 보조금을 받고 있다. 또한 청정기술 제품에 대한 수요의 증가로 이익을 얻고 있다. 중국은 전 세계 태양광 패널의 70% 이상, 전기 자동차의 절반, 풍력 발전의 3분의 1을 생산한다. 탄소 중립을 달성하려는 모든 국가는 중국에서 태양광 패널, 배터리, 희토류를 구매해야

> 한다. 중국 기업들은 대부분의 리튬 이온 배터리에 필수적인 코발트 정
> 제 화학 용량의 전 세계 85% 이상을 통제하고 있다. 또한 전기 모터와
> 풍력 터빈에 사용되는 전 세계 희토류 금속의 거의 전부를 채굴한다.
> 중국과 연관되지 않고 전기차를 만드는 일은 거의 불가능하다.

그래프는 2030년까지 투자 보조금의 증가 흐름 대비 늘어나는 탄소세 비용이 전 세계 연간 GDP 성장에 미치는 효과를 보여준다. 처음에는 매우 제한적으로 늘어나는 효과가 나타났으나, 이후에는 순수하게 줄어드는 효과로 전환됐다. 처음 15년 동안 추가 연간 성장은 평균 약 0.1%다. 2030년대 중반~2050년까지는 탄소세의 영향이 투자 흐름을 초과해 성장을 평균 0.1%만큼 압박한다. 이 조치 패키지는 총배출량은 현재 38Gt에서 2050년까지 9Gt으로 75% 감소시킨다. 이런 행동들이 없다면, 그때까지 연간 배출량은 재앙적인 수준인 연간 57.5Gt으로 증가한다.

투자에는 이상적인 시기가 있다. 이는 특히 인프라 투자가 부족했던 수십 년간의 부진을 보상한다. 미국에서는 정부 투자(국방비 제외)가 2000년 이후 GDP의 1.4%로 절반 감소했다. 벨기에는 1980년대 재정 통합 기간 4~5%에서 1990년대 초 GDP의 2% 미만으로 급락했다. 그 이후로는 2~2.5% 수준을 유지하고 있다. 유럽연합에서는 글로벌 금융 위기 이후 큰 타격을 입어 3%에 머물고 있다. 인프라가 낙후되면 시간이 지남에 따라 생산성을 저해한다. 지구 온난화 투쟁은 장기적인 성장 촉매제가 되어, 지난 10여 년간 우리가 갇혀 있던

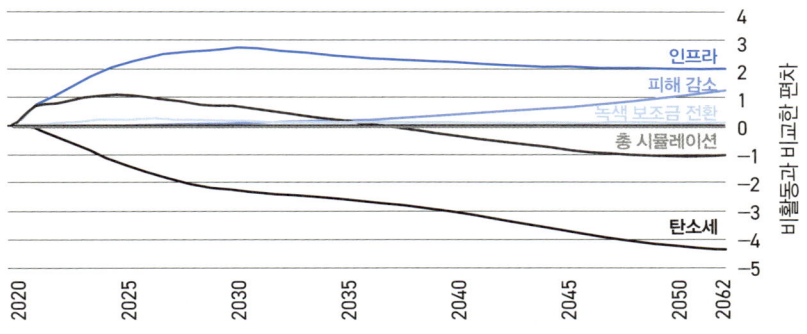

출처: IMF World Economic Outlook 2020

장기 침체에서 벗어나게 만들 수도 있다.

투자 이야기에서 주요한 간극은 저소득 및 중소득 국가에 관한 자금 지원의 부재다. 이들이 탄소 배출이 없는 미래 성장을 이루려면 지원이 절대적으로 필요하다. 서구가 이미 탄소 예산을 소진해, 이 국가들은 더 이상 탄소 집약적인 성장 경로를 걷지 못한다. 하지만, 단기간에 현대적이고 깨끗한 에너지 인프라를 구축하는 데 큰 도움을 얻을 수 있다. 그리 멀지 않은 과거만 봐도, 휴대전화 기술은 설치된 전화선들을 쓸모없게 만들었다.

오염자 부담 원칙

27명의 미국 노벨상 수상자를 포함한 대부분의 경제학자들은 이산화탄소의 배출 가격을 높여야 한다고 말한다. 가격 신호는 사람들의 행동을 변화시킨다. 그리고 이는 '오염자 부담 원칙'도 신성화한다. 소비자들은 잘 알아차리지 못하지만, 전기 요금이나 자동차 및 주택 가격, 궁극적으로 더 높은 세금을 통해 비용을 지불하게 된다. 반면에 오염성이 높은 디젤에 부과되는 탄소세는 즉시 눈에 보여 즉시 소비를 억제한다. 이는 가계 예산에도 부담을 주지만, 다른 기만적인 방법들보다 이산화탄소 톤당 절감 비용이 몇 배는 더 높다.

탄소 가격을 부과하는 방법은 여러 가지다. 하나는 이산화탄소 소비 또는 생산에 비용을 부과하는 방법이다. 탄소세가 기존의 디젤 또는 휘발유 세금을 대체한다. 하지만 탄소세는 맛있고 육즙이 풍부한 스테이크에도 부과된다. 그 돈을 지불하고 싶지 않다면 닭고기를 먹으면 된다. 아니면 탄소 발자국이 가장 적은, 채소로 바꾸면 더 좋다. 유럽에서는 현재 18개국이 이런 탄소세를 도입했다. 벨기에는 그렇지 않다. 세금은 탄소 배출량 톤당 0.07유로에서 스웨덴의 116유로까지 다양하다. 스페인은 자국의 총 온실가스 배출량의 3%를 차지하는 불소화 가스 사용에만 세금을 부과한다. 노르웨이의 탄소세는 톤당 58.6유로이며, 총 온실가스 배출의 60%에 부과한다.

탄소 비용을 부과하는 두 번째 방법은 할당량 시스템을 도입하고 배출권 거래를 허용하는 방식이다. 소위 배출권 거래 제도다. 전체(최대) 배출량을 정하고, 일정 수의 배출권을 발행해 나눈다. 이 숫자는 다음 해에 점진적으로 감소한다. 배출권은 해당 분야에 분배되며, 그 분야 내 기업들에게도 분배된다. 너무 많이 배출하는 기업은 배출권 시장에서 추가 배출권을 구매한다. 규정보다 적게 배출하는 기업은 배출권을 판매한다. 탄소 가격이 높을수록 기업들은 배출량을 줄이고, 또 감소 방법에 투자하는 경향이 강해진다.

정부는 배출권 거래 제도에 포함된 모든 분야가 달성해야 할 이산화탄소 목표를 정한다. 매년 사용 가능한 배출권의 수를 점진적으로 줄인다. 배출권이 적게 허용될수록 배출권의 가격, 즉 시장 가격이 상승한다. 직접 탄소세와의 차이점은 탄소세에는 배출 목표가 없다는 점이다. 물론 세금이 높을수록 시장은 더 많은 대안을 찾고 배출량은 감소한다. 하지만, 이 방법에서는 시장이 이산화탄소 배출량의 감소 속도를 결정한다.

	배출권 거래제	탄소세
배출	정부가 현재 배출량과 목표 배출량 사이의 차이를 줄인다.	총배출량이 시장에 의해 정해진다.
가격	시장가	세금의 증가를 정부가 결정한다.
	정부가 먼저 탄소 목표를 정하고 달성한다.	탄소의 감소량은 시장이 결정한다.

전 세계적으로 탄소세 도입이 늘고 배출권 거래 시장의 수도 증가하고 있다. 이 중 가장 유명한 제도는 유럽연합 배출권 거래제[EU ETS]이

다. 이는 2005년에 가장 큰 두 가지 오염원인 산업 및 전력 생산 분야를 위해 특별히 시작됐다. 이 시스템은 초기에는 완벽하게 작동하지 않았는데, 참여 기업들이 비유럽 경쟁업체에 비해 불이익을 받지 않도록 하기 위해 배출권을 너무 많이 발행했기 때문이다. 그럼에도 불구하고, 해당 기업들은 1990년부터 2020년까지 41%의 배출량 감축을 달성했는데, 목표치인 20%를 훨씬 초과하는 수치였다.

유럽은 최근 몇 년 동안 '핏 포 55 Fit for 55' 프로그램의 도입으로 전환점을 맞이했다. 현재 EU ETS의 배출량 감축 목표는 2030년까지 55%로 상향 조정됐다. 무상 할당되는 배출권의 단계적 폐지율은 연간 4.2%로 두 배 증가했다. 이 시스템은 해상 운송 분야로 확장되고 있다. 건물, 운송 등 다른 분야의 연료 사용에 대한 추가적인 별도의 배출권 거래 시스템도 추진 중이다.

이상적인 가격

배출권 거래제 또는 직접 탄소세로 탄소 비용을 도입할 때 가장 중요한 질문이 있다. 기업들이 탄소 포집 및 저장 시스템을 설치해 탄소 배출량을 줄이게 유도하려면 세금이 얼마나 높아야 할까? 친환경 수소를 생산하거나 태양광 발전소를 설치하면 언제 수익이 날까? 피터슨 국제경제연구소 PIIE의 계산에 따르면, 2021년 전 세계 평균 가격은 겨우 10달러였다. 세계은행은 2022년에 톤당 3달러로 책정했다. 경제학자 크리스티앙 골리에르^Christian Gollier는 그의 저서《세상 끝 이후의 기후^Le Climat après la fin du monde》에서 톤당 50유로의 탄소 가격을 주장했고, 노벨상 수상자 조셉 스티글리츠^Joseph Stiglitz를 중심으로 한 단체는 최소 100달러를 제시했다.

탄소세나 배출권 거래제를 통한 지역적인 탄소 비용 부과의 맹점은, 민간 부문이 오염 활동의 규제가 적거나 탄소세가 낮은 지역에서 생산해, 탄소 가격이 더 높은 지역으로 제품을 가져오도록 부추긴다는 점이다. 유럽연합은 탄소 국경세를 통해 이런 제도의 '누출'을 막으려 한다. 탄소세가 없고 유럽 기준보다 탄소 발자국을 더 많이 남기는 국가에서 수입되는 제품은 그 차이에 따라 세금을 내야 한다. 이는 해당 기업이 비유럽 생산의 탄소 집약도를 줄이도록 장려한다.

이상적으로는, 유럽연합이 몇몇 뜻이 맞는 국가들과 탄소 가격에 합의해야 한다. 그래야 이 국가 간에 거래되는 이산화탄소의 톤당 가격이 보편적으로 통일될 수 있다. 참여를 원치 않는 국가들은 국경세를 지불해야 한다. 베르텔스만^Bertelsmann 재단은 이런 구성을 모의 실험했다.[46] 실험에서 EU가 자체적으로 톤당 탄소 가격을 50달러 인상하면 전 세계 배출량이 겨우 2.5% 감소했다. 실제로 유럽에서, 특히 탄소 집약적인 동유럽 산업에서 급격히 감소하지만, 탄소 누출로 다른 국가에서 약간 증가했다. 탄소 국경세를 도입하면 '누출'이 크게 줄어들지만, 전 세계의 배출량은 거의 줄어들지 않는다.

4

승자와 패자

키포인트

- [x] 최소 탄소 비용의 도입은 보수적으로 추정해도, 벨기에 4인 가족에게 연간 2,200유로가 부과된다. 최하위 계층 가구를 위한 기후 배당금을 마련해야 모두가 함께 갈 수 있다.

- [x] 전환에 동참하지 않는 기업은 자산이 쓸모없어지는 상황에 직면한다. 창조적 파괴, 즉 새롭고 환경친화적인 기술의 개발은 개인을 넘어 기업까지 위협한다.

- [x] 서구 세계는 소비 주도형 경제에서 투자 주도형 경제로 전환하고 있다. 승자는 산업, 건설, 서비스 제공업체 및 운송 분야다. 석유 및 가스 생산업체처럼 '녹색 광물'이 없는 광산 회사들은 큰 패자가 될 것이다.

- [x] 대부분의 국가는 잠재적으로 에너지 독립을 이룰 수 있다. 승자는 녹색 기술에 사용되는 금속과 광물이 풍부한 국가들 외에도, 풍부한 햇빛과 바람으로 만든 녹색에너지를 수출할 수 있는 국가들이다.

- [x] 신흥 경제국들은 GDP 대비 막대한 투자가 필요하고, 자본 시장에 접근성이 제한되어 여전히 큰 어려움을 겪는다. 이 국가들의 물리적 위험과 전환 위험 또한 평균 이상이다.

소비자 참여 유지

크리스티앙 골리에르Christian Gollier는 자신의 저서에서 "행복한 에너지 전환이라는 개념은 유토피아다."라고 말했다.[47] 최소 탄소 비용을 50유로로 했을 때, 프랑스인이 1인당 연간 6톤의 이산화탄소를 소비한다는 점을 고려하면 매년 300유로의 비용이 발생한다. 2018년 프랑스는 최빈곤층 10%의 가족에게는 연간 20유로, 가장 부유한 10%에게는 160유로의 연료세를 인상했다. 노란 조끼 시위대는 '안 돼!'라는 말이 분명하게 적힌 팻말을 들고 거리로 나섰다.

유럽 위원회는 2025년까지 도로 교통 및 건물 난방 시스템을 위한 별도의 배출권 거래제를 구축하려 한다. 시민들은 주유할 때나 연료유나 천연가스로 난방할 때 이 탄소세를 부과받게 된다. 그러나 2025~2032년 새로운 거래 제도에서 발생하는 수익의 상당 부분은 720억 유로 규모의 사회 기후 기금을 조성하는 데 사용될 예정이다. 이는 탄소 소비를 억제하는 동시에 기후 투자, 필요한 기술의 연구 개발 및 최하위 계층 지원에 사용되는 배당금이 될 전망이다.

탄소 가격 외에도 효율적인 규제가 필요하다. 그렇지 않으면 사람들은 오래된, 에너지를 낭비하는 주택의 개조 등, 주요한 투자 결정을 망설이게 된다. 환경 경제학자 요한 알브레흐트Johan Albrecht는 '기후적인 관점에서 2050년 미래까지 사용할 수 있는 벨기에의 개인 주택은 겨우 4%에 불과하다.'고 분석했다. 주택 소유자 대부분은 에너지 라벨 A(매우 낮은 에너지 소비)를 달성하기 위해 평균 5만~6만 5천 유로의 에너지 기후 개조를 고려한다. 엄청난 투자지만, 개조 덕분에 주택은 가치를 유지하면서 연간 소비 비용까지 줄일 수 있다. 2022년과 2023년 인플레이션이 급등하며 그 비용은 20% 증가했다. 플랑드르 사회경제협의회SERV는 해당 투자의 회수 기간을 30~60년으로 추정한다.

고소득 가구에는 문제가 없지만, 소유자의 약 절반은 주택을 개조할 재정적인 능력이 없다.[48] 그리고 오늘날 저소득 가구의 상당 부분은 (삶의 질이 낮은) 에너지 낭비 임대 주택에 살고 있다. 이들이 에너지 전환에서 소외되어서는 안 된다.

빠르되, 너무 빠르지 않게

정치인들은 유권자들의 지지도 확보해야 한다. 벨기에 중앙은행 총재 피에르 웅슈Pierre Wunsch는 〈트렌즈〉와의 인터뷰에서 '기후 정책에 대한 지지를 과대평가하지 말라'고 경고한다. 많은 사람이 기후 변화대응을 경제적 기회라고 믿게 됐지만, 실제로는 비용이 드는 공급 충격이다. 주택을 단열하거나 냉난방 장치를 설치해야 하는데 건축업자나 설치업자가 충분하지 않다면, 사람들은 이탈하기 마련이다. 우리는 유례없는 도전에 직면했다. S&P 글로벌의 다니엘 예르긴Daniel Yergin은 '과거의 모든 에너지 전환은 정책이 아닌 기술적, 경제적 이점에 의해 주도됐다.'고 설명한다. 우리는 나무에서 석탄으로, 석탄에서 석유로 옮겨갔고, 이런 전환에는 매번 10년 이상이 걸렸다. 하지만 현재의 전환 목표는 새로운 에너지원 하나를 추가하는 게 아니다. 100조 달러 규모의

> 세계 경제의 에너지 기반 전체를 바꾸는 일을, 그것도 25년이 조금 넘는 시간 안에 해내야 한다. 경제학자 장 피자니-페리Jean Pisani-Ferry 그 규모를 고려할 때, 먼저 거시경제적 영향을 더 잘 이해할 필요가 있다고 말한다. 탄소 중립의 목표를 너무 빠르게 높이면 "갑작스러운 석유나 가스 부족으로 인한〕 공급 충격이 1970년대와 유사하게 부정적으로 작용할 수 있다."고 한다. 이런 가속화의 비용과 이익을 먼저 분명하게 파악해야 한다.

사회적 긴장이 고조되는 것에 더해, 세대 간 갈등도 위험 요소다. 특히 나이 든 세대가 과감한 조치를 계속해서 가로막을 때 더 그렇다. 지구의 기온 상승을 1.5°C로 제한할 때, 전 세계의 평균적인 신생아가 평생 사용할 수 있는 탄소 배출 예산이 조부모 세대의 8분의 1 정도에 불과하다.

기후 변화는 불가피한 이주 문제도 일으킨다. 유럽의 망명 신청 자료와 2000~2014년까지 103개국의 기후 변화를 통합해 분석한 연구에 따르면, 기온이 2~3°C 상승할 경우, 세기말까지 망명 신청이 연평균 35만 1천 건에 추가로 9만 8천 건이 더 늘어날 것으로 예측된다. 상승 폭이 4.3°C에 이르면 그 수는 66만 건으로 급증한다.[49] 기후 온난화와 그로 인한 자연재해는 더 많은 사회 갈등과 전쟁을 야기하며, 영향을 받은 지역에서 이주를 증가시킨다.

바뀌어야 하는 기업들

지구 평균 기온 상승을 1.5°C로 제한하려면, 현존하는 화석연료의 대부분을 지하에 그대로 남겨둬야 한다. 그러면 이른바 좌초자산^{stranded assets}, 혹은 더 이상 가치가 없는 투자 자산이 된다. 좌초자산은 화석연료에만 국한되지 않는다. 상업형 농업은 열대우림 파괴의 70%를 차지한다. 주요 원인은 야자유, 대두, 축산업, 벌목이다. 이 농업 활동 중 일부는 정부가 삼림 파괴를 제한하면서 점차 지속 불가능해지고 있다. 예를 들어, 인도네시아는 정부가 새로운 야자유 채취 허가를 중단하고 삼림 개발을 유예하면서, 국토의 약 28%인 600만 헥타르 이상이 좌초자산으로 전락했다.[50]

좌초자산은 종종 창조적 파괴의 결과로 생기기도 한다. 많은 사례에서, 기존 기업이 아니라 신생 기업이 새로운 시장 환경에 적응하면서 기존의 시장 강자들을 앞질렀다. 신생 기업이 개발한 기술은, 기존의 가치를 무의미하게 만들었다. 예로, 전기 자동차는 더 이상 변속기나 주유소가 필요하지 않다.

2010년대 전반, 유럽 전력 산업의 붕괴는 이런 변화를 잘 나타낸다. 컨설팅 업체 머티리얼스 이코노믹스^{Materials Economics}의 2016년 보고서에 따르면, 다른 여러 분야도 같은 흐름을 따르고 있다. 이 보고서는 유럽의 자동차, 섬유, 전력 산업에서 약 7,500억 유로 규모의 자산이 좌초될 위험에 처해 있다고 분석했다. 자동차 산업에서는 세 가지 주요 흐름, 전기차, 자율주행, 차량 공유로 약 2,400억 유로의 자산 손실이 예상된다. 새로운 내연기관 차량 설계에 대한 투자가 중단되면서 관련 특허와 기술도 예상보다 빨리 가치를 잃고 있다. 예로, 변속기 생산 공장은 문을 닫아야 한다. 이에 따른 노동자 재교육이 필요하다. 하지만 맥킨지에 따르면, 전체 산업을 따지면 기후 전환으로 없어지는 일자리보다 생기는 일자리가 많다고 한다. 1억 8,500만 개의 일자리가 사라지고, 2억 개가 생긴다.[51]

산업이 어떻게 분열될까?

2010년 이후 유럽 전력 산업에서 나타난 극적인 변화는, 파괴적 기술이 떠오르면 무가치해지는 자산이 생긴다는 걸 보여주는 교과서적인 사례다.[52] 이 경우 태양광과 풍력 기술이 주된 원인이었다. 2010~2016년 사이, 상위 10개의 전력 회사 중 7곳이 65%의 가치를 잃었다. 전력 산업은 '겉보기에는' 예측하기 쉬운 산업이다. 전력 수요는 안정적이고, 발전소 수명은 25~60년에 이르며, 전력 생산은 기업 간 거래[B2B]가 중심인 안정적인 산업이다. 전력 주는 안전한 주식으로 여겨졌다. 이 '놀라운 일'은 재생에너지 기술이 부상하며 생겨났다. 그 결과 가스, 석탄, 원자력으로 생산된 에너지에 대한 수요가 줄어들었다. 이는 창조적 파괴의 또 다른 교과서적인 예시다. 충격적인 사실은, 주요 금융 분석가들과 신용평가사들조차 이 변화를 전혀 예측하지 못했다는 점이다. 물론 지나고 나서야 쉽게 말할 수 있지만, 급격한 변화가 다가오고 있다는 걸 깨달았다면, 피할 수 있었던 많은 투자 프로젝트가 있었다. 결국 그 투자들은 좌초자산으로 기록됐다!

옥스퍼드 이코노믹스에 따르면, 혁신 주도의 탄소 중립 전환 시나리오는 2050년까지 전 세계 경제 규모를 3.7조 달러 더 크게 만들 수 있다.[53] 그렇다면 누가 이익을 볼까? 주로 산업계, 건설업, 서비스 제공업체, 운송 부문이다. 반대로, 채굴 기업과 석유·가스 생산업체는 큰 타격을 입는다. 세계는 점점 투자 주도형 성장으로 나아가고 있다. 태양광 및 풍력 발전, 송전 인프라, 기타 장비에 관한 대규모 투자는 전력의 전환을 추진하고 있다. 기계 제조업체, 기초 소재 및 광물 생산업체는 이번 '황금러시'에서 삽과 곡괭이를 판매하는 역할이다. 건설업체들 역시 기온 상승에 적응하기 위해 막대한 투자를 해야 한다. 한편, 인플레이션 상승으로 가처분 소득이 줄면서 소비자 지출은 둔화되고 있다.

국가별 불공정한 피해

스위스 리Swiss Re는 2050년까지 기온이 2~3.2°C 상승할 경우의 경제적 영향을 추정했다.[54] 첫 번째 시나리오에서는 기후 변화가 없는 세상과 비교해 2050년의 세계 GDP가 4% 줄어든다. 극단적인 시나리오 즉, 3.2°C까지 온난화가 진행되면 GDP가 18%까지 감소한다. 지역 간 차이는 매우 크지만, 이 시나리오에서는 어떤 '승자'도 없다.

이 극단적 시나리오에서 남아시아 일부 국가들의 GDP가 거의 50% 감소한다. 중동과 아프리카 지역은 GDP가 25% 줄어들고, 남미에서도 17%가 위축될 전망이다. 가장 부유한 국가들인 북미와 유럽조차도 경제 피해를 10% 이하로 줄이기는 힘들다. 여기서 두 가지 결론이 도출된다. 세상은 공정하지 않다. 아무 대응도 하지 않는다는 선택지는 없다.

탄소 비용을 도입하면 화석연료 및 관련 제품의 공급이 감소한다. 화석연료의 수요는 수년 내에 정점에 이를 전망이다. 글로벌 에너지 전환 지리정치 위원회의 의장인 올라푸르 라그나르 그림손Ólafur Ragnar Grímsson은 〈파이낸셜 타임스〉에서 "화석연료 경제에서 세계적인 영향력을 가졌던 국가나 대형 석유 기업들의 권력은 점차 사라질 것이다."라고 말했다.[55] 위원회 보고서에 따르면, 미래의 에너지 공급은 더 이상 소수의 국가가 책임지지 않는다.[56] 대다수의 국가는 에너지 자립이 가능하며, 이는 개발과 안보 측면에서 큰 이익이 된다.

먼저, 금속 자원이 풍부한 국가들이 수혜를 본다. 대표적인 국가로 호주, 칠레, 페루, 인도네시아가 있다. 또, 녹색에너지를 수출하는 국가들도 잠재적인 승자다. 아프리카, 남미, 호주 등은 풍부한 햇빛 자원을 보유하고 있다. 사하라 이남 아프리카의 대부분 국가는 화석연료 의존도가 낮아지면서 이익을 누리고 있다. 단, 나이지리아와 앙골라 같은 주요 석유 수출국은 예외다. 아프리카와 몇몇 남아시아 국가는 비싼 화석연료와 중앙집중식 전력망에 관한 투자를 생략할 황금 기회를 얻었다. 이들은 곧바로 소형 그리드 및 독립형 태양광과 풍력 에너지 시스템으로 전환할 수 있다.

이런 기회에도 불구하고, 신흥국의 전환은 여전히 험난하다. 〈맥킨

1인당 GDP가 낮은 국가와 화석연료 자원 생산국들이 전환 위험에 더 크게 노출

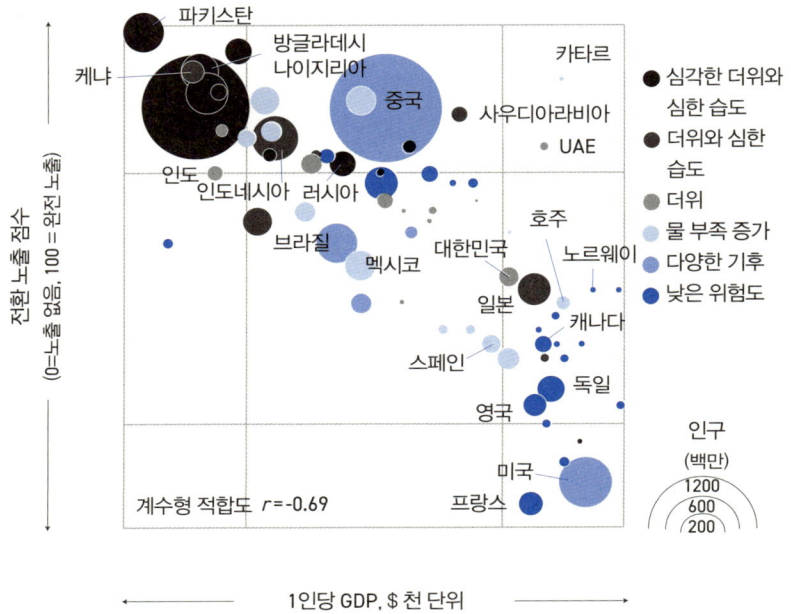

출처: McKinsey, The Net Zero Transition

지〉에 따르면, 신흥국은 선진국 대비 GDP의 약 두 배에 달하는 비중을 인프라에 투자해야 한다. 하지만 전환 투자를 하려고 해도, 자본 시장에 접근하기가 더 어렵고 비용도 비싸다. 프로젝트를 실행할 전문 지식도 부족하다. 일자리 상실에 대한 두려움도 전환을 늦출 수 있다. 이것만으로도 어려운데, 일부 저소득 국가는 물리적 위험과 전환 위험도 추가되고 있다. 예로, 인도에서는 치명적인 폭염 발생 확률이 해마다 높아지고 있다. 사헬 지역은 사막화가 가속화되고 있다.

5
인플레이션, 금리 그리고 부채

키포인트

- ☑ 에너지 전환에 필요한 자원의 수요가 단기적으로 공급을 초과하는 반면, 화석연료 공급은 지나치게 빨리 감소할 위험이 있다. 결과적으로 전환 기간에 물가 변동성이 커지고 인플레이션이 상승하게 된다. 식료품 가격도 오를 전망이다.

- ☑ 전환이 너무 느리게 진행되면, 탄소 비용이 갑자기 상승해, 추가적인 인플레이션 충격을 초래하게 된다.

- ☑ 중단기적으로는 성장률, 금리, 인플레이션이 다소 높아질 것으로 예상된다.

- ☑ 장기적으로 안정적이거나 약간 감소하는 투자는 생산성 증가가 상쇄할 전망이다.

- ☑ 기후 관련 투자 중 절반 이상은 민간 부문이 자금을 조달하게 된다(신흥국은 비율이 더 높다). 정부의 투자는 2030년까지 국가 부채 비율을 소폭 상승시킨다.

일반적인 전기차 배터리 팩에는 약 8kg의 리튬, 35kg의 니켈, 20kg의 망간, 14kg의 코발트가 들어간다. 충전소는 상당한 양의 구리가 필요하다. 또한 구리는 전기화에 중요한 금속이다. 태양광 패널에는 구리, 실리콘, 은, 아연이 다량 포함된다. 풍력 터빈을 만들려면 철광석, 구리, 알루미늄이 필요하다. 이런 원자재들은 모두 향후 수요가 폭발적으로 증가할 것으로 예상된다.

탄소 중립 시나리오의 금속

현재의 일부 주요 금속(구리를 포함한)의 생산 속도는 향후 수요를 충족하기에 부족할 가능성이 높다(공급/수요 비율, 에너지 및 비에너지 수요 포함 기준).

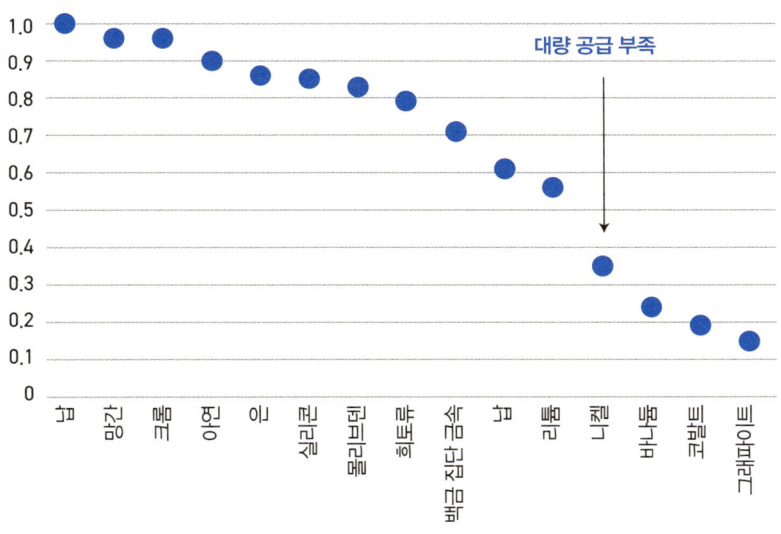

출처: International Energy Agency, US Geological Survey 2021, IMF

빠른 전환 속의 녹색 인플레이션

일부에서는 화석연료 사용을 즉시 중단해야 한다고 주장한다. 하지만 우리는 아직 준비가 되어 있지 않다. 화석연료를 악당으로 만들면 가격 충격이 발생할 가능성이 높아진다. 그리고 이런 충격은 기후 전환에 관한 대중의 지지를 빠르게 악화시킬 수 있다. 2015년 이후 전 세계의 석유 및 가스 관련 자본 투자는 절반 이하로 줄어들었다.

2021년 말과 2022년 초의 석유 및 가스 가격의 급등은 이 문제를 잘 보여준다. 2021년 유럽 전체의 풍력 발전은 생산량이 매우 실망스러웠고, 전 세계의 수력 발전소도 가뭄으로 인해 발전량이 줄어들었다. 그 결과, 국가들은 화석연료에 더 의존해야 했고 재고는 감소했다. 그리고 8월 말에는 허리케인 아이다[Ida]가 멕시코만의 석유 공급을 방해했다. 이런 최악의 상황은 화석연료의 극심한 부족을 초래했고, 러시아는 이 기회를 기꺼이 활용했다.

조사 기관인 뱅크 크레딧 애널리스트[BCA]는 "참고로, 천연가스의 가격 상승은 에너지 집약적인 방식으로 생산되는 기초 원자재들의 가격도 함께 끌어 올린다."고 주장했다.[57] 그 결과 천연가스와 석유의 감축이 더 빠른 에너지 전환으로 이어지지 않고, 더 느리고 더 비싼 에너지 전환으로 이어지는 왜곡된 상황에 놓이게 된다. 유럽이 25개의 터미널을 새로 발표한 상황에서 알 수 있듯, 국가와 지역들은 전 세계 LNG 시장에서 추가 및 대체 공급을 확보하기 위해 경쟁하고 있다. 석유, 가스, 석탄 간의 지속적인 교체는 유럽 천연가스의 가격 변동성을 전 세계적인 변동성으로 확대시킨다. 더 높고 더 불안정한 에너지 가격은 식량 가격까지 상승시킨다.

에너지 효율성과 재생에너지 가격의 하락

유럽 소비자물가지수CPI에서 에너지가 차지하는 비중은 약 10%로, 인플레이션의 주요 요인 중 하나다. 탄소 비용이 도입되면 전체 에너지 가격도 상승한다. 하지만 재생에너지 가격이 지속적으로 하락하면서 반대의 흐름도 생겨나고 있다. 새로운 기술, 친환경 분야의 생산성 향상, 에너지 절약 등은 결국 인플레이션을 감소시킨다. 다만 그 효과가 나타나려면 다소 시간이 필요하다. 환경경제학자인 요한 에크만Johan Ekman 교수는 "재생에너지는 초기 투자 비용은 많이 들지만 추가 비용이 매우 낮다."고 말한다. 석유, 가스, 우라늄과는 달리 바람과 태양은 무료다. 전기 제품에 대한 수익 모델이 변해야 한다. 앞으로는 킬로와트시kWh 단위로 요금을 내지 않게 될 수도 있다. 유연하게 수요를 조절하는 소비자들은 더 낮은 요금을 내게 될 것이다.

혼란스러운 전환은 스태그플레이션을 초래한다

이런 일시적인 가격 충격은 유럽중앙은행ECB이 더 증폭될 위험이 있다.58 질서 있는 전환 시나리오에서는 탄소세와 비용이 매우 점진적으로 인상돼, 인플레이션에 영향을 미치지 않는다. 그러나 정부가 기후 변화에 지나치게 늦게 반응해, 결국 온실가스의 가격을 급격히 올려야 하는 상황이 되면 전환 충격이 발생한다. 이는 소비자들의 인플레이션 기대를 높여 향후 수년간 0.5~2% 수준의 인플레이션 충격으로 이어진다. 정책연구소 PIEE의 장 피사니-페리Jean Pisani-Ferry는 이 상황을 1970년대와 유사하다고 봤다.[59] 당시 고유가라는 공급 충격은 스태그플레이션으로 이어졌다. 세계 경제의 성장이 급격히 둔화되며, 높은 실업률과 높은 인플레이션이 동반됐다.

기술도 인플레이션을 낮추는 효과가 있다. 최근의 에너지 위기 기간, 기업들은 에너지 효율화를 통해 높은 에너지 비용의 일부를 상쇄

성장과 인플레이션에 미치는 네 가지 충격 유형

부정적인 공급 충격
- 보상 없는 탄소세의 급격한 인상
- 환경 규제의 갑작스러운 강화
- 좌초자산의 빠른 가치 하락(가속 감가상각)

긍정적인 수요 충격
- 공공지출의 대폭 증가 (IRA, 차세대 EU 등)
- 민간 녹색 투자 대폭 확대

부정적인 수요 충격
- 전환의 불확실성으로 인한 신용 위기, 저축 증대와 투자 감소로 연결
- 좌초자산으로 인한 금융 혼란

긍정적인 공급 충격
- 녹색 혁신을 통한 생산성 증가
- 높은 자본 지출과 생산량 증가

(세로축: 인플레이션, 가로축: 성장)

출처: BNP Paribas

했다. 중장기적으로는 전환으로 인한 생산성 향상이 나타날 예정이다. 옥스퍼드 이코노믹스는 탄소 중립 전환 시나리오에서, 2050년까지 전 세계 산업 에너지 소비량이 30% 감소하고, 산업 활동의 부가가치는 75% 증가한다고 전망했다. 전기에너지가 화석연료보다 훨씬 효율적이기 때문이다.

   실제 시나리오에는 이 네 가지가 합쳐질 확률이 높다. 단기 및 중기적으로는 인플레이션이 상승하고, 성장에는 거의 영향이 없을 것으로 보인다. 난 여전히 정부가 필요한 조처를 할 것이라 믿는다. 이 과정에서, 모든 측면에 가격 충격이 발생하게 된다. 하지만 장기적으로는 생산성 향상과 탄소 중립 무료 에너지 덕분에 인플레이션은 억제될 것이라 생각된다.

그린 통화정책을 향하여

앞으로 중앙은행은 미래 채권 매입 프로그램에서 '그린' 채권을 우대해 금융정책도 친환경으로 바꿔야 할까? 녹색 거품에도 터질 위험이 있다. BIS(국제결제은행)는 최근 ESG(환경, 사회, 지배구조) 관련 상품에 관한 투자 열풍이 '닷컴 버블'처럼 될 수 있다고 경고했다.[60] 2023년 초 스톡홀름에서 열린 중앙은행 독립성 심포지엄에서, ECB 집행위원 이자벨 슈나벨Isabel Schnabel은 "기후 변화와의 싸움에서 더 많이 노력할 준비가 되어 있다."고 말했다. 하지만 불과 세 시간 뒤, 제롬 파월

미 연준 의장은 "우리는 정책 입안자가 아니며, 앞으로도 그럴 생각이 없다."고 맞섰다. 전환에 동참할 수도, 아닐 수도 있는 기업의 채권을 매입해야 할까? 난 그렇게 생각하지 않는다. 핵심 수단은 탄소 가격이다. 각자 자기 역할에 집중해야 한다.

기후 변화대응이 균형 이자율(R)에 미치는 영향은 무엇일까? 공공 및 민간 부문의 대규모 투자는 자금 수요를 증가시킨다. 만약 이 수요가 안정적인 저축과 맞물리면, 중립 이자율(R^*)은 상승한다. 하지만 기후 변화대응에 대한 불확실성이 증가해 저축이 늘어나면, 이자율 상승이 상쇄된다. 게다가 이런 대규모 투자는 실질 성장률을 끌어올려, 균형 이자율을 높인다. 생산성이 향상되면 투자에도 같은 결과가 적용된다.

모든 면에서, 기후 변화대응은 중앙은행들이 예전보다 더 장기적으로 생각하도록 강요한다. 일시적인 인플레이션 상승 시 인플레이션을 2%로 신속하게 낮추면 인플레이션 기대치를 통제할 수 있다. 하지만 그런 제한적인 통화 정책이 저탄소 경제의 구축을 늦춰 혼란스러운 전환의 위험이 커지면, 이는 상처뿐인 영광이다.

누가 지불할 것인가?

새로운 환경 규정은 국제 기업들이 자신의 공급망 전반에 친환경 투자를 하도록 강제한다. 또 기업들은 탄소 중립을 달성하기 위해 자발적 탄소 시장에서 탄소 배출권도 구매해야 한다. 하지만 자발적 탄소 시장에서 거래되는 배출권 규모는 20억 달러로, 유럽 ETS와 같은 국가 정부가 만든 의무적(또는 규제적) 탄소 시장의 9천억 달러보다 훨씬 작다. 카니Carney에 따르면, (일단 표준화되고 규제가 잘 준비되면) 시장 잠재력은 연간 1천억~1천500억 달러에 빠르게 도달할 수 있다.

예산에는 어떤 영향이 있을까? 향후 몇 년 동안은 악화된다. 탄소세 및 탄소 요금으로 얻는 탄소 수익은 인프라 지출, 보조금, 빈곤층 가구를 위한 탄소 배당금보다 적다. 2030년 이후에는 수익이 감소한 녹색 인프라 비용을 충분히 충당할 수 있게 된다. 즉, 약 2030년까지는 공공 부채가 증가한다는 말이다. 최근 프랑스의 한 보고서는 현재 투자 지출 외에 2030년까지 GDP의 2.5%에 해당하는 투자 비용이 점진적으로 증가할 것으로 추정했다. 프랑스의 부채 비율은 거의 9%나 더 높아진다. 하지만 투자의 확대는 꼭 필요한 도전이다. 보고서 저자들은 "우리는 지난 30년 동안 겨우 해낸 일을 10년 안에 해야 한다."고 말한다. 피에르 분쉬 총재는 연설에서 '벨기에의 경우, 정부의 연간 지출 총액이 GDP의 50%를 넘는 상태라, 0.5%의 추가가 엄청난 부담은 아니'라고 말했다. 게다가 회원국들은 이미 7,500억 유로 규모의 차세대 EU 계획과 성장 및 안정 협약*의 완화로 힘을 얻었다.

---

* 성장과 안정 협약의 여러 조항 중 하나는, 최대 재정 적자를 GDP의 3%로 제한하고 공공 부채를 최대 20년 내에 GDP의 60%로 줄여야 한다고 규정한다. 오늘날 많은 유럽 국가가 절대적으로 달성 불가능한 목표다.

어디로
가야 할까?

인류가 대륙을 건너 퍼져나간 약 6만 년 동안 변하지 않는 한 가지가 있다. 바로 변화, 이동성이다. 수렵 채집인뿐만 아니라 오랫동안 정착해 사는 도시 거주자들도 끊임없이 식량, 물, 자원, 정치적 안정, 그리고 더 나은 삶을 찾아 이동한다. 그러므로 우리가 세계 지도에 그어놓은 가상의 선들은 결코 고정되거나 영원한 것이 아니다.

미래학자 파라그 칸나Parag Khanna의 말에 따르면, 우리는 또 다른 이주 물결의 기로에 서 있다. 향후 몇 년 동안 기후적인 면에서 어려움을 겪을 지역들, 예를 들어 남부의 넓은 지역과 뉴욕 및 마이애미(해수면 상승), 로스앤젤레스(물 부족), 샌프란시스코(산불)와 같은 부유한 북부 도시들 외에, 우리는 투자의 관점에서 새로운 이주의 물결로 혜택을 받을 지역도 찾아야 한다. 후자는 특히 미국과 같은 큰 나라의 경우 국내의 이주 물결이 될 수도 있다.

도시와 부동산의 생태계는 특정 시점이 되면 쇠퇴하지만, 산호초처럼 다시 활기를 되찾을 수 있다는 걸 잊지 말자. 산호초는 단단한 외골격으로 자신과 다른 해양 동물들을 보호하는 특징이 있다. 돌산호는 황록공생조류와의 공생을 통해서만 이를 수행한다. 황록공생조류는 조류가 산호 폴립의 촉수에 집중되어 종종 아름다운 색깔이 나타난다. 햇빛의 영향으로 황록공생조류는 광합성을 통해 산호의 이산화탄소를 산소로 변환하는데, 폴립의 생명에 필수적인 활동이다. 수질의 변화나 해수의 온난화로 황록공생조류가 죽으면, 전체 생태계가 사라질 수 있다. 그러면 산호는 분필처럼 하얀, 생명이 없는 모습이 된다.

도시나 지역도 산호초에 비유할 수 있다. 모든 부분이 상호작용하고 서로 의존하는 생태계라는 점도 비슷하지만, 특정 생명체가 '죽으면'(기업이나 개인이 건물을 떠나는 상황) 그 빈자리를 새로운 거주자나 활동이 채우기도 한다.

새로운 산업을 설립하려는 기업들도 버려진, 오래된 장소에 눈독을 들인다. 지방 정부는 이러한 노력을 돕고 있다. 이와 관련해, 살기 좋고 투자하기 좋은 새로운 디트로이트-토론토 회랑이 형성되고 있다. 이와 관련해, 장기적으로 사무실은 걱정거리가 아니다. 재택근무가 늘고 있다. 다른 용도로 사용하면 된다.

안타깝게도 반대로 움직일 가능성도 있다. 수년 동안 홍콩은 번성한 역동적인 도시였다. 이제는 중국 정부가 자유를 억압하며 점점 많은 (젊은) 거주자들이 떠나고 있다. 2047년, 즉 홍콩이 공식적으로 중국에 통합되는 시점보다 훨씬 전에, 홍콩의 미래라고 할 수 있는 젊은 이들이 자신의 재능을 가방에 싸서 더 유망한 곳을 찾아 떠나고 있다.

잠재력이 가장 큰 인구의 일부가 떠나는 현상은 언제나 그 도시와 시장에 영향을 미친다. 항셍 지수(홍콩 주가지수)는 백분율로 볼 때 부동산 비중이 상당히 높다. 최근 이 지수가 좋지 않은 건 놀라운 일이 아니다. 홍콩의 '높은 잠재력'을 가진 인재들이 어디로 갈지도 역시나 흥미롭다. 그들이 앤트워프가 함락되자 암스테르담으로 이주했던 사람들처럼, 아시아의 새로운 황금시대를 구축하는 데 일조하게 될까? 떠오르는 두 곳은 호찌민시와 싱가포르다.

글로벌 경제 트렌드, 이것만은 기억할 것 10

❶ 우크라이나 전쟁은 기후 변화대응을 10년 앞당겼다.

❷ 녹색에너지원으로의 전환은 수입 에너지에 관한 의존도를 줄인다. 하지만 친환경 전환에 필요한 광물 및 금속에 관한 의존도도 줄여야 한다.

❸ 재생에너지와 화석에너지 간의 불균형과 지정학적 경쟁은 에너지 및 원자재 가격의 변동성을 증가시킨다.

❹ 에너지 전환이 성공하려면 선진국과 민간 부문이 빈곤국의 기후 투자를 지원하는 게 필수다.

❺ 지구 온난화는 '시간차의 비극'을 겪는다. 비용은 당장 발생하지만, 혜택은 미래에 있다.

❻ 탈성장 지지자들에 따르면, 기온 상승을 제한하려면 경제 성장을 늦춰야 한다. 이는 비참한 경제적, 사회적 결과를 초래한다.

❼ 에너지 인프라 및 기술에 관한 투자를 두 배로 늘려 배출량을 신속히 줄여야 한다. 투자는 2030년까지 성장을 약간 증가시킨다. 그 후에는 점진적으로 증가하는 탄소세가 그 역할을 이어간다.

❽ 배출량을 줄이는 가장 효율적인 방법은 '오염자 부담 원칙'이다. 탄소세 도입 또는 배출권 거래 제도로 실행할 수 있다.

❾ 세계는 소비 주도형 경제에서 투자 주도형 경제로 전환되고 있다.

❿ 중단기적으로 약간 더 높은 성장률, 더 높은 인플레이션, 더 높은 명목 금리가 예상된다. 전환이 너무 느려지면 추가적인 인플레이션 충격으로 이어질 수 있다.

⚙ 투자하기 전, 이것만은 명심할 것 10

❶ 에너지 전환은 역사상 가장 큰 투자 기회 중 하나이다. 이 기회를 놓치면 안 된다.

❷ 고효율의 신기술은 다른 유망한 프로젝트를 무용지물로 만들기도 한다. 투자를 잘못하면 실제로 모든 가치가 사라질 수 있다.

❸ EROI(에너지 투자 수익률)를 면밀히 주시하지 않으면, 암흑기로 돌아갈 수도 있다. 산업은 언제나 에너지와 연관된다.

❹ 차기 마이크로소프트나 애플은 배터리 혹은 청정기술 기업이 될 가능성이 높다.

❺ 우리는 (새로운) 원자재의 슈퍼 사이클 직전에 있다. 따라서 에너지 전환에 필요한 원자재, 즉 금속에 주목해야 한다.

❻ 현재의 금속 충격은 1970년대의 석유 충격을 떠올리게 한다. OPEC과 함께 OCEC(구리 수출국 기구)가 등장해 영향력을 행사할지도 모른다.

❼ 국유화 및 몰수를 경계해야 한다. 이는 기업과 투자에 큰 영향을 끼친다.

❽ 21세기는 이주 및 기후난민의 시대가 될 것이다. 일부 국가, 지역, 도시만 혜택을 보고, 다른 곳은 소외된다. 북부 지역을 눈여겨보자.

❾ 도시는 산호초 같은 생태계다. 쇠퇴하다가도 다시 부흥할 수 있다. 부동산에 투자하고 싶다면 예술가들을 따라가자. 이들이 촉매제다.

❿ 벨기에의 부동산 시장은 매우 합리적인 가격을 유지하고 있으며, 대출 상환도 제대로 이루어지고 있다.

III
세계화

글로벌 경제 성장에 박차를 가하다

지구에는 플랜 B가 없다

2044년 4월 18일, 〈파이낸셜 스탠다드〉, 로버트 스호르만스

IMF는 내년에는 성장과 인플레이션이 더욱 안정화될 것이라 기대하고 있다. 100명의 세계 지도자들은 마지막 회의에서 모든 수입 및 수출 규제를 폐지하기로 결정했다. 지난 10년 반 동안 이어진 탈세계화와 자멸의 종지부를 찍은 셈이다. 개발도상국의 기후 전환을 위한 글로벌 자금은 5,000억(1조 달러)으로 5배 증가했다. 인플레이션은 3년 연속 3~4.5% 사이를 유지했고 아시아공동통화기구ACU의 찬드라칸타 데비 의장은 "대분열은 끝났다. 이제 앞으로 나아갈 시간"이라고 말했다.

대공황

대공황의 근원은 2028년 당시 미국 대통령 제레미 커들러의 극적인 결정에서 비롯됐다. 그는 중국산 수입품 전면 금지를 결정했다. 중국산 제품뿐 아

니라 원자재와 중간 제품의 수입도 마찬가지였다.

그렇게 미국의 동맹국들은 대거 서방 동맹Western Alliance으로 이동했고, 중국은 인도 등 다수의 아시아 국가들과 아시아 연합으로 남부전선을 구축했다. 여기에 자원이 풍부한 아프리카 국가들이 가세하며, 이들은 여러 필수 제품, 특히 기후 전환과 첨단 칩 생산에 필수적인 광물과 금속을 금지했다.

결과는 양측 모두에 재앙적이었다. 성장과 인플레이션이 완전히 무너져 세계 경제가 침체에 빠졌다. 2030년대 대공황 기간의 성장률은 0%에 그쳤다. 일부 지역의 인플레이션은 10%에 도달했지만, 이후 몇 년 동안 계속 하락했다.

개발도상국의 자금 폭발

100명의 세계 지도자들이 참석한 정상회의에서 마지막 수출입 규제가 해제됐다. IMF의 에네코 다니엘 구티에레즈와 아시아 인프라 투자은행의 바이 왕 공동의장은 금속 및 광물에 대한 모든 수출 규제 또한 해제했다. 구티에레즈는 "지구 온난화를 2.5℃ 이하로 유지하려면 지금 당장 최빈국에 대한 인프라 투자가 필요하다."고 말하며, "그렇기 때문에 연간 개발 기금을 5배 증가한, 1,000억 달러까지 늘려야 한다."고 강조했다.

해롤드 카진스키 미국 대통령은 중국 주석 싱 후앙과 함께한 기자회견에서 "우리는 협력의 첫 결실을 보고 있다."며, "아직 갈 길이 멀겠지만 이번에는 끝까지 함께하겠다."고 말했다. 두 지도자는 3일 동안 두 차례 긴 회담을 가졌고, 이는 분명 효과가 있었다. "우리는 함께 해야 한다. 지구에는 플랜 B가 없다."라고 싱 후앙은 덧붙였다.

1
세계화는 왜 중요한가?

키포인트

☑ 세계화는 국가 및 기업 간의 지식 확산과 경쟁력 강화를 통해 생산성을 높인다.

☑ 생산 사슬의 국제적 분리(오프쇼어링)는 1990~2007년 동안 가속화되었다. 여기 참여한 국가들은 특히 단순 상품 수출에서 보다 정교한 산업 및 서비스로 전환할 때 더 빠르게 발전했다.

☑ 중국과의 무역 증가로 인한 전반적인 가격 하락은 평균적으로 전 세계 가계의 구매력을 급격히 증가시켰다.

☑ 국경 간 무역은 1944년 브레튼우즈 협정 이후 증가했으며, 구 소련의 몰락과 1980년대 인도와 중국의 개방으로 가속화되었다. 이는 인건비를 낮추었고, 그 결과 인플레이션을 억제했다.

흩어진 지식이 생산성을 높인다

그렇다면 세계화는 생산성에 어떻게 기여하는가? 첫째, 지식의 확산이다. 오늘날과 같이 상호 연결된 세계에서 혁신은 들불처럼 퍼진다. 세계화는 그 불길에 기름을 붓는다. 기업은 해외 공장이나 서비스에 투자하면, 세계 각국에서는 지식을 수출한다. 여기서 얻게 되는 지식과 전문성이, 국내 생산성과 성장을 촉진한다.

지식과 기술은 한 방향으로만 흐르지 않는다. 신흥 국가의 참여는 경쟁을 촉진하고, 이는 '기존' 경제와 신흥국 모두가 더 많은 혁신과 기술 개발을 하도록 자극한다. 중국과 한국이 점점 더 기술적 최전선에 기여하고 새로운 특허를 출원함에 따라, 이러한 신흥 혁신자들로부터 미국, 프랑스, 독일, 일본, 영국과 같은 전통적인 발명가들에게 더 많은 긍정적 파급 효과가 생길 것이다.

국내 성장을 위한 외국 자금

지식 확산과 경쟁 촉진은 생산성을 높이는 두 가지 경로 중 일부에 불과하다. 미국 브루킹스 연구소 에스와르 프라사드 Eswar Prasad 는 "금융 개방성은 중요하다. 국내 금융 산업의 발전, 제도의 개선, 더 나은 거시경제 정책을 촉진할 수 있는 잠재력이 있다."라고 말한다. 이러한 요인들은 자원의 효율적 배분을 개선하고, 그 결과 총요소생산성 TFP

글로벌 가치 사슬

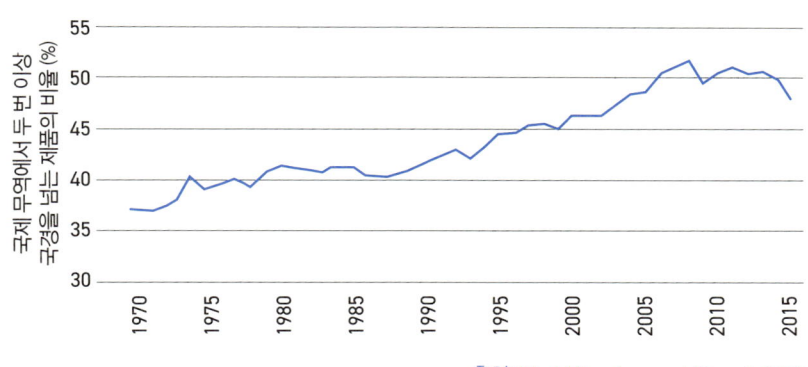

출처: World Development Report, 2020

성장을 촉진할 것이다.[61]

글로벌 가치 사슬은 특히 1990~2007년, 눈부신 속도로 발전했다. 운송, IT, 통신 기술의 발전으로 생산 과정을 세분화할 수 있었고, 무역 장벽도 허물었다. 2008년에는 글로벌 가치 사슬이 정점에 달했으며, 이는 전 세계 무역의 절반 이상을 차지했다.

이러한 글로벌 가치 사슬에 참여하는 국가는 더 빠르게 성장한다. 이들은 기술과 기술력을 수입하며, 더 많은 일자리를 창출한다. 가장 큰 성장은 국가가 원자재 수출에서 벗어나, 수입한 투입물을 사용해 기본적인 제조 제품(예: 의류)을 수출하기 시작할 때 발생하는 경우가 많다. 방글라데시, 캄보디아, 베트남에서 섬유 산업이 성장한 것이 그 예다.[62]

하지만 점점 더 고도화된 형태의 가치 참여로 시스템을 체계적으로 업그레이드하는 것은 중요하다. 단순한 산업에서 보다 정교한 산업과 서비스, 그리고 결국 혁신적인 활동으로 발전하는 것이다. 베트남은 1990년 이후 390%에 달하는 실제 누적 성장률로 캄보디아와 방글라데시에 길을 제시하고 있다. 그 예로 삼성 휴대폰의 부품은 전 세계 2,500개 공급업체에서 공급되며, 베트남은 이 휴대폰의 3분의 1 이상을 생산하고 있다.

낮은 가격으로 더 큰 구매력을 얻다

세계화의 긍정적인 효과는 개발도상국의 빈곤에만 국한되지 않는다. IMF 수석 이코노미스트인 기타 고피나스Gita Gopinath는 그의 블로그에서 "세탁기, 자동차, 의류와 같이 일상적으로 구매하는 것들을 보면, 국제 무역 덕분에 이러한 상품들의 가격이 하락했고, 따라서 더 저렴해졌다."라고 말했다.

일자리 vs 번영

기업들은 세계화를 거치면서 인건비가 더 낮은 국가로 생산 공장을 이전했다. 동시에 상품의 생산 비용이 낮아지면서, 국내 시장의 경쟁이 심화되었다.

이는 워싱턴 연방준비제도이사회FRB의 자비에 자라벨Xavier Jaravel과 에릭 세이거Erick Sager가 진행한 연구의 결론이다.[63] 그들은 1990년 이

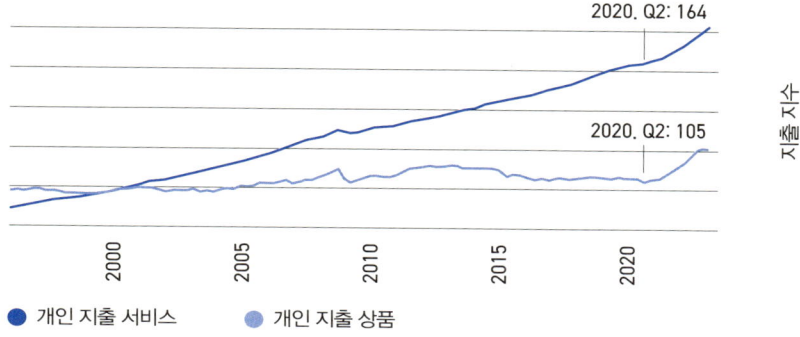

출처: World Development Report, 2020

후 중국과의 무역 증가가 미국 경제에 미친 긍정적 효과를 살펴보았다. 중국산 수입 비중이 1% 증가할 때마다 미국 국내 소비자 물가는 약 2% 떨어졌다. 물론, 일자리는 줄었다. 그러나 사라진 일자리마다 평균적으로 약 40만 달러의 소비자 잉여·후생 이익이 발생했는데, 이는 미국 연평균 임금의 6배에 달한다.

자라벨은 "다르게 생각하면, 중국과의 무역으로 인해 미국 경제는 약 100만 개의 제조업 일자리를 잃었지만, 다른 한편으로는 미국 가계당 평균 구매가 약 1,500달러 증가했다."라고 말했다. 이렇게 이익 대비 손실이 높아진 것은, 중국산 제품의 상당수가 노동집약적이지 않았기 때문일 것이다. 실제 잃은 일자리의 수도 제한적이었고, 특히나 그 제품군은 저소득층의 가계 소비에서 큰 부분을 차지했다.

초세계화

중앙은행 전문가들은 세계화가 물가에 미치는 영향에 관심이 많다. 이는 인플레이션을 약 2% 내외로 유지해야 하는 그들의 사정을 나타내는 게 아닐까? 2021년 말, 미국 연방준비제도이사회FED 의장 제이 파월Jay Powell은 '지속적인 디플레이션 요인'을 언급했는데, 여기에는 기술 발전, 세계화, 아마도 인구통계학적 요인이 포함된다. 그의 전임자 앨런 그린스펀Alan Greenspan은 2000년, 무역 장벽의 완화, 규제 완화, 혁신 증가는 최근 수십 년 동안 GDP보다 훨씬 빠른 속도로 국경 간 무역을 확대시켰다. 그 결과, 선진국 경제는 국제 경쟁과 비교우위의 엄격한 시험대에 더 많이 노출되었음을 밝혔다. 그 과정에서, 일부 상품과 서비스의 가격은 무역 상대국들이 공급하는 낮은 가격으로 인해

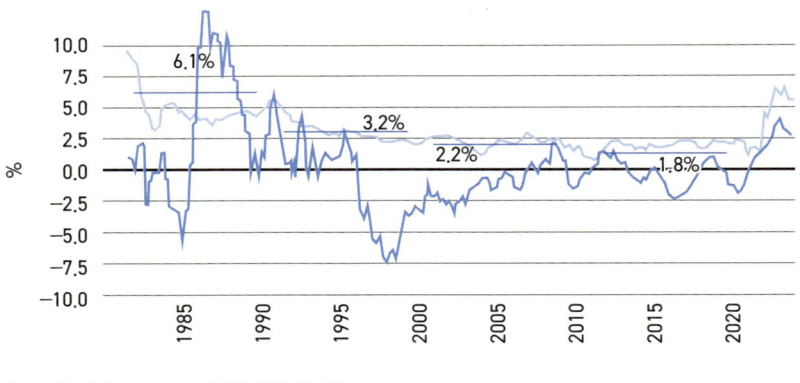

미국, 수입 가격과 핵심 인플레이션

● 수입 가격　　● 핵심 인플레이션

출처: BNP Paribas Fortis

경쟁이 억제되었다.

이러한 무역 장벽의 해체는 1944년 브레튼우즈 협정에서 비롯되었다. 이 협정으로 IMF, 세계은행, 관세 및 무역에 관한 일반협정GATT이 탄생했다. IMF는 금융 흐름을, 세계은행은 복구를 위한 대출을(그리고 궁극적인 개발 지원을), GATT는 세계 무역을 감독했다. 이것은 워싱턴 컨센서스로 이어졌다. IMF와 세계은행은 점차 미국 자본주의의 충격 요인으로 여겨졌다. 세계화는 민영화, 규제 완화, 자유무역에 의해 추진되었고, 1995년 WTO가 GATT를 대체했다. WTO 체제는 회원국 간 무역 참여를 관리하는 실질적인 규제 기관이 되었고, 미국-캐나다-멕시코 간 협상은 1994년 북미자유무역협정NAFTA으로 이어졌다. 그리고 유럽에서는 1952년, 유럽석탄철강공동체 출범 이후의 통합이 시작되어 무역 장벽의 해체로 귀결되었다.

1990년대 초 소련 제국의 계획경제로 인해 중앙 및 동유럽의 공산주의가 몰락한 후 1980년대 말, 중국과 인도도 26억 명에 달하는 인구를 가진 시장을 개방했다. 이 두 사건은 세계 경제에 수십억 명의 새로운 참가자를 유입시켰고, 이는 임금에 대한 하향 압력으로 작용했다.

미국에서는 그 효과가 눈에 띄게 보였다. 1990년대 이후 수입품 가격은 거의 지속적으로 하락했고, 소비재 가격 상승률은 1980년대 평균 4% 이상에서 1990~2010년대에는 2% 미만으로 떨어졌다. 유로존에서도 역시 비슷한 추세가 나타났다. 즉, 1980년대 평균 6% → 1990년대 2.6% → 2000년대 2% → 2010년대 1.4%로 낮아졌다. 세계화뿐 아니라 기술 혁신도 물가를 낮추는 데 중요한 역할을 했다. 그렇다면 세계화의 디플레이션 효과는 끝나게 될까? 그린스펀에 따르면, 긍정적인 성장 효과와 인플레이션 압력은 아마도 세계화의 정도보다는 세계화 과정의 가속도 정도에 따른 결과였을 것이었고, 그 자극은 세계화의 한계에 도달하면 점차 사라질 것이라고 예상했다.

2
세계화에서 탈세계화로

키포인트

- ✓ 증기선과 철도는 세계화의 첫 번째 물결을 일으켰고, G7 국가들의 엄청난 번영을 이끌었다. 중국과 인도의 세계 GDP 점유율은 절반 이상에서 거의 몇 퍼센트로 줄어들었다.

- ✓ 그들의 점유율은 1980년대 후반부터 회복되었다. 정보 및 통신 기술의 발달로 선진국들은 오프쇼어링을 거부할 수 없게 되었다.

- ✓ 탈세계화의 초기 국면은 1930년대에 나타났다. 2008년의 대침체는 '탈세계화 2.0'을 촉발하지 않았다.

G7의 부를 증가시킨 첫 번째 세계화의 물결

"1800년경, 첫 번째 세계화는 시작되었다."《그레이트 컨버전스The Great Convergence》의 저자인 리처드 볼드윈 교수는 말했다. 증기선의 발명과 철도의 도입 이전까지는 대부분의 사람들의 경제 활동은 마을과 그 주변에서 이루어졌다. 그리고 정보와 통신 기술의 발전은 발생하는 비용을 극적으로 감소시켰다. 복잡한 생산 공정은 모듈화되어 먼 거리에서도 조직될 수 있게 되었고, 효과적인 무역 비용도 크게 줄어들었다. 임금이 낮은 신흥국은 G7 국가의 대기업들에게 매력적인 선택지가 되었다. 이로 인해 선진국의 사회적 복지가 증가하는 대신, 신흥국들이 그 이익을 가져가게 되었다. G7 국가의 세계 GDP 점유율은 1990~2014년 사이 67%에서 46%로 떨어졌는데, 이는 20세기 초와 같은 수준이다.

신흥 시장의 부활

세계화의 두 번째 물결은 세계 인구의 절반에 달하는 국가들의 산업화를 가속화했다. 인도, 특히 중국의 세계 GDP 점유율은 현재 21%에 2014년 이후 추가로 5%를 더했지만, 여전히 역사적 수준인 50%에는 못 미친다. 그러나 볼드윈에 따르면, 이 추세는 여전히 눈에 띈다. 한국, 폴란드, 인도네시아, 태국과 함께 이들은 '산업화 6

세계 GDP 점유율의 추세 경계선 찾기 (1000~2021년)

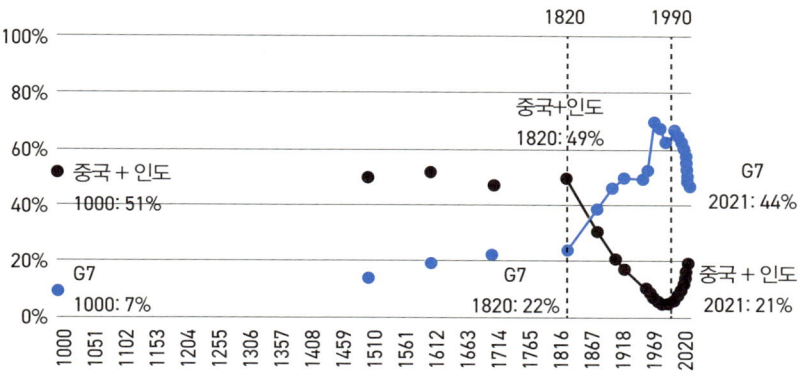

출처: Richard Baldwin, The Great Convergence; 2015년 기준 자체 계산

국'Industrialising-6으로, 세계화의 두 번째 단계에서 가장 큰 수혜자이다.

노벨상 수상자 폴 사무엘슨Paul Samuelson은 2004년에 이렇게 말했다. "미국의 발전은 중국에도 영향을 미치고, 이는 나아가 미국의 1인당 실질 소득에 영구적인 손실을 유발할 수 있다." 그리고 "이것은 단기적이지 않을 것이다."라는 말을 덧붙였다.64 실제로 1960년부터 1990년까지 미국의 실질 소득은 60% 상승했고, 이는 기업 이익, 생산성 증가 속도와 거의 비슷했다. 그러나 1990년대부터 2021년 말까지는 효율성 향상과 비용 절감으로 미국 기업 순이익은 260% 증가한 반면, 가구당 실질 소득은 겨우 36% 증가했다. 생산성은 88% 증가율을 보였다.

다른 산업국가들에서도 비슷한 현상이 나타났다. 국제 기업들은 생산 공장의 일부를 저임금 국가로 이전하고 노하우를 이전하면서 마진

출처: BNPP Fortis, Macrobond

을 높이려고 했다. 그 결과로, 약 6억 5천만 명의 신흥국 인구가 빈곤에서 벗어났다. 반대로 선진국에서는 탈산업화와 노동 시장 양극화가 발생했다.

탈세계화 1.0 vs 탈세계화 2.0

디지털 혁명과 함께, 세계화의 다음 물결은 무엇이 될까? 우리는 또한 탈세계화의 징후도 함께 알아차릴 수 있다.[65] 에라스무스대학교의 국제 및 거시경제학 교수인 피터 반 베르히크[Peter van Bergeijk]는《탈세계화 2.0[Deglobalization 2.0]》에서 "우리는 1930년대 대공황과 2008년 대침체[Great Recession] 동안, 당시 강대국이 게임의 규칙을 버리고 물러난 것을 알 수 있다. 실제로 미국은 갑자기 닫혀 버렸다."라고 말했다.

1930년대, 미국은 스스로를 봉쇄하려고 했다. 미국의 과잉 생산은 1차 세계대전 후 유럽 산업의 재건과 국내 수요 감소 때문이었다. 스무트-할리 관세법은 2만여 개의 수입품에 대해 관세를 인상했다. 이에 국가 간 평균 관세율은 1928년 14.5%에서 1932년 22.5%로 올랐다. 이러한 관세 외에도, 쿼터제와 기타 무역 규제가 일제히 도입되었다.

2008년, 금융 위기가 전 세계를 강타했고, 전 세계 무역량은 1년 만에 정점 대비 18% 감소했다. 1930년 대공황 당시, 무역량이 8% 감소했던 것을 보면 2008년, 더 많은 보호주의가 나타난 셈이다. 하지만 이것은 세계 무역량의 급감은 관세 때문이 아니라 무역 자체의 성격과 더 관련이 있을 수도 있다. 1960년대까지, 세계 경제는 산업화된 북부(주로 제조업 수출)와 비산업화된 남부(원자재 수출)로 양분되어 있었다. 점차 남부에서도 자재뿐 아니라 공산품도 수출하기 시작한 결과, 제조업 제품의 무역 비중은 증가했다. 그러나 산업화된 국가들은 여전히 농산물 같은 1차 생산물을 필요로 했고, 이러한 제품들은 불황 속에서도 계속 수입해야 했다.

3
세계화: 상품 무역의 정점에서

키포인트

- ☑ 1980년 가속화 이후, GDP 대비 상품 무역 비중은 아마도 정점에 도달했을 것이다. 이는 부분적으로 분자(상품)와 분모(상품 및 서비스)의 구성과 가격 추세가 다르기 때문이다.

- ☑ 또한 제조 공정의 아웃소싱도 2008년에 한계에 도달했으며, 기업들은 글로벌 가치 사슬의 복잡성을 줄이고자 하고 있다.

정점에 달한 상품 무역

1930년대의 대공황과 그 후 2차 세계대전은 세계 무역을 완전히 붕괴시켰다. 1980년대에 무역이 다시 가속화되기 시작했고, 2000년대 초 중국이 세계무역기구WTO에 가입한 후 상황은 더 나아졌다. 2008년 금융 위기와 최근 코로나19 팬데믹에도 불구하고, 1950~2021년 동안 세계 무역량은 4,300% 증가했다. 전 세계 평균 국가 간 관세율은 1991년 12.2%에서 2020년 5.6%로 하락했다.

상품 무역은 정점에 도달했는가? 볼드윈 교수는 '그렇다'라고 말한다.[66] GDP 대비 상품 무역 비중의 감소는 지역마다 다르지만, 중국은 2006년에, 일본과 미국은 각각 2011년과 2014년에 정점을 찍었다. 유럽의 상품 무역(세계 총량의 약 30%)도 2008년 이후 하락했다. 볼드윈은 "2008년의 글로벌 금융 위기GFC나 그 이후의 대침체와 세계화의 변화 사이에 연관을 지으려는 시도는 거의 잘못된 것이다."라고 말했다.

중국의 상품 무역 감소는 특히 두드러진다. 2000~2006년 사이 중국의 수입과 수출은 GDP의 거의 65%까지 치솟았지만, 현재는 약 30%에 머물고 있다. 중국은 미국, 일본, 유럽과 같은 다른 주요 경제국보다 더 낮은 수준으로 가고 있다. 볼드윈은 '특이한 점은 중국의 세계화가 글로벌 공급망과의 판매와 구매 면에서 비대칭적으로 진화하고 있다는 점'이라고 지적한다.

중국에서 생산된 중간 제품은 전 세계 총 생산량의 거의 3%를 차지

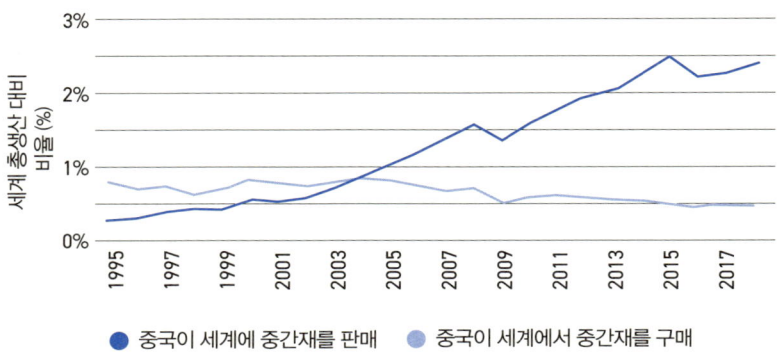

출처: Rebecca Freeman과 Angelos Theodorakopoulos의 계산, Baldwin 외(2022)에서 개념 사용

한다. 이는 상당한 비율로, 그는 이렇게 덧붙였다. "중국은 전 세계를 위한 산업 중간 제품의 'OPEC'이 되어가고 있다. 반면 중국은 다른 나라에서 중간재를 사들이는 대신, 자국의 산업 기반에 더 의존하고 있다." 이는 중국식 '이중순환' 전략이 실제로 작동하고 있음을 보여준다.

> **중국의 '이중순환' 전략[67]**
>
> 디커플링(탈동조화)은 중국에게 큰 우려 사항이다. 중국은 글로벌 무역, 지적 재산권, 원자재에 대한 접근의 중요성을 인식하고 있는 동시에, 외국산 반도체와 대두(콩)와 같은 핵심 상품에 과도하게 의존하는 위험성도 잘 알고 있다. 그래서 등장한 것이 바로 '이중순환' 전략이다.

이 전략은 외부 투입물에 대한 의존도를 줄이면서도 글로벌 무역에서 높은 시장 점유율을 유지하려는 것이다. 실제로 이는 특히 미국 기술에 대해 적극적인 수입 대체 전략을 의미한다. 즉, 핵심 수입품을 가능한 한 빨리 국내 생산으로 대체해야 한다는 뜻이다. 이 전략은 중국이 점차 고도화된 가치 사슬로 '자연스럽게' 이동하면서 점점 더 많은 국내 투입물을 사용하게 되는 기존의 소극적인 수입 대체 전략과는 다르다. 이중순환의 또 다른 중요한 부분은 외국 기업, 특히 중국에 기술과 지식을 여전히 기여할 수 있는 기업들을 위해 '레드 카펫'을 깔아주는 것이다. 테슬라, BASF, 바이엘 등과 같은 사례들이 있다. 금융 기관들에 대한 매력도 여전하다. 중국이 더 이상 저비용 생산국이 아니더라도, 국제 기업들에게 중국은 여전히 매력적이다. 중국의 방대한 고학력·유연한 노동력과 뛰어난 인프라, 그리고 세계 최대 규모의 중산층이 매력적인 요인으로 작용한다. 중국에 대한 외국인직접투자[FDI] 감소는 앞으로도 매우 느리게 진행될 것이다. 2023년 상반기 FDI의 급격한 감소에도 불구하고, 이는 일시적인 현상이며 중국이 현재 겪고 있는 경기 침체 때문이라고 중국 전문가 로리 그린[Rory Green]은 설명한다. 또한 중국 국채에 투자하면 위안화 수익률이 매력적이지 않다는 점도 외국 기업들이 위안화 수익을 재투자하지 않는 이유 중 하나이다.

2008년의 정점과 그 이후 상품 무역의 GDP 대비 비율의 감소는 또 다른 이유로 주의 깊게 다뤄져야 한다. 세계 무역의 4분의 3은 제조업 제품으로 구성되며, 나머지는 대략 농업 및 광산 제품이 거의 같은 비율로 차지한다. 반면, 세계 GDP는 3분의 2가 서비스로, 나머지 3분의 1만이 상품으로 구성된다. 상품 무역의 GDP 대비 비율은 GDP(특히 그 안의 서비스 가격)가 상대적으로 더 빠르게 상승하면서 감소했다. 그러나 이 비율은 1990년대 이후 광산 제품과 연료 가격이 급등했기 때문에 증가했고, 2011년에 정점을 찍었다. 볼드윈은 이렇게 결론 내린다.[68] "2008년의 정점이 다자주의의 종말이나 신자유주의 체제의 종말 때문이라고 주장하는 광범위한 분석들은, 하락분의 60%가 '원자재 슈퍼사이클'로 알려진 현상 때문이라는 명백한 사실을 설명하는 데 어려움을 겪을 것이다."

오프쇼어링에서 리쇼어링으로

GDP 대비 산업재 무역의 증가 추세가 2008년 이후 멈춘 사실은 변함이 없다. 왜일까? 주로 리쇼어링(또는 프렌드쇼어링, 니어쇼어링, 공급망 단축 등) 때문이다. 예전에는 공장이 원자재부터 완제품까지 거의 모든 것을 처리했다. 그러나 ICT와 더 나은 조정이 가능해지면서, 국제 기업들은 제조 공정을 최적의 장소에서 수행할 수 있게 되었다. 제조 공정의 단순한 단계는 저임금 국가로 이전되었고, 연구개발과 더 복잡한 고숙련이 필요한 공정은 본국에 가까운 곳에 남았다.

생산 공정을 잘게 나누면 더 복잡한 생산망이 형성된다. 생산망의 분할은 산업재 무역의 급격한 증가를 가져왔다. 하지만 그 결과, 매끄

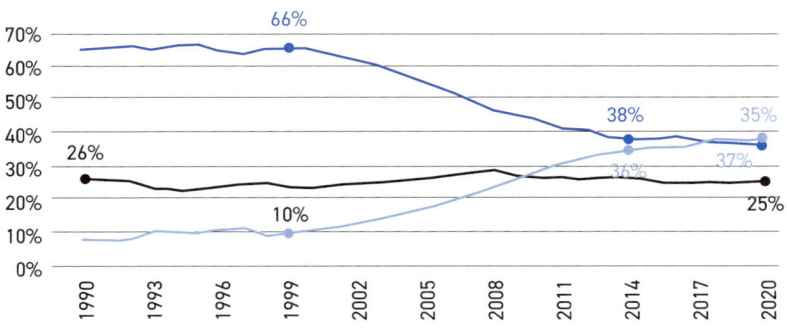

럽게 작동하는 국제 생산망에 대한 의존도가 커졌고, 그 생산망이 끊기면 산업재 생산이 멈추는 사태가 벌어지기도 했고, 코로나 팬데믹은 이를 잘 보여주었다.

리쇼어링reshoring에는 두 가지 요소가 포함된다. 제조 공정을 더 저렴한 생산자에게 아웃소싱하는 것을 중단하는 것, 그리고 글로벌 가치 사슬의 복잡성을 줄이는 것이다. 글로벌 가치 사슬(국가 간, 국가 내 모두)의 복잡성도 한계에 도달했고, 더 많은 가치 창출이 기업 내부에서 이루어지고 있다. 다른 기업으로부터 받는 중간재의 중요성은 2013년에 다시 감소하기 시작했고, 이는 코로나 팬데믹 직전까지 이어졌다. 두 가지 리쇼어링 요소 모두 2010년 무렵 시작되었는데, 이는 트럼프 대통령이 무역 전쟁을 선언하기 훨씬 전이고, 브렉시트 이전이며, 대침체 이후 5년이 지난 시점이었다. 이것은 특정 사건에 의해 촉발된 전환점이라기보다는 자연스러운 과정임을 시사한다.

동반된 그래프는 오프쇼어링offshoring이 급격히 증가한 과정을 보여준다. G7 국가는 2000년대 초까지 세계 산업 생산의 3분의 2를 차지했지만, 그 비중은 2014년 중반까지 거의 절반으로 줄었고 그 이후로 안정되었다. 반면, I6(중국, 인도, 한국, 인도네시아, 태국, 브라질)은 생산 점유율을 크게 늘렸다. 볼드윈은 이를 '두 안정 상태 사이의 전환'이라고 설명한다. 즉, G7의 고급 기술과 신흥국의 저임금 노동을 결합하는 초기의 쉽고 명확한 기회들이 활용되면서 오프쇼어링 속도가 느려졌다는 것이다. 이 현상은 중국과 한국과 같은 국가에는 적용되지만, 인도나 인도네시아 같은 다른 신흥국에는 덜 해당된다고 본다.

4
세계화는 취약하다

키포인트

- [x] 코로나 팬데믹과 러시아의 우크라이나 침공으로 인한 공급망 붕괴는 세계화의 취약성을 드러냈다.

- [x] 세계화는 사람들을 빈곤에서 벗어나게 했다. 하지만 일부에서는 사회 정책 없이 일자리가 사라지면서 불평등이 심화되었다.

- [x] 세계화가 진전될수록 젊은 국가들이 더 많은 혜택을 누리게 된다.

- [x] 미국은 여전히 자유무역과 무역 협정에 부정적이다. 중국은 미국의 패권을 위협하는 '큰 적'으로, 공정한 게임을 하지 않는다고 여겨진다.

- [x] 1950년부터 시작된 세계화의 혜택은 미국 가구당 평균 18,131달러의 추가 소득으로 나타났다. 일자리가 줄어들기도 했지만, 이는 미국의 연간 전체 해고의 1%에 불과했다.

- [x] 유럽연합은 불공정한 중국의 무역 관행에 대한 불만이 커지고 있다. '기술과 거대한 시장을 맞바꾸는' 과거의 공생 관계는, 중국이 자체 제품으로 유럽 시장에 진입하면서 위태로워지고 있다.

Covid-19와 러시아는 우리의 취약성을 드러냈다

세계화와 코로나19는 서로 얽혀 있다. 코로나19로 사람과 상품의 흐름이 거의 멈췄고, 수출 물량은 급감했다. 우리는 우리가 원자재에 얼마나 의존하고 있었는지를 깨달았다. 코로나 팬데믹과 러시아로 인한 공급망의 혼란이 우리에게 분명히 알려준 것은, 과도한 의존은 위험하다는 점이다.

라나 포루하Rana Foroohar가 쓴 《홈커밍Homecoming》이라는 책에서 그는 이 결함을 지적한다.[69] 그는 진짜 경제보다는 금융의 중요성이 커지고, 과도하게 집중된 기업 권력이 불평등과 같은 문제를 일으킨다고 말한다. 미국은 "글로벌보다는 로컬, 월스트리트보다는 메인스트리트, 주주보다는 이해당사자를 우선해야 한다."고 주장한다.

서양 불평등의 심화

1990년대부터 신흥국에서의 번영이 커진 반면, 서구에서는 탈산업화가 나타났다. 자동화는 산업 노동자의 수를 더욱 줄였고, 노동자들은 저임금 서비스업으로 몰렸다.

조너선 홀스래그Jonathan Holslag 교수는 "도시의 부유한 지역과 가난한 마을 간에는 충돌이 있다. 서비스의 질은 도시에서 향상됐지만, 지방에서는 여전히 낮다. 글로벌 노동 시장에 참여하려면 적절한 교육이 필요한데, 저품질 학교만 있는 농촌에서는 교육을 받을 수 없고, 경제 활동도 떠나버렸다."라고 말했다.

또 다른 승자는 기업이다. 큰 다국적 기업들은 저임금 노동과 신흥국의 수요 증가의 덕을 톡톡히 봤다. 그들은 수평적 생산 라인을 장악했고, 이를 잘게 쪼개 최적화했다. 그게 바로 규모의 경제다.

오늘날 특히 미국에서는 불평등이 거의 대공황 시기 수준까지 치솟았다. 미국의 상위 1% 부자들이 전체 소득의 20%를 차지한다. 유럽연합에서는 12%, 영국은 그 중간 수준이다. 흥미롭게도, 미국과 영국은 가장 강력한 보호주의 조치를 취한 서구 국가이기도 하다. "세계화의 '패자'들에게 이익을 재분배하는 것은 세계화의 정도가 높아질수록 더 어려워진다."고 피터 반 베르히크는 주장한다.[70] 처음에는 경제가 개방되면서 생산성과 부가 증가하며, 특히 개발도상국뿐 아니라 세계의 선도국가들도 이익을 본다. 그러나 재분배의 비용이 상승하기 시작한다. 일자리가 줄어들기 때문이다. 게다가 세계가 안정적이며 평화롭게 기능할 수 있도록 선도국들이 져야 하는 부담도 커진다.

미국이 다가온다

2016년 《승자 경제 The Winner Economy》를 주제로 한 인터뷰에서, 볼드윈은 이미 세계화에 대한 반발이 더 커질 것을 예측했다. 미국과 영국 같은 나라에서는 앞으로 10년간 사회적·정치적 불안이 심해질 것이고 그것은 그 정부들이 세계화의 고통과 이익을 공평하게 분배하지 못한 결과라고 말했다.

브렉시트 그리고 브레그렛

브렉시트는 영국인들이 약속받았던 것을 가져다주지 못했다. 정책연구소의 한 연구는 2022년 기준 브렉시트로 인한 노동력 손실이 약 33만 명(노동력의 1%)에 달한다고 추정한다. 코로나 팬데믹의 충격까지 더해져, 이는 심각한 노동력 부족과 높은 인플레이션을 초래했다. 영국의 수입과 수출은 정체됐다. 2022년 마지막 3개월 동안의 수출량은 코로나 이전인 2019년 평균보다 9% 이상 낮았다. 정책연구소 'Resolution Foundation'의 무역 경제학자 소피 헤일[Sophie Hale]은 이렇게 말했다. "브렉시트는 영국이 G7 국가 중 최하위로 떨어졌음을 여실히 보여준다. 유럽연합으로의 수출은 브렉시트 20년 후에도 20% 줄어들 것으로 예상된다." 영국 재정책임청[OBR]은 "수출입의 부진한 성장이 영국 경제의 무역 강도를 장기적으로 15% 감소시킬 것이다."라고 밝혔다.[71] 브렉시트는 '브레그렛[Bregret]'을 낳는다. 영국의 여론조사기관인 YouGov에 따르면, 절반 이상의 영국인이 브렉시트를 되돌리길 바라고 있다. 3분의 1만이 여전히 그것을 믿고 있으며, 5분의 1만이 브렉시트가 순조롭게 진행될 것이라고 믿고 있다. 학자 맷 구드윈[Matt Goodwin]은 그의 SNS를 통해 "브렉시트에 찬성한 사람들의 60%는 65세 이상에서 나왔다. 이는 '브레그렛'을 부추기는 요인이 된다."고 말했다.

볼드윈의 예측은 곧 현실이 되었다. 2016년 6월 브렉시트가 통과된 후, 그해 미국에서는 트럼프가 '미국 우선'을 내세우며 집권했다. 트럼프는 유엔 총회 연설에서 "우리는 세계화를 거부하고 애국심을 받아들였다."고 말했다. 미국 행정부도 상황을 바꾸지 않았다. 중국에 대해 긍정적인 시각을 가진 미국인의 비율은 장기 평균 40%에서 사상 최저인 15%까지 떨어졌다. 미국은 중국 정책에 있어 코너에 몰렸다. 행크 폴슨은 "이것은 위험한 상황이다. 미국은 중국과의 관계를 안정시키고 싶어 하겠지만, 공화당과 민주당 모두가 강경한 노선을 고수하고 있다."라고 평가했다.[72]

미국은 중국에 너무 관대했을지도 모른다

대선 캠페인 동안 트럼프는 끊임없이 중국을 비난하며 "역사상 가장 큰 도둑질 중 하나"이자 "미국 경제를 강간했다."고 주장했다. 트럼프의 분노가 향한 곳은 무역적자다. 상품과 서비스를 합친 적자는 GDP의 2.5%를 넘었다. 가장 큰 '악당'은 중국이었지만, 독일과 네덜란드, 유럽연합 전체, 멕시코와 캐나다도 미국의 선의를 남용했다.

하지만 무역적자는 반드시 좋지도, 나쁘지도 않다. 미국은 더 저렴한 외국산 제품과 투자의 혜택을 누리지만, 동시에 일자리를 잃고 국가 부채 부담은 늘어난다.

2018년 1월부터 트럼프는 12,043개 중국산 제품에 대한 관세를 점진적으로 2.6%에서 16.6%까지 인상했다. 이는 미국 연간 수입의 12.7%에 해당했다.[73] 캐나다, 멕시코, 유럽연합에서 수입하는 철강과 알루미늄에도 관세가 부과됐고, 세탁기와 태양광 패널에도 마찬가지였다. 평균 관세율은 두 배 이상인 3.5%로 뛰었고, 2019년에는 5%를 넘었다. 소비자와 기업이 입은 연간 손실은 720억 달러에 달했다. 하지만 관세 인상은 그보다 1년 전인 2017년, 미국의 요구로 G20 정상회의 합의문에서 자유무역에 대한 약속이 빠진 순간 시작됐다. 경제학자 조지 프리드먼은 이를 '역사적 순간'이라고 평가했다.[74] 그에 따르면, 많은 G20 국가들은 필요할 때는 형식적이든 비형식적이든 보호주의를 선택하며 자유무역 약속을 지켜오지 않았다.

리카도의 비교우위 이론

모든 국가는 자신이 가장 효율적으로 생산할 수 있는 것에 집중하고 나머지는 다른 나라에 맡기면 된다지만, 그렇다고 해서 문제가 없는 것은 아니다. 첫째, 일자리가 더 이상 쉽게 대체되지 않는다. 리카도가 살던 19세기에는 농부가 비교적 쉽게 공장 노동자가 될 수 있었지만, 오늘날에는 그렇지 않다. 실업이 늘어나고, 불만과 정치적 긴장이 생긴다. 둘째, '타이밍'이다. 경제학자들이 말하는 '타이밍'은 개인에게는 평생을 뜻할 수도 있다. 산업이 몇십 년에 걸쳐 다른 산업으로 이동하는 동안, 개인의 삶은 무너지고 정치가 개입한다. 그 결과 비효율적인 결과가 나온다.

불행히도, 바이든의 당선은 새로운 시대의 시작을 의미하지 않았다. 〈파이낸셜 타임스〉의 에드워드 루스는 '바이든의 세계화 정책은 인간의 얼굴을 한 트럼프주의'라고 표현했다.[75]

미국은 자유무역으로 이득을 봤는가?

1930년대의 보호무역주의와 그 후의 불황이 심화되면서 미국은 개방적이고 규제된 무역 시스템을 구축했다. 〈파이낸셜 타임스〉의 수석 이코노미스트 마틴 울프Martin Wolf는 "미국의 정책은 더 번영하는 세계 경제를 성장시켰고, 이는 냉전 시대의 서구의 경제학, 정치학의 토대가 되었다."라고 말했다.[76]

전후 미국 정책의 막대한 성공은 이론의 문제가 아니라 사실이라고 PIIE는 말한다. PIIE의 앨런 울프Alan Wolff 등은 "대안은 스탈린 치하의 소련과 마오쩌둥의 중국에서 시도되었다."며[77] "둘 다 실패했다."고 썼다. 소련은 붕괴하여 더 이상 존재하지 않게 되었고, 중국은 덩샤오핑 치하에서 자국 경제를 세계 무역에 통합했다.

PIIE는 2017년 미국이 무역 확대로 인해 얻은 이득을 2조 1,000억 달러 또는 GDP의 10%(2016년 기준)로 추정했다.[78] 이는 1인당 GDP가 7,014달러, 가구당 18,131달러가 추가로 증가했음을 의미한다. 반면, 2001~2016년 무역(수입 및 수출) 증가로 인한 연간 순 일자리 손실은 156,250건으로 추정되었다.

미국인들의 거의 3분의 2가 무역에 호의적이다. 그러나 중국에 대해서는 전혀 그렇지 않다. 중국은 무역 규칙을 공정하게 지키지 않는다는 비난을 받아왔다. 하버드대학교의 다니 로드릭Dani Rodrik은 "중국은 세계 경제를 이용해 자국의 국내 정책 목표를 추진했다. 다른 나라는 '세계 경제를 위해 국가 정책을 설계'했다."고 했다.

중국은 또한 미국의 패권을 위협하고 있다. 현 중국 주석 시진핑 이전의 모든 지도자들은 중국의 '평화로운 발전'을 말해왔다. 시 주석은 취임 첫 연설에서 중국을 위대하게 만들고 '중화 민족의 위대한 부흥'을 실현하겠다고 약속했다. WTO 사무총장 응고지 오콘조이웨알라 Ngozi Okonjo-Iweala는 'WTO가 없다면 세상은 마치 무법천지가 될 것'이라고 경고한다. 영화는 더 흥미로워질지 모르지만, 삶은 더 악화될 것이라고 〈파이낸셜 타임스〉에 밝혔다.[79] 이 문제들은 더 넓은 지정학적·전략적 발전으로 인해 악화되고 있다. 유럽의회에 제출된 EU 초안 보고서는 본질적으로, 1995년 이후 세상은 변했지만 WTO는 변하지 않았다고 생각한다.

중·EU 무역 관계가 교착 상태에 빠지다

폭스바겐은 2019년에 중국에서 전체 차량 판매의 40%를 기록하며 중국 시장에서 최고의 판매 차량 브랜드가 됐다. 중국의 무역 관행이 문제가 되는 이유는 무엇일까? 주요한 이유는 (종종 강요된) 기술 이전, 국유기업들의 보조금과 활동, 과잉 생산을 구축하고 서방 시장에 제품을 투매하는 방식 때문이다.

2003년, 독일은 전 세계 태양광 시장의 25%를 차지했지만 현재는 중국이 93%, 독일은 3%로 줄어들었다. 그 과정에서 중국은 외국의 기술 전문성을 흡수하고, 대규모의 생산 능력을 개발했으며, 정부의 지원과 규모의 경제를 바탕으로 전 세계 시장을 장악했다. 2021년까지 유럽의 글로벌 시장 점유율은 3%로 축소되었고, 아시아는 93%를 차지하게 되었는데, 이 중 70%가 중국의 몫이었다.[80]

하지만 유럽은 여전히 스스로에게 발목을 잡고 있다고 금융 블로거 노아 스미스는 지적한다.[81] 중국과 상관 없이도, 프랑스와 독일은 첨단 제조업에서 무조건 빠른 현금 확보를 선택하는 경향이 있다고 말이다.

> **독일과 중국, 더 이상 잘 맞지 않는다**
>
> 독일 기업들의 중국 투자는 그 나라에 첨단 기술 노하우를 제공했다. 독일 기업들은 13억 명에 달하는 잠재 고객에 접근할 수 있어 만족스러웠다. 그러나 이러한 공생 관계는 변하고 있다. 자동차 산업의 진화

가 이를 잘 보여준다. 현재 중국에서 판매되는 내연기관 자동차 5대 중 1대는 외국산이다. 독일의 점유율은 상당히 높아, 폭스바겐은 지난 15년간 중국에서 가장 많이 팔린 브랜드였다.

2023년 1분기 이후, 중국의 BYD가 폭스바겐을 제치고 정상의 자리를 차지했다. 중국에서 판매된 전기차 상위 10개 브랜드는 모두 중국 브랜드였다. 테슬라는 10%의 점유율로 2위를 차지했고(2023년 1~4월 기준), BYD는 40%의 점유율을 기록했다.[82] 폭스바겐은 2%에 그쳐 언제라도 상위권에서 밀려날 위험에 처해 있다. 중국은 한때 대부분의 제조 상품에서 그랬던 것처럼, 이제는 전기차 분야에서도 자체 기술과 브랜드를 구축해 국제적으로 경쟁하고 있다. 막대한 보조금, 보편화된 배터리 기술 지식, 배터리 생산을 위한 원자재에 대한 사실상 독점이 이를 뒷받침하고 있다. 유럽이 중국의 불공정한 시장 관행에 얼마나 더 오랫동안 눈을 감고 있을지 궁금해진다.

그렇다면 유럽은 값싼 중국산 태양광 패널, 풍력 터빈, 자동차를 거부해야 할까? 〈네이처〉에 실린 2022년 연구에 따르면, 2008년부터 2020년까지의 태양광 패널 시장은 설치 비용을 중국에서 360억 달러, 미국에서 240억 달러, 독일에서 70억 달러를 절감시켰다.[83]

중국산 전기차가 중·EU 자동차 무역을 뒤집을 수도 있다

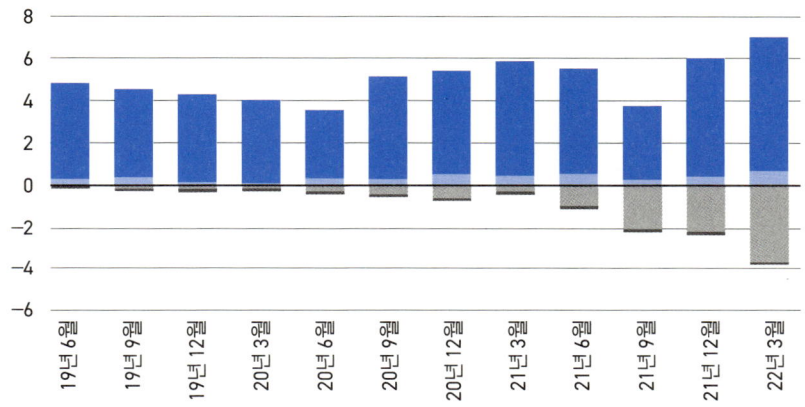

● EU의 중국 자동차 수출   ● 그중 전기차 비중
● EU의 중국산 자동차 수입   ● 그중 전기차 비중

출처: Eurostat

| 세계 통화

달러와 잠정적인
기축통화의 특권

"달러는 우리의 통화지만, 당신들의 문제입니다."
— 존 코널리, 리처드 닉슨 행정부 재무장관

2차 세계대전 이후, 미국 달러는 새로운 질서의 중심축이 되었다. 1971년 닉슨 쇼크로 달러가 더 이상 자동으로 금으로 교환되지 않게 되고 금 가격이 급격히 상승한 이후에도, 세계는 여전히 달러로 거래하고 달러에 투자했다. 이 과정에서 소위 '석유 달러'의 역할도 무시할 수 없다. 사우디아라비아나 이란 등 달러로 원유를 거래하기 시작하면서 달러는 전 세계 상품 거래의 통화가 되었다.

직관적인 초기 반응은, 어떤 나라의 부채가 늘어나면 그 나라의 화폐를 덜 선호할 것이라는 것이지만, 장기적으로는 그 나라에 대한 신뢰와 이자율이 더 중요하다. 오늘날을 보면, 사람들이 자산을 잠시라도 저장해두는 큰 시장이 존재하는 게 매우 중요하다. 그리고 그 가치를 거의 유지한 채 돌려받을 수 있다는 신뢰가 기반이 되어야 한다. 깊고, 넓고, 유동적인 자본 시장이 매우 중요하다. 미국은 세계에서 가장 흥미로운(성장하는) 회사들이 모인 주식 시장뿐 아니라, 매우 크고 깊은 채권 시장, 특히 국채 시장도 가지고 있다. 중요한 전제는 이 부채가 안전하고 결국에는 상환될 것이라는 점이다.

제롬 파월Jerome Powell 연준 의장은 금융 위기가 본질적으로 금융 시스템의 근본적인 약점을 드러냈다고 말한다. 그에 따르면, 유동성이 풍부한 안전 자산에 대한 수요는 계속될 것이다. 또한 미국 정부는 스트레스나 변동성 상황에서도 시장에 충분한 국채를 공급할 수 있도록 준비해둔다. 이는 달러가 여전히 기축통화임을 지지해준다.

하지만 달러가 자리를 위협받으면서, 대안을 찾으려는 움직임이 나타난다. 브릭스BRICs(브라질, 러시아, 인도, 중국, 남아프리카공화국)는 자신들의 통화나 금으로 태환될 수 있는 새로운 공동 통화로 무역할 가능성을 모색하고 있다. 일종의 작은 브레튼우즈 체제다. 하지만 이 또한 문제를 안고 있다. 상대방의 통화를 계속 보유할 것인가? 아니면 어딘가에 투자할 것인가? 투자 기회가 충분하지 않으면 다시 달러로 돌아가게 된다. 이것이 우리가 포트폴리오에서 항상 일정 비율의 달러를 보유하는 중요한 이유 중 하나다.

이 모든 것을 종합해보면, 점점 더 많은 세계 무역이 달러가 아닌 다른 통화로 이루어질 것이라는 점이 보인다. 역사는 긴 시간에 걸쳐 새로운 통화가 기축통화를 차지할 수 있다는 것을 보여준다. 경제 패권이 이탈리아 도시국가에서 네덜란드(길더), 영국(파운드), 오늘의 미국(달러)으로 이동했던 것처럼 말이다. 긴 시간 동안 여러 기축통화가 공존한 시기도 있었다. 우리는 장기적으로는 그런 방향으로 가고 있는 것일지도 모른다.

금이 궁극적인 기축통화인가?

"금은 가장 흉한 것에도 어떤 매력을 부여한다. 금이 없다면, 세상은 비참한 일이 될 것이다."
— 몰리에르

만약 세계가 달러에 대한 신뢰를 잃는다면, 사람들은 조용히 금과 은을 생각하게 될 것이다. 역사적으로도 그런 일이 있었고, 나폴레옹 시대 이후 프랑스도 다시 금과 은 기반의 통화로 돌아갔다.

물론 이런 금융 시스템이 현실화될 가능성은 매우 낮다. 하지만 그래서라도 포트폴리오에 금을 조금은 항상 포함시키는 게 정당화된다. 다만 주의할 점은, 금은 원자재이고, 원자재는 달러로 거래된다는 것이다. 따라서 둘은 보통 반대로 움직인다. 하지만 진짜 이유는 더 복잡하다. 달러는 보통 미국 금리가 오를 때 강해진다. 금리가 오르면 달러 자산에 돈이 빨려 들어가고, 외국인들이 달러로 표시된 미국 국채를 사기 위해 달러를 더 사게 되면서 달러 가격이 올라간다. 이는 금에게는 나쁜 소식이다.

더 중요한 건, 금리는 금의 투자 매력을 떨어뜨린다. 금이 거의 이자를 주지 않기 때문에, 저금리일 때는 금 보유의 기회비용이 거의 없지만, 금리가 6% 이상으로 오르면 금은 연간 6% 이상 오르지 않으면 그 수익을 따라가지 못한다. 실질 금리가 오르면 금뿐 아니라 주식도 하락한다. 주식은 배당금을 주지만, 금리가 높아지면 그 효과가 줄어든다. 결국 모든 투자 자산은 서로 경쟁하기 때문이다. 하지만 주식 시장이 큰 충격으로 급락하면서 금리가 함께 떨어질 때만 금이 진정으로 빛을 발한다.

나는 금값이 앞으로 몇 년 안에 두 배가 될 수도 있다고 말할 때마다 투자자들이 놀라는 걸 자주 본다. 닉슨 대통령이 1971년 달러의 금 태환을 중단했을 때 금값은 온스당 35달러였다. 그 후 두 배가 되어 70달러가 되었고, 140달러, 280달러, 560달러, 1,120달러로 오르더

니 최근에는 거의 두 배가 더 되어 2,000달러에 가까워졌다. 물론 타이밍을 맞추기는 어렵다. 하지만 우리는 지금 큰 파도의 직전에 있을지도 모른다. 금 수요의 절반은 신흥국에서 나오며, 인도와 중국이 전체 수요의 절반을 차지한다. 신흥국이 잘 나간다면 금값도 강세를 보일 가능성이 크다.

그렇다면 은은 어떨까? 혹은 은광 주식은? '금과 은을 좋아하는 사람들은 보통 둘 다 좋아한다. 은은 산업적 용도가 적고, 스마트폰과 회로 기판 생산에 필요한 양도 적다. 아연, 구리, 알루미늄처럼 대량으로 쓰이는 산업 원자재라기보다는, 금과 마찬가지로 귀금속이다. 은에 투자하는 것은 금과 산업용 금속이라는 두 마리 말에 베팅하는 것이다. 은은 현재 역사적으로 저평가돼 있어, 가장 저렴한 귀금속일지도 모른다. 하지만 잠재적 수익과 위험은 함께 간다. 은과 은광은 여전히 금과 금광보다 훨씬 변동성이 크다.

암호화폐에 대하여

"돈에 관해서라면, 모두가 같은 종교를 믿는다."
— 볼테르

암호화폐가 금을 대체하는 기축통화가 될 수 있을까? 점점 더 많이 받는 질문이다. 둘 사이에는 분명 유사점이 있다. 둘 다 채굴된다. 하나는 현실이고, 다른 하나는 가상이다. 둘 다 많은 에너지를 필요로 한다. 둘 다 본질적으로 거의, 혹은 전혀 실질적 가치가 없고, 투자자들이 부여하는 믿음에서 비롯된 희소성의 가치만을 지닌다.

암호화폐는 매우 영리하게 마케팅되었다. 모든 강력한 이야기에는 악당이 있다. 점점 더 빠르게 돌아가는 화폐 인쇄기는 돈의 가치를 갉아먹을 뿐 아니라 불평등도 부추긴다. 중앙은행이 대규모로 채권(정부 발행)을 매입할 때, 화폐의 가치는 떨어지고, 화폐로 표시된 모든 것의 가격은 상승하며, 실물 자산의 가치는 급등한다. 이를 통해 이익을 보려면 실물 자산의 소유자여야 한다. 이 이야기의 영웅은 사토시 나카모토라는 인물이다. 그는 비트코인에 생명을 불어넣었다고 전해진다. 그가 누구인지 알려지지 않았고, 가명이라는 점은 이야기를 더욱 강력하게 만든다. 새로운 세계가 암호화폐를 기반으로 한다고 상상해보라. 비트코인의 상대 가격이 천 배 오르고, 적시에 진입하면 억만장자가 된다.

현재 수천 종의 암호화폐가 존재하지만, 대부분은 연기처럼 사라진다. 암호화폐는 아직도 젊고, 수천 년의 역사에 뿌리를 둔 금의 신뢰성과 겨뤄야 한다. 하지만 젊은 세대는 다르게 본다.

나는 몇 년 전보다 더 신중한 시각을 갖게 되었다. 과거에는 중앙은행이 최근 수년간 유동성을 쏟아부었고, 그것이 해소될 길이 없을 때 그것이 암호화폐로 흘러간다는 해석이 강했다. 이는 금과 유사하게, 금리가 오르면 금과 함께 흔들린다는 것을 설명해준다. 다만 암호화폐는 더 폭발적이다.

하지만 젊은이들과 학생들에게 이 설명만 한다면, 금세 관심을 잃을 것이다. 조금 더 깊은 분석이 필요하다. 암호화폐가 돈인가? 답하기 위해서는 돈의 세 가지 기능으로 돌아가야 한다. 비트코인은 셀 수 있고, 나눌 수도 있다. 교환의 매개가 될 수도 있다. 하지만 가장 어려운 점은 '가치의 저장'이다. 비트코인에 가치를 저장할 수 있을까? 그 가치를 유지할 수 있다고 확신할 수 있는가? 질문하는 사람에 따라 답이 다르지만, 확실한 것은 비트코인은 매우 변동성이 크다는 점이다. 오늘의 가치가 내일이면 두 배가 되거나 반으로 줄 수도 있다. 통화라면 이렇게 급격히 오르내리지 않는 것이 더 낫지 않을까?

그래서 나는 비트코인을 화폐라기보다는 기술적 베팅이라고 본다. 기술주와 나스닥과의 상관관계가 놀랍다. 나스닥이 오르면 비트코인도 오르고, 그 반대도 마찬가지다. 비트코인의 가격 움직임을 보면 똑같은 결론에 도달한다. 종종 강의 중에 비트코인 차트를 보여주며 "이게 무엇의 차트일까요?"라고 묻는다. 대부분은 비트코인을 모른다. 그것만으로도 안정적인 통화가 아니라는 증거다. 그러나 그것이 비트코인이 아무 가치도 없다는 뜻은 아니다.

내가 더 관심 있는 것은 암호화폐에 얽힌 기술적 발전이다. 하나는 블록체인이다. 블록체인은 정보가 네트워크를 통해 공유되는 고급 시스템이다. 블록체인의 핵심은 데이터가 '블록'으로 저장되고 서로 연결된다는 것이다. 또 하나는 스마트 컨트랙트와 NFT다. NFT는 스마트 컨트랙트가 내장된 코드. 콘서트 입장권이나 수익권과 같은 디지털 자산의 열쇠가 될 수 있다. 예를 들어, 빈센트 반 고흐와 계약해 그의 미래 수익의 10%를 받는다고 상상해보라. 사람들은 이런 새로운 시장 접근 방식을 선호한다.

앞으로 우리는 와인, 위스키, 바스키아의 그림 한 점을 1/1000로 쪼개 사는 것도 가능하다. 나는 이런 새로운 진입점을 환영한다. 더 많은 기회가 열리고, 더 많은 자산에 투자할 수 있는 기회가 생긴다.

가상과 현실의 경계는 점점 흐려질 것이다. 우리는 멀티버스 속에서 살게 될 것이다. 가상 현실VR, 증강 현실AR, 혼합 현실MR, 홀로그램으로 게임, 공부, 무역, 창작 활동을 하게 된다. 지금은 AI가 더 주목받지만 둘은 매우 상호보완적이다. AI는 가상 세계를 더 깊고 생생하게 만들어준다.

앞으로의 세계는 파편화될 것이고, 슈퍼스타의 가치는 치솟을 것이다. 광고는 점점 더 직접적이고 값비싸질 것이다. 이것은 젊은 세대에게 새로운 기회를 열어준다. 인플루언서들은 수백만의 팔로워를 갖고 세계를 발아래 둘 수도 있지만, 내일은 다른 누군가가 더 흥미로워질 것이다. 무대에서 버티려면 계속 새로운 것을 내놓아야 하고, 압박감이 크다. 많은 사람들은 소비자나 사용자로만 남아 격차는 더 커진다. AI와 메타버스가 서로 강화하며, 반도체와 에너지가 그 기반이 된다.

마지막으로 덧붙이자면, e스포츠와 관련 베팅도 흥미로운 아이디어다. 스포츠팀과 선수가 점점 더 가치 있게 되면, 그들의 가상 세계 속 분신들도 그 뒤를 따른다. 이미 아시아에서 매우 인기 있는 거대한 게임 이벤트는 아직 시작에 불과하다.

III. 세계화

5
디커플링

키포인트

- ✓ 앞으로 몇 년간 미중 관계가 좋게 유지된다면, 중국은 선진국 클럽에 들어서게 되고 미국과 경쟁할 수 있게 된다. 그러나 긴장 완화는 기대하기 어렵다.

- ✓ 두 나라는 지금 여러 면에서 대립적인 관계에 있다. 시진핑의 현 5년 임기 동안 가속화되는 긴장은 미국 투자자와 다른 이해관계자들에게 기본적인 비즈니스 모드가 되고 있다.

- ✓ 미국 국방부는 반도체가 반드시 지켜야 할 핵심이라고 결정했다. 민감한 기술을 차단하는 것이 중국의 성장 야망을 억누르고 서방과 중국 기업 간의 단절을 가속화하고 있다.

- ✓ 중국은 더 빠르게 자급자족하기 위해 모든 노력을 기울이고 있다. 미국과 그 동맹국들이 기후 전환에 필요한 광물과 금속에 접근하지 못하게 하는 '핵 옵션'까지 고려하며 맞춤형 대응책을 내놓고 있다.

- ✓ 서방도 가능한 한 자급자족하려고 모든 노력을 기울이고 있다. 그 전략의 선봉에 서 있는 것이 미국의 인플레이션 감축법[IRA]과 유럽의 그린딜 산업계획으로, 이는 차세대 EU[NextGenerationEU]를 기반으로 한다.

- ✓ 유럽은 재산업화를 위해 미국보다 더 많은 자원을 투입하고 있지만, 그것을 판매하는 데 있어서는 미국만큼 효과적이지 못하다.

우크라이나 전쟁 이후 중국은 러시아 편에 섰다. 이제 중국은 40년 전의 개발도상국이 아니다. 중국은 2049년까지 선진국이 되는 것을 목표로 한다. 중국은 꾸준히 성장하고 있고, 미국과 서방은 이를 이념과 정치 체제의 차이로 인한 심각한 전략적 도전으로 본다. "중국을 단순히 또 하나의 큰 나라로 치부할 수는 없다. 인류 역사상 가장 큰 플레이어다."라고 전 싱가포르 총리 리콴유Lee Kuan Yew는 말한다.

미국의 중국 견제

민주당과 공화당은 거의 모든 문제에서 의견이 다르지만, 미국 외교 정책의 기본으로 중국을 견제해야 한다는 점에는 동의한다. BCA에 따르면,[84] 미국 입장에서는 대립이 정당화된다.

앞으로 10년 더 중국과 관여하면 미국 경제에 도움이 되지만, 중국에 훨씬 더 이로울 것이다.

중국에 시간을 주면 기술적 돌파구를 마련할 공간을 주게 되고, 생산성은 오르며 중진국 함정을 벗어나 부유한 선진국 클럽에 들어서게 된다. 그때가 되면 중국은 경제와 군사 양면에서 미국과 맞설 수 있게 된다.

양측 모두 안보의 관점에서 미중 관계를 바라본다. 베이징은 미국의 수출 통제를 중국 미래에 대한 위협으로 보고, 워싱턴은 중국의 기술적 역량을 키워주는 건 자해라고 본다. 군사적으로 미국은 아직 중국을 크게 두려워하지 않는다. 공식 자료에 따르면, 미국 국방비는 중국의 세 배 이상이다. 하지만 시진핑은 2035년까지 중국 군대를 현대화하겠다고 했다. 2049년에는 '전쟁에서 이길 수 있는' 일류 군대가 되겠다고 한다.

전쟁의 모습도 점점 달라진다. 미국 국방부에 따르면, 중국은 지능형 전쟁과 사이버 공격에 더 주력한다. 민간과 군의 협력(중국 기술 기업들이 방산과 협력하는 것)이 그런 상황을 만든다. 미국 입장에서 군사적 용도로 전환될 수 있는 기술은 이제 중국과 그 동맹국으로 더는 갈 수 없다.

"국방부는 반도체를 반드시 사수해야 한다."고 〈이코노미스트〉에 나온 사이버보안 전문가 제임스 멀베논 James Mulvenon 은 말한다. 반도체는 미국이 유일하게 앞서 있는 산업이고, 다른 모든 것은 그 뒤에 있다. 2022년 8~10월 동안 미국 행정부는 첨단 기술과 반도체에서 중국을 배제하기 위한 CHIPS법, 수출 허가 제한, 중국산 칩 사용 금지 등 일련의 조치를 발표했다. 이후에도 특정 중국 기술 산업에 대한 투자 제한 등 추가 행정명령을 냈다.

이러한 규제는 중국의 장기 목표뿐 아니라 AI, 전기차 등 관련 산업의 주요 중국 기업들에도 심각한 위협이 된다. 그들은 AI, 빅데이터, 스마트/자율주행차, 클라우드 컴퓨팅에서의 목표가 기술 격차로 인해 크게 꺾일 수밖에 없다고 본다. "최악의 경우, 디커플링이 가속화돼 시진핑의 3기 임기 동안 미국 투자자와 다른 서방 이해관계자들의 기본 운영모델이 될 것이다."라고 TS 롬바드 연구소는 전망한다.[85]

중국의 대응

"중국이 공격할 수 있는 소프트 타깃은 많다."고 TS 롬바드는 전한다.[86] 하지만 중국이 본토에서 사업하는 미국 기업들은 건드리지 않을 것으로 보인다. 시진핑의 주요 슬로건 중 하나는 '개혁과 개방 가속화'다.

2023년 상반기, 중국은 '신뢰할 수 없는 기업 리스트'부터 수출 통제법, 데이터와 사이버 규제 강화까지 새로운 규제를 쏟아냈다. 미국의 무역 전쟁 공격에 대한 반격이었다. 미국의 마이크론은 더 이상 핵심 인프라용 칩을 공급할 수 없게 됐다. 동시에 베이징은 더 빠른 자급자족을 위해 기술 혁신, 유망 산업 선별 등 모든 수단을 동원했다. 작은 중국 반도체 회사들은 대출과 보조금, 공공 시장이라는 보장된 출구를 제공받는다.

중국의 원자재 공급망에 대한 위협으로 미국은 2022년 IRA를 통과시켰다. 향후 10년에 걸쳐 3,690억 달러를 투입해 칩과 친환경 기술 생산을 위한 미국 내 공급망을 구축하려 한다. 이 막대한 자금은 국내외 생산업체를 끌어들일 것이고, 실제로 성공적으로 진행되고 있다. 해당 분야의 투자는 2021년 대비 두 배로 증가했다.[87]

| 패가 다시 섞인다

세계 권력은
어디로 이동하는가?

"내가 죽었다는 소문은 크게 과장됐다."
— 마크 트웨인

지난 20년간, 혹은 최소한 2008~2009년 글로벌 금융 위기 이후로 가장 큰 주목을 받은 주제 중 하나는 미국 증시의 우수한 성과다. 그 기간 동안 우리는 미국 시장이 너무 비싸진 것은 아닌지, 혹은 미국이 세계 패권을 잃게 될지에 대한 의문을 계속해서 들어왔다. 만약 그러한 우려가 현실화된다면, 미국 증시는 많은 깃털을 잃을 것이고, 상대적인 가치도 타격을 입을 것이다.

하지만 미국만큼 기술주가 지수에 높은 비중으로 포함된 나라는 없다. 또한 전 세계 주요 기술 기업, 예컨대 애플, 구글, 마이크로소프트는 모두 미국에 있다. 만약 당신이 미국의 하락에 베팅한다면, 단지 미국의 패권만이 아니라, 이 모든 기업의 기술적 지배력 상실에도 베팅

S&P500의 초과수익률

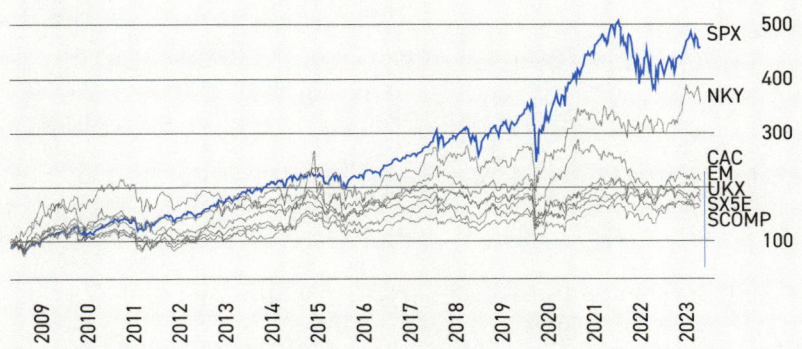

하는 셈이다. 그리고 그건 꽤 큰 도박이다.

물론 기술주가 부진하고 가치주가 강세를 보이는 시기가 오기도 한다. 그때는 유럽 증시가 더 좋은 성과를 낼 수도 있다. 신흥국 시장이 드디어 수익률을 제대로 보여줄 때도 미국 지수는 수개월, 길게는 수년간 부진할 수 있다. 하지만 여전히 세계 최대 경제이자 기술적 리더십을 가진 나라에 베팅하는 건 너무 성급한 결론이다.

미국이 세계에서 가장 강력한 해군을 보유하고 있다는 점, 2차 세계대전 승리 이후 너무 많아져서 일부를 폐기해야 할 정도였다는 점을 더하면, 미국은 군사적 관점에서 볼 때 두 해안선으로 훌륭히 방어되는 나라다.

게다가 미국은 세계에서 가장 비옥한 농지를 가진 나라 중 하나이고, 셰일 오일과 셰일 가스 개발 이후 거의 모든 중요한 자원이 있는 나라다. 이는 보너스다.

이제 질문은 이렇다. 미국은 여전히 잘 자리 잡고 있는가? 갑자기 많은 이웃과 맞닿아 있게 되고, 더 이상 두 대양으로 보호받지 못한다. 미시시피강도 더 이상 바다와 연결되지 않아 운송이 어려워진다. 긍정적으로 보자면, 적어도 물과 무역에 접근할 수 있다는 점은 여전히 남아 있다. 하지만 광대한 대륙에서는 호주처럼 보이기 쉽다. 아프리카 내부처럼 이웃 국가가 많고, 무역과 수송에 이웃의 도움이 절대적으로 필요한 곳과 비슷하다. 브라질, 아르헨티나, 사우디아라비아도 덜 유리해진다. 중국도 호주와 비슷하게 한쪽 끝에 위치하게 된다.

그렇다면 그런 세계에서는 어떤 모습일까? 중요한 무역 중심지는 아마도 바닷가에 위치하게 될 것이고, 대부분의 인구도 해안에 살게 될 것이다. 이는 현재의 세계와도 같다. 내륙은 호주처럼 더 한산해지고, 주로 농업과 자원 개발에 쓰인다. 운송은 강을 중심으로 하겠지만, 도로와 철도도 중요해진다. 해상 무역은 아마 더 중요해지고 강력한 함대가 필요해진다. 더 많은 나라들이 모여서 더 큰 집단을 만들지, 아니면 전쟁 상태로 치닫게 될지는 또 다른 문제다.

중국은 무엇을 제공할까?

시장들은 종종 어떤 일이 어떻게 전개될지 예측하는 데 능숙하다. 바튼 빅스Barton Biggs는 그의 책 《부, 전쟁, 지혜Wealth, War and Wisdom》에서 2차 세계대전 당시 미드웨이 해전이 전쟁의 전환점이었음을 시장이 누구보다 먼저 알아차렸다고 설명했다. 독일 주식 시장은 1943년에 고점을 찍은 뒤 하락했지만, 영국 주식 시장은 승리에 대한 확신과 함께 상승장을 시작했다. 우크라이나 전쟁에서 그런 신호는 아직 보이지 않는다. 역사적으로 가장 낮은 금리로 돈을 빌릴 수 있는 나라가 세계를 지배해왔다. 이는 모두가 그 나라가 빌린 돈을 갚을 수 있다고 믿는다는 뜻이다. 그러므로 상대적으로 높은 금리는 새로운 패권의 출현을 나타낼 수도 있다.

이 논리를 따른다면, 미국이 여전히 세계 패권국이라는 결론이 나온다. 왜냐하면 미국은 엄청난 공공 부채에도 불구하고 여전히 세계에서 가장 낮은 금리로 자금을 조달할 수 있기 때문이다. 최근의 주식 시장 성과를 보면 미국, 특히 미국의 대형 기술 기업들을 따라잡을 나라는 없다. 투자 관점에서도 중국 시장을 완전히 무시하는 것은 전략적으로 현명하지 않다. 중국 경제에 대한 공포를 조장하거나 투자 자산을 무시하는 것은 도움이 되지 않는다.

중국이 수출 엔진을 그 어느 때보다도 필요로 하는 바로 그 시점에, 중국은 미국과 무역 전쟁에 들어섰고, 많은 다른 서방 국가들 또한 세계 2위 경제 대국과의 관계를 재검토하고 있다. 하지만 그것이 정말로 무역 전쟁일까? 우리는 차라리 기술 전쟁이라고 말하는 편이 더 나을지도 모른다. 거의 확실하게, 중국은 앞으로 10년 안에 세계 최대 경제국이 될 것이다. 문제는 그것이 또한 가장 강력한 국가가 될 수 있을 것인가 하는 점이다. 그것은 그 어느 때보다도 기술적 리더십에 달려 있다. 혁신의 속도와 그에 수반되는 기술적, 군사적 리더십이 얼마나 중요한지는 스티븐 존슨^{Steven Johnson}의 책 《탁월한 아이디어는 어디서 오는가》(서영조 역, 한국경제신문사, 2012)에 나와 있다. 여기서 '인접 가능한^{adjacent possible}'이라는 개념이 등장한다. 그는 견고한 은유를 통해 '지식의 빛'이 세계를 가로질러 퍼져나가며 세상을 더 나은 곳으로 만드는 모습을 보여준다.

상상해보라, 하나의 닫힌 공간에 있는 큰 테이블을. 테이블 위에는 수많은 부품들이 놓여 있다. 과학자들이 그 부품들을 가지고 실험을 하면서 새로운 아이디어와 새로운 제품들이 나타난다. 인접 가능한 ^{adjacent possible}에서, 새로운 제품은 필요한 모든 부품들이 다 있을 때에만 가능하다. 다 빈치의 나는 기계는 엔진이 없었기 때문에 실현될 수 없었다. 컴퓨터도 마이크로칩이 발명된 이후에야 가능했다. 다시 말해, 어떤 단계도 건너뛸 수 없다. 그렇지만 새로운 제품이나 아이디어를 위한 시간이 무르익으면, 그것은 발명될 것이다.

20세기의 대부분 동안, 더 많은 부품을 가진 테이블은 미국에 있었다. 그러나 최근에는, 중국에도 테이블이 생겼고, 그 크기는 아무도 모른다. 투자자로서 두 개의 테이블이 있다는 것을 알 때, 어디서 가장 빠른 진전이 이루어질지 모르기 때문에 어느 쪽에도 앉지 않을 수 있는가? 이것이 회사들에 더 어려운 삶을 만들게 될까? 나는 두 블록의 기술과 표준이 갈라져 나가는 세상을 충분히 상상할 수 있다. 하지만 이분법은 발전을 촉진하기도 한다. 따라서 기술에 계속 투자하는 것은 자연스럽다. 그리고 중국 테이블에 앉아 있는 것 역시, 모두가 인지하는 위험에도 불구하고, 마찬가지다.

대만에서의 (무력) 충돌 가능성은 어떨까? 이것은 확실히 하나의 위험이다. 나는 아마도 이 문제에 대해 언급하기에 가장 적합한 사람은 아닐 것이다. 결국 나는 러시아가 우크라이나를 침공하기 직전까지도 그것을 믿지 않았다. 그럼에도 불구하고, 나는 중국이 대만을 침공하지는 않을 것이라고 다시 한 번 믿는다. 그럴 경우 미 해군이 즉시 말라카 해협을 봉쇄해 원자재 공급 경로를 차단할 가능성이 크다. 원자재가 없으면, 적어도 석유는, 중국 산업이 약 6개월 안에 마비된다. 전쟁과 인명 피해의 끔찍한 결과를 차치하고서라도, 미국과 세계 경제에 미치는 영향은 막대할 것이다. 전 세계 무역의 상당 부분이 말라카 해협을 통과하기 때문이다. 게다가 중국은 세계 무역과 세계 경제에서 매우 중요한 존재일 뿐 아니라, 세계에서 가장 큰 두 경제가 매우 긴밀히 얽혀 있기 때문이다. 따라서 경제적 관점에서 본다면, 그 영향은 우크라이나 전쟁의 5~10배에 이를 수 있다. 금융 시장에 미칠 영향은 짐작하기 쉽다. 나는 내가 옳기를 간절히 바란다.

성장을 위한 시간

"우리는 너무도 미국과 중국만을 바라보는 데 익숙해져서, 때때로 세계의 나머지를 잊어버리기까지 한다."

– 루이 가브, 지정학 전략가

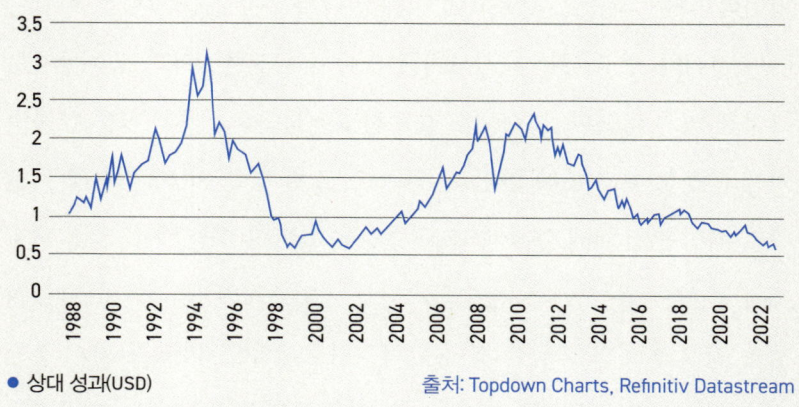

신흥국 주식 vs S&P500

● 상대 성과(USD) 출처: Topdown Charts, Refinitiv Datastream

　20년 전만 해도, 신흥국(중국을 포함할 경우)은 세계 경제의 약 40%를 차지했다. 오늘날 그 수치는 60%를 향해 가고 있다. 그리고 20년을 더하면 우리는 70%에 도달한다. 그러면 처음에는, 신흥국들의 시가총액과 포트폴리오 비중이 60%가 되는 것이 논리적으로 보인다. 하지만 과연 그럴까?

　아래 차트는 신흥국 시장과 미국 S&P500의 상대적 성과를 보여준다 (그래프가 상승하면 신흥국이 상대적으로 더 잘하고 있다는 뜻이고, 하락하면 더 못하고 있다는 뜻이다). 이 차트는 완전히 다른 이야기를 말해준다. 다시 한번, 경제 주기와 시장 주기가 반드시 일치하지 않으며, 투자 결정이 결코 쉽지 않음을 보여준다.

　2008년 금융 위기 이후, 상대적으로 약한 성과의 이유는 신흥국 증시와 통화의 약세 때문이 아니라, 단순히 미국 증시가 놀라울 만큼 강했기 때문이다. 미국은 여전히 상장 기업의 총 시장 가치에서 가장 큰 거인이다.

조금 더 긴 안목으로 보면, 우리는 아마도 심각한 투자 기회를 마주하고 있는 것 같다. 이 추세가 언제 반전될지는 예측할 수 없다. 하지만 우리는 이제 신흥국들을 더 개별적으로 보고, 그 나라의 성장 잠재력에 따라 판단해야 한다. 그 잠재력은 종종 그 나라가 어떻게 관리되는지와 연관된다. 조금 더 장기적으로 보면, 나는 인도, 혹은 동남아시아와 원자재 국가들 중 일부에 밝은 미래가 있다고 본다. 그 밖에도, 우리는 확실히 몇몇 아프리카 국가들도 고려할 수 있다.

서구에서의 탈세계화와 대조적으로, 신흥국들 사이의 무역은 증가하고 있다. 이를 뒷받침하는 거대한 인프라 프로젝트들도 있다. 예를 들어, 러시아와 이란 사이에는 주요 철도 노선들이 개발되어 왔다. 항공에서도 같은 현상을 볼 수 있다. 오늘날, 베이징과 두바이 사이에는 직항 노선이 없지만, 10년 안에는 그 상황이 크게 달라질 것이다. 따라서 중국을 세계의 기회로부터 제외하는 것은 현명하지 않다.

두 전쟁 당사자 사이의 유럽

IRA는 미국 시민이 미국에서 제조된 전기차를 구매할 때 최대 7,500달러의 세액 공제를 받을 수 있도록 규정한다. 그러나 그 자동차의 부품은 반드시 미국산이거나 미국과 자유무역협정을 체결한 국가에서 온 것이어야 한다. EU와 미국은 같은 가치를 공유하지만, 불행히도 자유무역협정은 없다. IRA는 유럽의 입장에서는 눈엣가시다. 유럽의 주요 기업들이 미국으로 대규모 투자를 옮기는 것을 보기 때문이다.

원자재의 전략적·철학적·윤리적 중요성

유럽도 미국만큼이나 중국에 의존하고 있다. EU 자체 계산에 따르면, 2030년까지 EU는 현재보다 리튬을 18배, 니켈을 15배, 희토류를 10배 더 필요로 하게 될 것이다. 우크라이나 전쟁은 석유와 가스를 제외한 수많은 원자재에 대한 유럽의 의존도를 드러냈다. 경제학자인 신드 뒤 보아Cind du Bois 교수는 월간 팟캐스트 '지금 경제 현황은Stand van Zaken'에서 이렇게 설명했다.[88] 그렇기 때문에 유럽연합 집행위원회는 유럽 비판적 원자재법을 출범시켰다. 이를 통해 유럽은 녹색·디지털 전환에 필수적인 원자재의 자급 능력을 강화하려는 것이다. 전략에 따르면 2030년까지 모든 전략적 원자재의 연간 소비량 중 65% 이상은 EU 내에서 가공 또는 조달되어야 한다. 그러나 한 서방 고위 관계자는 "중국에 대한 의존도를 줄이는 데는 20년이 걸렸고, 이걸 되돌리는 데도 똑같은 시간이 걸릴 것"이라고 말한다.[89] 2030년까지 연간 소비량의 10%는 유럽에서 채굴하고, 40%는 유럽에서 가공하며, 15%는 재활용을 통해 확보해야 한다.

홀스래그 교수는 유럽 내 광산 개발과 재개발이 중요한 또 다른 이유가 있다고 지적한다. 장기적으로 고부가가치 활동, 특히 지식집약적 산업에서 경쟁력을 유지하기는 매우 어렵다. 왜냐하면 공급망이 결국 경쟁사로 넘어가기 때문이다. 중국이 지금 냉혹하게 실행하는 것이 바로 그것이다. 처음엔 티셔츠, 그다음엔 철강, 그리고 전자제품까지 그리고 조금씩 그 기술 이전을 강요한다.

둘째로 그는 철학적·윤리적 딜레마를 지적한다. 만약 당신의 사회가 그만큼의 필요를 채우기 위해 그 부문에 의존하는 한, 당신 역시 그 생산 방식을 더 지속가능하게 만드는 책임이 있다. 리튬을 채굴하고 정제하며, 니켈을 채굴하고 코발트를 가공하는 게 오염이고 가난한 나라들에서의 착취라고 쉽게 말할 수 있다. 하지만 우리는 더 나은 방향으로 바꿔야 한다. 그게 유럽에서 모두 채굴해야 한다는 의미는 아니지만 직접 코발트를 채굴해 지속가능한 공급망으로 가져오고, 순환경제와 연계된 이야기를 만들어야 한다. 그렇게 하면 생산성 향상을 달성하면서도 환경 피해를 고려할 수 있다.

유럽, 녹색으로 전환하다

기후 전환에 있어 유럽연합은 야심차고 확고한 입장을 취한다. 국제에너지기구[IEA]에 따르면, 유럽은 전 세계 전기차 생산의 4분의 1, 공급망의 20%를 차지한다. 이는 미국의 시장 점유율인 전기차 10%,

배터리 용량 7%를 훨씬 능가한다. 현재 유럽은 여전히 중국 배터리에 의존하지만, S&P 글로벌 마켓 인텔리전스에 따르면 유럽은 2025년까지 세계 2위의 배터리 생산국으로 자리 잡을 전망이다. 유럽 배터리 연합은 브렉시트, 트럼프 당선, 유럽 내 배터리 전문성 부족 속에 2017년 출범했다. 2025년까지 공공·민간의 전체 공급망 투자로 연간 2,500억 유로 규모의 지역 시장이 창출될 것으로 예상된다.

유럽은 녹색 기술 누적 리더십을 잃지 않으려 한다. IRA와 미국의 다른 이니셔티브에 대한 대응으로, 2023년 초 유럽은 녹색 산업 계획을 발표했다. "그린딜 산업 계획을 통해 추가적인 돈이 제공되지 않더라도, EU는 재정에서 미국에 뒤지지 않는다. 오히려 그 반대다."라고 BNP 파리바의 Markets 360 동료들은 말한다.[90] IRA에 따른 보조금과 세금 인센티브는 약 2년에 걸쳐 미국 명목 GDP의 약 1.5%에 해당한다.* EU가 기후 전환을 위해 마련한 모든 자금은 약 7,000억 유로, GDP의 약 5%로 추정된다. 그들은 이 7,000억 유로의 대부분이 향후 5년 안에 지출될 것이라고 믿는다. 그러나 유럽 기업들은 비명을 지른다. "단순함이 IRA의 주요 특징 중 하나라고 생각한다. 그리고 그것이 투자자들에게 중요한 것이다."라고 에너지 대기업 렙솔의 조수 존 이마즈Josu Jon Imaz가 로이터와의 인터뷰에서 말했다.[91] 그에 따르면, 유럽의 이니셔티브들은 지나치게 복잡하다. 자국에서 보조금을 신청

---

* 골드만삭스는 민간 부문이 얼마나 많이 이용하느냐에 따라 최종 투자 신용 금액이 최대 세 배까지 늘어날 수 있다고 본다. 이에 대해 정부의 실질적인 한도는 없다.

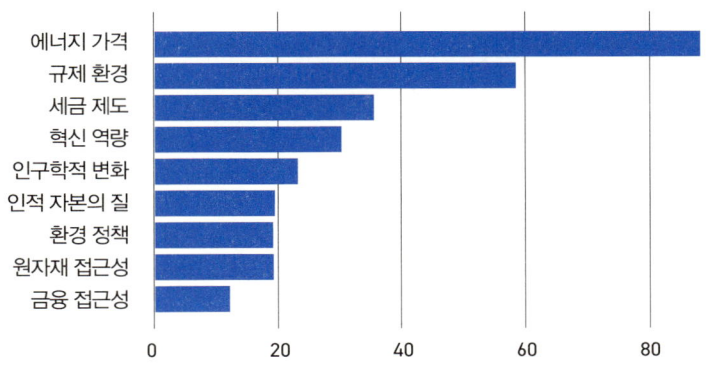

하는 것은 행정적 악몽이며, 대부분의 중소기업들을 배제한다.

이런 복잡성은 허가를 받는 데에도 적용된다. 광산을 개설하는 것은 유럽에서 8~12년이 걸린다.[92] 하지만 풍력이나 태양광 프로젝트도 마찬가지다. 현재 형태의 넷 제로 산업법이 승인된다면, 그 기간은 유럽 관할 내의 프로젝트들에 대해 18개월로 줄어든다.* 그리고 결정이 내려지지 않으면, 그것은 묵시적으로 승인된 것으로 간주된다.

무엇이 유럽 기업들이 여기에 남아있도록 설득할 수 있을까? 궁극적으로 그들의 투자 결정은 오직 보조금에만 달려 있지 않다. 규제 프

---

* 미국도 이 문제를 겪고 있으며, 송전 프로젝트는 허가를 받는 데 평균 4.3년, 파이프라인은 3.5년, 재생에너지 프로젝트는 2.7년이 걸린다(진보정책연구소, 2022). 이러한 절차를 가속화하는 것은 더 어렵다. 최근 허가 절차를 변경하려는 제안이 의회에서 지지를 얻지 못해 실패했다.

레임워크는 조정되고 있고, 사용 가능한 노동력은 준비되고 재훈련되고 있다. 그러나 첫 번째 걸림돌은 회사들에게 상대적으로 높은 에너지 가격이다. 2022년에는 가스 가격이 미국보다 최대 10배나 높았고, 2008년 이후에는, 유럽 회사들은 미국 회사들보다 거의 두 배의 가스 비용을 지불했다(미국의 셰일가스 붐). 그러나 지역 LNG 시장을 전 세계 시장으로 전환하는 것이('높은 유럽의 전기 가격이 영원히 지속되지는 않을 것이다'라는 점) 앞으로 이러한 가격 차이를 점차 줄어들게 할 것이라고 본다.

6
다중 세계화

키포인트

- ✓ 세계화는 느려진 상품 무역 때문에 한 단계 속도가 떨어졌다. 이는 '슬로벌라이제이션slowbalisation'이지, '탈세계화deglobalisation'가 아니다.

- ✓ 미국의 중국산 수입 감소는 눈속임이다. 두 나라 사이에 추가적인 경유지가 하나 더해졌을 뿐이다. 더 나아가, 미국은 신흥국들을 중국의 품으로 밀어넣고 있다.

- ✓ 기업들은 '차이나 +1' 전략을 고려하고 있지만, 공급망 다변화는 매우 비용이 많이 든다. 중간재에서 중국을 배제할 수 있는 정치적 의지도 거의 없다.

- ✓ 우리는 다중 세계화로 향해 가고 있다. 그 과정에서 새로운 신흥국들이 공급망에서 자리를 차지하고 있는데, 이는 중국과 서방 사이의 추가적인 중간 거점이 되거나 새로운 공급 채널이 된다. 동남아시아와 라틴아메리카에 기회가 있으며, 인도도 빠르게 성장하고 있다.

- ✓ 다중 세계화의 두 번째 측면은 서비스 산업의 디지털화이다. 이는 신흥국들에서 생계를 만들어내고 불평등을 줄인다.

디커플링: 겉은 속일 수 있다

유럽의 그린딜 산업 계획과 미국의 IRA는 국가 및 지역 산업 계획의 부활을 보여준다. 이들의 세계적 부활은 2017년부터 가속화되었는데, 트럼프가 관세라는 망치를 휘두르면서부터다. 다른 나라들은 주로 특정 기업과 산업을 겨냥해 보조금과 수출 관련 조치를 사용했다. 기술과 기후와 관련된 산업이 그 영향을 가장 크게 받았다.

그러나 그것이 세계화가 끝났다는 뜻은 아니다. 그것은 휴식 중이며, 트럼프와 팬데믹의 망치질에 잠시 주춤했을 뿐이다. 최근 세계 무역은 2013~2017년의 추세로 회복되었고, 이는 무역량의 연평균 성장률 2.8%에 해당한다. 이는 2001~2008년 기간의 6% 성장률보다

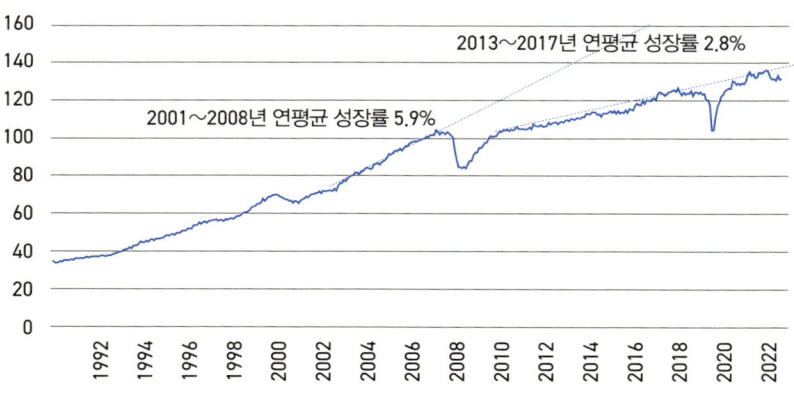

출처: Foreign Trade, CPB World Trade Monitor, SA, Index World, Total, Volume

는 낮다. 우리는 '슬로벌라이제이션'으로 진화한 것이다.

미국과 중국 간 무역은 어떻게 진화했을까? 미국의 관세가 6배 인상되면서 중국산 수입의 비중은 2% 하락했다. 미국 행정부는 중국 의존도를 줄이는 목표를 달성한 듯 보이지만, 그게 다가 아니다. "미국 기업들은 베트남이나 태국에서 공장을 세워야 한다는 구체적인 요구 사항이 있었다. 그리고 중국과 협력하지 않겠다고 했다."라고 중국의 대형 태양열 온수기 제조사 회장인 루 유콩Lu Yucong이 〈파이낸셜 타임즈〉에 말했다.[93] 그들은 그렇게 했지만, 가장 저렴하고 풍부하며 효율적인 공급처는 여전히 중국이다. 따라서 이런 단절disconnect은 거짓이다. 〈이코노미스트〉는 "미국이 더 나쁜 것은 그 접근법이 중국과 다른 수출국들 간의 경제적 연결을 더 깊게 만들고 있다는 점이다."라고 했다.[94] 많은 가난한 나라들에게 중국의 투자와 중간재, 미국으로의 완제품 수출은 일자리와 번영의 원천이다. 미국이 새로운 무역 협정을 체결하지 않는 사이, 중국은 2020년 11월에 세계 최대의 무역 블록인 RCEP(역내포괄적경제동반자협정)를 체결했다. 미국이 특정 상품에 대해 중국으로부터의 공급을 끊고 싶다면, 완제품에 포함된 원자재와 중간재까지 모두 끊어야 하며, 이는 매우 가혹한 일이다.

2017년 안트라스Antràs 등이 수행한 연구에 따르면, 미국 기업 중 극히 적은 비율만이 동일한 제품을 서로 다른 공급처에서 수입한다.[95] 현재의 공급망 혼란은 기업들로 하여금 전략을 재고하게 만들지만, 추가 비용을 계산해 보면 그러한 다중 조달이 얼마나 비싼지 깨닫게 된다.

결국, 중국에서 수입하는 것이 여전히 선호되는 선택지다. 중국은 상대적으로 낮은 생산 비용을 유지하면서도 고도로 발전한 산업 기반을 갖춘 국가로 남아 있기 때문이다.

다중 세계화는?

중국은 미국에서 시장 점유율을 잃었지만 다른 나라에서 시장 점유율을 늘리며 이를 상쇄했다. 신흥국들은 거대한 중국과의 관계를 강화하고 있다. '지리적으로 가깝고, 저비용에, 우수한 교역 네트워크를 가진 공급업체'가 있기 때문이라고 그린은 말한다. 베트남으로의 미국 수입은 무역 전쟁이 시작된 이후 연평균 21% 성장했는데, 이전 4년간의 11%와 비교된다.

글로벌 가치사슬의 새로운 성장국가들

중국이 잃은 외국인 투자는 다른 신흥국들이 차지하고 있다. "공급망이 보다 다양화되는 현재의 흐름은, 글로벌 가치사슬에 통합되기 위해 고군분투해온 국가와 공동체에 큰 기회를 준다."고 IMF의 크리스탈리나 게오르기에바Kristalina Georgieva 총재와 WTO의 응고지 오콘조이웨알라 사무총장은 공동 기고문에 썼다.[96] 베트남, 다른 아세안 국가들, 대만은 이미 미국 수입에서의 점유율을 높였다. 멕시코가 미국과의 자유무역협정을 통해 유리한 위치에 서면서 라틴아메리카 국가들도 무대에 등장하고 있다.

다중 세계화의 첫 단계에서 승자는 누구인가?

TS 롬바드에 따르면, 남아시아 국가연합 소속 국가들은 특히 비용 측면에서 중국에 도전할 준비가 잘 되어 있다. 베트남은 섬유에서 경쟁력을 유지하고 있으며, 공급망을 전자제품과 기타 산업 제품으로 확장하고 있다. 대만은 가장 정교한 칩을 공급하는 독특한 위치에 있지만, 미중 무역 전쟁 속에서 새로운 외국인 투자를 유치하고 있다. 한국은 전자 및 전기제품, 자동차 등 다양한 분야에서 강하다. 하지만 미국의 CHIPS 법안은 한국 기업들의 고도로 발전된 중국 공급망에 어려움을 줄 것이다. 멕시코는 한국과 비슷한 수준으로, 미국의 IRA 보조금과 지리적 근접성을 모두 누린다. 하지만 미국-멕시코 관계는 두 나라의 대선, 이민자와 펜타닐 문제로 인해 곧 압박을 받을 수 있다. 인도네시아와 인도는 어떨까? 둘 다 중국에 대한 대안 공급망을 찾는 생산자들에게 확실한 비용 경쟁력을 제공한다. 최근 인도네시아는 현대와 LG 등의 투자를 받아 전기차 및 배터리 공장을 유치하며 혜택을 보고 있다. 인도는 첨단 기술 회사를 유치하고 자국 컴퓨터 산업을 개발하고 있다. 인도의 투자자들에게 가장 중요한 허들은 인프라다. 2023년 10월에 나는 인도의 경제 잠재력을 탐구하러 현지에 있었다. 보고서는 내 블로그와 링크드인에서 확인할 수 있다.

장벽 없는 글로벌 서비스

세계화의 심화는 지리적일 뿐만 아니라 본질적인 측면도 포함한다. "새로운 승리를 찾자."고 경제학자 라구람 라잔은 말한다.[97] 그리고 그는 "나는 개혁의 자전거 이론을 굳게 믿는다. 멈추면 넘어지기 때문이다. 계속 전진해야 한다. 새로운 영역은 무엇인가? 바로 서비스다."라고 덧붙였다.

서비스는 선진국 GDP의 가장 큰 비중을 차지한다. 또한 많은 서비스는 이주가 필요하지 않다. 서비스의 자유화는 근로자에게 더 저렴하고 더 빠르게 일자리를 찾을 수 있게 한다. 이는 선진국과 신흥국 모두에 좋은 일이다.

'기타 상업 서비스'(운송과 여행을 제외한 모든 서비스)의 비중이 30년간 두 배가 되어 무역의 20%를 차지하게 된 것도 미래 가능성을 보여준다. 이는 스포티파이의 외주 콜센터, 인도의 ICT 서비스, 우크라이나를 통한 가스 운송 등으로 이루어진 혼합물이다. 볼드윈에 따르면, 특히 '중개 서비스'*가 네 가지 이유로 세계화를 완성시킬 것이다. 중개 서비스가 세계화를 완성시킬 네 가지 이유는 다음과 같다.[98]

1. 대부분의 장벽은 국내 규제에서 비롯된다. 이러한 규제는 '최종'

---

* 중개 서비스란 보통 두 개 이상의 당사자 간에 제공되는 서비스다. 이는 디지털 성격을 띨 수도 있는데, 예를 들어 라우터, 서로 간의 소프트웨어 애플리케이션이 통신할 수 있게 하는 API, 클라우드 서비스 등이 있다. 또한 사람에 의해 제공되는 서비스도 있는데, 금융, 회계, IT 및 기타 서비스가 그렇다.

서비스에는 적용되지만 '중개' 서비스에는 덜 적용된다. 예를 들어, 회계사의 자격 요건은 존재하지만, 누구나 원격으로 회계 서비스를 제공할 수 있다.
2. 디지털 기술은 이런 장벽을 무너뜨리고 서비스 무역을 가속화한다.
3. 신흥국에서는 중개 서비스를 제공할 수 있는 사람의 공급이 상품 분야에서의 제약에 비하면 훨씬 적은 제한 요소다. 공장을 새로 짓거나 새로운 부문을 개척할 필요가 없다. 이런 서비스는 이미 그 나라들에서 제공되고 있다.
4. 이러한 서비스에 대한 수요는 선진국에서도 높다. 왜냐하면 중개 서비스는 상품 생산이나 1차 산업 부문에서도 중요하기 때문이다. 행정 업무나 기타 서비스도 그곳에서 제공될 필요가 있다.

볼드윈은 "따라서 무역의 미래는 중개 서비스에 달려 있다."라고 말했다. 2022년, 화상 회의를 통한 컨설팅과 같은 디지털 서비스의 전 세계 수출액은 8조 3천억 달러에 달했으며, 이는 전체 서비스 수출의 54%를 차지한다.[99]

7
탈세계화의 대가

키포인트

- ✓ 미중 기술 전쟁은 아직 초기 단계다. 기후 규제가 새로운 무역 장벽을 높인다. 탈세계화의 위험은 현실적이다.

- ✓ 탈세계화는 신흥국에 대한 투자와 기후 재원을 약화시킨다. 이는 기후 전환의 실패로 이어질 것이다.

- ✓ 탈세계화의 총비용은 GDP의 1%에서 12% 사이로 변동한다. 분리의 정도가 깊을수록 비용은 더 높다. 지식과 기술의 확산을 제한하는 것이 가장 큰 피해를 준다.

- ✓ 세계화가 인플레이션에 미치는 유익한 효과는 장벽이 더 많은 세계에서는 사라진다.

- ✓ 기후난민 국가들과의 협력을 포함한 국제적 이주 조정은 고령화 국가에 적합한 '프로필'을 가져다주어 윈-윈이 된다.

- ✓ 단편화된 국제 금융 시스템은 복잡성, 위험, 비용을 증가시킨다. 이는 세계 성장을 둔화시키고 금리를 높이며, 다시 인플레이션을 유발한다.

무역 장벽이 증가하다

미중 기술 전쟁은 아직 초기 단계에 있다고 TS 롬바드의 존 해리슨[Jon Harrison]은 말한다.[100]

> 앞으로 5년 동안, 우리는 미국 주도의 기술 분리가 중국 하드웨어와 소프트웨어의 대부분으로 확대될 것으로 예상한다.

그 예로는 미국의 IRA, 유럽의 그린딜 산업 계획, 중국의 5개년 계획 등이 있다. 2024년에는 새로운 기업 지속가능성 보고 지침[CSRD]이 발효된다. 2024~2028년 사이에 50,000개의 기업이 그들의 공급망 탄소 배출에 대해 점점 더 많은 세부사항을 제공해야 한다. 이는 공급업체가 더 엄격한 요구사항을 준수하도록 압박을 가중시킨다. 또한 유럽연합과 신흥국 간의 무역 제한도 증가할 것이며, 이는 산림 파괴를 억제하기 위한 것이다.* 그리고 2026년부터는 첫 번째 탄소국경세가 도입되는데, 신흥국들은 이를 '일방적'이고 '차별적'이라고 부른다.

이 새로운 규칙들은 일부 신흥국들의 세계화에 제동을 건다. "보조

---

* 산림파괴금지 법안은 팜유, 대두, 소고기, 커피, 코코아, 고무, 목재 및 관련 제품과 같은 원자재가 EU로 수입될 때 산림파괴에 기여하지 않도록 보장하는 것을 목표로 한다. 이 법은 엄격한 추적 가능성 요건을 통해 통제되며, 위반자에게는 EU 내 연간 사업 수익의 최대 4%에 해당하는 벌금이 부과된다.

금 패키지에 맞서 경쟁하지 못하는 개발도상국들은 핵심 기술의 수입을 억제하고, 원자재에 대한 수출 통제를 가하며, 특히 비판적인 광물에서 정치적·경제적 영향력을 최대한 활용하려 한다."고 IMF는 말한다.[101] 이러한 '당근 없는 채찍'도 신흥국들로 하여금 기후 계획을 더 낮게 조정하도록 만든다. 예를 들면, 인도네시아와 인도는 자국의 탄소 시장을 시작했다. 브라질은 최근 재생에너지에 집중하며 유럽의 수익성 높은 시장을 겨냥해 그린 수소와 강철을 생산하려 한다. 적응하는 사람에게는 잠재력이 크다는 것을 신흥국들은 알고 있다.

하지만 당근도 필요하다. 재생에너지 구매 및 확대, 더 많은 기후 재원 등 신흥국 및 빈국들과의 추가 협정 없이는 글로벌 무역 체계의 위험은 커진다. 현재의 지정학적 위험까지 더하면, 효과적인 탈세계화는 머지않았다. 그 결과는 엄청날 것이다.

모든 긍정적 효과가 뒤집힌다. 인플레이션은 오르고, 자본 흐름과 외국인 직접투자FDI는 말라버린다. 신흥국들이 기후 전환을 위해 필요한 금융을 확보하지 못하게 되고, 기후 전환은 실패할 것이다. "오늘날 가장 시급한 글로벌 문제 중 많은 것들이 국제 무역 없이는 해결되지 않을 것이다."라고 게오르기에바와 오콘조이웨알라는 말한다.[102] 태양광 발전의 가격은 2010년 이후 거의 90% 하락했고, 세계무역기구 WTO의 추산에 따르면, 이 하락의 40%는 무역과 국경을 넘는 가치사슬 덕분이다.

지식과 기술의 확산이 줄어들다

무역은 생활 수준을 점차 높이는 방법이다. 방글라데시와 베트남 같은 국가들의 눈부신 소득 성장은 좋은 예다. 외국 기업의 투자가 매우 중요한 역할을 한다. 그러나 프렌드쇼어링friend-shoring과 니어쇼어링 near-shoring 위험은 이러한 투자를 제한한다. 아시아 국가들로의 외국인 직접투자FDI 흐름은 2019년 이후 위축되었고, 이제야 천천히 회복되고 있다. 세계화는 승리를 가져오지만, 탈세계화는 오직 손실만을 초래한다.

IMF 총재 게오르기에바에 따르면, 탈세계화의 가장 부식적인 경로는 지식과 기술의 확산이 더 제한되는 것이다. 무역에 개방되는 것은 경쟁을 통한 혁신을 촉진하고, 기술 채택과 지식 이전을 촉진하며, 노동자의 기술을 향상시킨다. IMF는 기술적 분절화로 인해 세계적으로 경제적 손실이 GDP의 최대 5%에 이를 수 있다고 계산했다.[103] 그 수치는 서방(미국)이나 남방(중국) 블록 중 어디에 무역을 전적으로 제한하느냐에 따라 달라진다.

대립하는 진영들 가운데 모든 가능한 시나리오에서 경제적 손실은 미국보다 중국에서 더 크게 나타난다. 모든 OECD 국가들이 미국 편을 드는 극단적인 경우에는, 단순히 기술적 분열 때문에 중국의 손실이 GDP의 8%에 이를 수도 있다. 또한 경제가 더 개방적일수록, 손실 위험도 더 크다.

치솟는 인플레이션

단편화가 최근의 현상이기 때문에, 그 총비용을 정량화한 연구는 아직 제한적이다. 차이는 크고, 연구가 전제하는 가정과 고려한 지역에 따라 GDP의 1%에서 12%까지 변동한다. 이러한 차이에도 불구하고, 문헌에서는 네 가지 주요 결론이 도출된다.[104]

1. 단편화가 심화될수록 비용이 증가한다. 이는 비관세 장벽을 적용하는 경우에도 마찬가지다. 제3자가 주요 무역 블록 중 하나와만 무역하도록 강요받는 경우에도 그렇다.
2. 기술적 디커플링으로 인해 지식 확산이 제한되면 경제적 피해가 크게 증가한다.
3. 성장 및 저소득 국가는 특히 더 큰 영향을 받는다.
4. 한 무역 체제에서 다른 체제로 옮겨갈 때, 공급망 조정 비용은 장기보다 단기에서 훨씬 더 높을 수 있다.

이러한 조정은 다시 인플레이션을 더 높인다. 단기적으로는 일시적인 부족과 충격으로 인해, 장기적으로는 가장 효율적인 공급망이 닫히기 때문에 구조적으로 더 높은 비용을 초래한다. 장벽과 규제가 더 많은 세상에서는 세계화가 인플레이션에 주는 유익한 효과가 사라진다.

필요한 이민이 줄어들다

순이민은 이미 지난 10년 동안 감소해 왔다. 이민은 기업이 확장할 수 있도록 하고, 특히 고숙련 이민자의 경우 혁신을 자극한다. 이민이 선진국에서 일자리를 빼앗거나 임금을 낮춘다는 확실한 증거는 없다. 반대로 이민자들은 그렇지 않으면 채워지지 않을 일자리를 맡는다.

이민자들은 또한 평균적으로 현지 국가의 평균보다 젊다. 고령화된 인구는 선진국의 '아킬레스건'이다. 유럽에서는 2000~2018년 사이 인구 증가의 80%가 이민 덕분이었고, 북미에서는 32%를 차지했다. 인구 감소는 미래 성장 잠재력을 제한할 뿐만 아니라 사회보장제도의 재정에도 도전을 준다. 미국에서는 이민자의 고용률이 높고, 상당수가 고숙련자다. 최근 10년간 미국에 도착한 이민자가 평생 기여한 순재정 효과는 평균 173,000달러에 달한다.

이민자들을 배출하는 나라들에도 이득이 있다. 고학력자의 이민이 부정적 결과를 가져올 수는 있지만, 브레인 게인과 송금 등의 긍정적 채널도 있다. 감비아, 엘살바도르, 온두라스 같은 나라에서는 이런 송금이 연간 GDP의 4분의 1에 달한다.

사실, 전 세계 인구의 상당 부분에게 이주는 생존을 위한 유일한 기회가 된다. "하지만 완화와 적응 모두에 실패하면 남는 것은 이민뿐이다."라고 라구람 라잔은 설명한다.[105] 또한 이민에 가장 부정적인 태도를 가진 사람들은 아이러니하게도 이민으로부터 가장 큰 혜택을 보는 노년층이다. "좋은 소식은 이러한 부정적 태도가 세대 차이 때문이라는 점이다. 유럽에서는 MZ세대가 이전 세대보다 이민에 더 긍정적이라는 조사 결과가 있다. 그들이 투표에서 영향력을 유지한다면, 이민의 긍정적 효과는 실현될 수 있다."고 글로벌 이주센터의 지오반니 페리Giovanni Peri 교수는 밝혔다.[106]

더 복잡해지는 국제 금융 시스템

탈세계화는 국제 금융 시스템IFS도 위험에 빠뜨린다. IFS는 위험을 공유함으로써 국제적 안정과 성장을 보장한다. 과잉 부채가 있을 경우 금융 지원을 제공하고, 채권자들을 한자리에 모아 조율한다.

겐트 대학의 경제학자 코엔 스호르스Koen Schoors는 이런 국제 기관의 몰락을 크게 걱정하지 않는다.[107] 그는 "진짜로 탈세계화를 말하려면 IMF를 포기해야 한다. 나는 탈세계화보다는 지역화를 본다. IFS에도 이것이 반영된다. 현재 남미 개발은행이 있고, 아프리카의 대응 기관도 있으며, 유럽과 아시아의 대안도 있다. 그리고 중국 인민은행도 비슷한 역할을 한다. 지역에는 시설이 없는 것이 아니다. 나는 오히려 지역을 지원할 기회가 많다고 본다."고 주장한다.

국제 결제 시스템도 위험에 처해 있다. SWIFT, 즉 국제 결제를 수행하기 위한 메시징시스템도 압박을 받고 있다. 러시아는 우크라이나 침공 이후 이 시스템에서 차단돼 러시아 기업과 은행으로의 지급과 수취가 더 어렵게 됐다. 지정학적 긴장이 더 고조되면 다른 나라들도 더 독립적인 국제 금융 인프라와 표준을 원하게 될 수 있다. 아마도 무역과 금융 거래의 일부를 다른 통화로 하고 싶어하거나, 다른 이유 때문일 수 있다. 러시아와 이란은 SWIFT 시스템에서 사실상 배제된 채로 달러를 국제 결제 통화로 대체하려는 새로운 시스템을 개발 중이다. 이로 인해 서로 연결되지 않는 평행 시스템들이 생겨나고, 더 높은 거래 비용과 다른 비효율을 낳는다.

IMF에 따르면, 미중 간 긴장이 2016년 이후 증가하면서 양국 간의 양자간 포트폴리오 투자와 익스포저가 15% 감소했다고 한다.[108] 투자펀드가 특히 민감하다. 정책이 다른 나라에 투자한 경우 시간이 지남에 따라 포트폴리오 가치가 25% 감소한다. 위험 분산이 제한되면 변동성이 커진다. 여기에 더해진 금융 규제로 인해 은행의 자금 조달이 더 어려워진다. 외국인 투자 감소와 더 높은 변동성은 정부의 차입 비용을 높인다. 이는 다시 포트폴리오 채권의 가치와 자금 조달 비용을 낮춘다. 현재의 높은 부채 수준에서는 더 높은 금리가 국가들이 원하는 것이 아니다.

요약하자면, 단편화된 국제 금융 시스템은 복잡성과 위험, 그리고 비용을 증가시킨다. 이는 세계 금리와 인플레이션을 밀어 올리고, 성장을 둔화시키며, 그 피해를 가장 크게 입는 것은 다시 저소득 국가들이다.

아스트로폴리틱스

UAP는 궁극의
블랙 스완인가?

"또 다른 순간, 앨리스는 따라 내려갔다, 한 번도 생각하지 못한 채, 어떻게 이 세상에서 다시 올라올 수 있을지를."
– 루이스 캐럴, 《이상한 나라의 앨리스》

로널드 레이건은 미하일 고르바초프와의 첫 대면 대화를 이렇게 시작했다고 한다. "만약 미국이 외계인들의 갑작스러운 공격을 받는다면, 당신은 도와주겠습니까?" 고르바초프는 망설이지 않고 "물론이죠."라고 답했다. 이에 레이건도 "저도 그럴 겁니다."라고 말했다. 이 놀라운 순간은 몇몇 통역사들만이 목격했으며, 1985년 11월 제네바의 통나무집에서 이루어졌다. 이 이야기는 2009년 뉴욕에서 소련 해체를 기념하는 자리에서 공개되었다.

이 이야기는 오래도록 내 머릿속에 남아 있었다. 인류, 세계 경제,

시장에 어떤 의미가 있을까, 만약 우리가 실제로 외계 생명체와 접촉한다면? 이는 인류 역사상 가장 큰 블랙 스완 사건이 될 것이다. 블랙 스완은 니콜라스 탈레브Nicholas Taleb가 정의했듯, 전혀 예상치 못하게 나타나 모든 것을 바꾸는 사건이다. 또 다른 특징은, 사건이 터지고 나면 모두가 그것을 당연하게 여긴다는 것이다. 이 경우에는 오히려 더 어렵게 될지도 모른다.

나는 이 이야기를 이 맥락에서 언급할지를 한동안 고민했다. 내 임무는 위험과 기회를 보는 것이다. 이 위험이 현실로 드러난다면, 우리는 어떻게 보호받을 수 있을까?

나는 시장 관점에서 이런 상상을 한다. 만약 이 상상할 수 없는 뉴스가 블룸버그 화면에 뜬다면 무슨 일이 일어날까? 주식 시장이 폭락할까? 아무도 매도 버튼을 누를 시간이 없을 만큼 바쁠까? 어떤 기술주가 여전히 가치가 있을까? 나는 감히 말하건대, 특히 나스닥은 폭락할 것이다.

지금보다 더 어려운 시기였던 적은 없었지만, 동시에 더 중요한 시기도 없었다. 만약 세상 어딘가에 더 많은 증거나 정보가 있다면, 인류가 적응할 시간을 주기 위해 서서히 공개할 것이다. 외계인들이 그렇지 않기로 결정하지 않는 한, 전 세계는 상상을 초월하는 이미지를 보게 될 것이다. 하지만 그때도 우리가 믿을까? 오늘날의 딥페이크로 우리는 이미 재미있고 덜 재미있는 많은 일을 할 수 있다. 어쩐지 UAP와 AI는 서로 연결돼 있는 듯하다.

글로벌 경제 트렌드, 이것만은 기억할 것 10

❶ 세계화는 최근 수십 년 동안 인플레이션과 금리를 억제했고, 세계 번영을 크게 증가시켰다.

❷ 최근 세계 무역의 둔화는 리쇼어링 때문이다. 제조 공정의 아웃소싱은 한계에 도달했고, 기업들은 글로벌 가치사슬의 복잡성을 줄이려 한다.

❸ 세계화에 대한 반대는 앵글로색슨 국가에서 가장 크다. 그들은 저성장 환경에서 세계화의 이익을 공정하게 분배하는 데 가장 실패했다.

❹ 미국인들에게 중국은 큰 공포의 대상이다. 중국은 미국의 패권을 위협하고, 무역 규칙을 공정하게 지키지 않는다.

❺ 기술은 미국이 지키려는 마지막 언덕이다. 목표는 중국이 기술적으로 경쟁할 수 있기 전에 싹을 자르는 것이다.

❻ 유럽연합은 중국의 불공정한 무역 관행에 대해 점점 더 불만을 갖고 있다. 지난 수십 년간의 공생 관계 — 거대한 시장과 맞바꾼 기술 — 는 이제 중국이 자국 제품으로 유럽 시장에 진출하면서 위기에 처했다.

❼ 중국은 서방의 기후 전환에 필요한 광물과 금속을 차단함으로써 미국의 기술을 보호하려 한다.

❽ 유럽은 미국보다 기업 유치를 위해 더 많은 돈을 쓰지만, 자금을 얻는 접근성에서 더 많은 장벽이 있다.

❾ 세계화에서 슬로벌라이제이션을 거쳐 우리는 다중 세계화에 도달했다. 디지털 서비스는 가속화되어 글로벌 무역의 새로운 성장 축이 될 것이다.

❿ 탈세계화의 위험은 여전히 존재한다. 이는 성장, 인플레이션, 생산성, 빈곤 감소, 금융 안정성, 기후 전환에 재앙적일 것이다.

투자하기 전, 이것만은 명심할 것 10

❶ 외계인이 지구에 착륙하는 날, 나스닥은 아마 떨어질 것이다.

❷ 두 개의 대양, 평화로운 이웃, 비옥한 토지. 젊은 인구와 기술적 노하우를 가진 미국은 여전히 투자 가치가 있다.

❸ 중국이 안고 있는 거대한 도전에도 불구하고, 투자 관점에서 중국 테이블에 앉지 않는 것은 어리석다. 그들은 미국과는 다른 규칙으로 게임을 한다.

❹ 저가 성장 시장에도 마찬가지다. 그러나 적절한 확신이 필수다. 이 시장은 승패가 갈린다.

❺ 우리의 뇌는 미국 달러가 여전히 세계 기축통화라고 믿는다. 미국의 부채가 증가해도 그렇다.

❻ 금값은 향후 몇 년 안에 두 배가 될 수 있다.

❼ 금이 좋다면, 은도 사랑해야 한다.

❽ 비트코인은 여러 가지이지만, 통화는 아니다. 그것은 기술적 경이이며, 많은 혁신이 그것에 연결돼 있다.

❾ 반 고흐의 장기 현금흐름의 일부를 스마트 계약으로 사라.

❿ e-스포츠 팀이나 메타버스에 베팅하라. 이들은 여전히 크게 과소평가되고 있는 분야다.

IV
부채

영국 부채 위기, 그 후 10년

전 세계의 부채

2052년 7월 15일, 〈글로벌 타임스〉, 프리츠 반 스틸런드

경제적으로 보자면, 영국은 브렉시트 이후 20년 동안 바다 없는 북해로 빠져드는 듯한 형국이었다. 부채는 2042년에 GDP의 195%까지 치솟았고, 결국 금융 시장은 영국 정부를 '사망선고'했다. 금리가 20%에 육박해도 파운드화 대출을 갚지 못했고, 영국 중앙은행은 신뢰를 완전히 잃어버렸다.

유럽의 구조 요청

"우리가 영국 이웃들을 돕는 것은 당연한 일이었습니다."라고 지오반니 리치가 말했다. 유럽 중앙은행(ECB) 총재는 유럽연합을 설득해, 망설임 끝에 영국을 구제하도록 했다. 영국인들의 뜨겁고도 열정적인 지지를 받으며, 영국은 몇 년에 걸쳐 서서히, 하지만 결정적으로 EU에 재통합됐다. 이후 ECB는 유로화의 지나친 강세를 막기 위해 대규모로 유로를 팔아야 했다. 지금

유럽 경제는 그 어느 때보다도 강하다. 현재 유럽은 4%의 금리로도 쉽게 돈을 빌릴 수 있고, 미국보다도 싸다. 그리고 인도, 인도네시아, 사우디아라비아도 EU 채권에 관심이 많다.

금융 억압(!)

한편 미국도 비슷한 부채 수준을 견디면서도 위기를 피했다. 2030년대 초, 미국은 점점 더 엄격한 금융 통제와 인위적으로 낮은 금리, 4%의 물가 목표를 통해 부채를 절반으로 줄였다. 달러가 세계 기축통화라서 다른 나라보다 훨씬 유리했다. 하지만 요즘 달러는 유로의 뜨거운 숨결을 느끼며 바짝 긴장하고 있다. 연설에서 연방준비제도^{Fed} 의장 재닛 레이놀즈는 이렇게 강조했다.

"지난 20년간 우리는 은행 시스템을 안정시키고, 위험한 행동을 억제하고, 인플레이션과 성장 사이의 균형을 지키기 위해 노력했습니다. 예방이 최고의 치료입니다."

많은 경제학자들은 Fed가 오래된 비법, '금융 억압'을 꺼낸 것뿐이라고 본다. 즉, 저금리와 높은 인플레이션으로 예금자들이 비용을 대신 치른 것이다. 달리 말하면, 서민들이 '묵묵히' 이 모든 비용을 떠안은 셈이다.

1
선진국의 부채

키포인트

☑ 전 세계 부채는 지금이 역사상 가장 높은 수준이다. 정부 부채가 더 높았던 적도 있었지만, 그것은 전쟁 중에 한정됐다.

☑ 코로나 이후 회복과 글로벌 금융 위기 이후 회복을 비교하는 것은 적절하지 않다. 코로나 팬데믹은 상처를 덜 남겼고, 특히 기업과 가계의 부채가 훨씬 적었다.

☑ 특히 선진국에서 공공 부채가 증가했다. 평균적으로 GDP의 110%에 달하며, 국가 간 차이는 크다.

☑ 고령화와 기후 전환으로 지출은 여전히 높은 반면, 성장 부진으로 세수는 여전히 낮다.

☑ 평균 명목 금리가 명목 성장률을 웃돌면, 정부는 재정 적자를 줄이기 위해 긴축 재정을 해야 하고, 그렇지 않으면 부채가 눈덩이처럼 불어날 위험이 있다. 지난 10년간은 적자 축소만으로도 충분했다.

☑ OECD는 2030년까지 유로존의 장기 금리를 2.7%, 미국은 3.3%로 제안한다. 이는 명목 성장률을 약간 웃도는 금리 수준이 될 것이다.

많은 정치인들에게 부채는 악마다. 정부가 예산을 현명하게 관리하고 과도한 지출을 하지 않아야 한다는 점에는 이견이 없다. 하지만 배리 아이켄그린Barry Eichenberg과 《공공 부채의 옹호In Defence Of Public Debt》의 공저자들이 지적했듯,109 팬데믹이나 안보 비상사태 때 필수 서비스를 제공하거나 생산적 인프라를 적절히 투자하지 않은 정부는 비난받아 마땅하다. 집과 비교하면, 자녀의 생명을 구할 수 있는 수술비를 빌리지 않는 부모와 다를 바 없다.

  2000년 이후 글로벌 부채 폭발은 엄청났고, 코로나 팬데믹은 그야말로 결정타였다. 2022년 말, 글로벌 부채는 297조 달러에 육박하며 2000년보다 4배나 높아졌다. GDP 대비로는 333%에 달하며, 2021년 1분기에는 362%까지 찍었다.

사상 최고치의 부채

두 차례의 세계대전 이전에도 각국은 국경을 강화할 뿐만 아니라 공동시설에 투자하기 위해 부채를 사용했다. 다음 단계로 학교, 도서관, 병원과 같은 사회 서비스가 철도와 운하 건설과 함께 재정 지원을 받았다. 업무 범위의 확대에는 금융 위기 대응과 같은 과제가 포함되었고, 이는 더 큰 재정 수요와 세금 인상으로 이어졌다. 그러나 이러한 조치만으로는 충분하지 않았고, 그 결과 부채는 더 늘어났다. 아이헨그린Eichengreen 등의 설명에 따르면, 이는 부분적으로 '이러한 프로그

영국의 기본 재정수지 (흑자/적자)

구조적으로 높은 재정 흑자는 과거에 부채를 줄이는 중요한 수단이었다.

[그래프: 1700년~2000년대 영국의 기본 재정수지 추이. 주요 표시 사건: 스페인 왕위 계승 전쟁, 오스트리아 왕위 계승 전쟁, 미국 독립 전쟁, 프랑스 혁명 전쟁, 나폴레옹 전쟁, 보어 전쟁, 1차 세계대전 (WWI), 2차 세계대전 (WWII), 대침체 (Great Recession)]

출처: Bank of England: 영국의 1천 년간 거시경제 데이터, IMF, 자체 계산

램 확대 압력이 가장 강했던 시기가 경제적으로 어려운 시기였기 때문'이다.[110]

그렇다면 왜 어려운 시기를 지나 맞이한 호황기에 부채 상환 대신 다른 용도로 돈이 쓰였을까? 민주화가 중요한 역할을 했을 가능성이 크다. 민주 사회에서는 채권자도 목소리를 가진 여러 이해 집단 중 하나일 뿐이다. 대표성을 가진 집단이 많아질수록, 각 집단은 자신들이 선호하는 프로그램에 대한 정부 지출을 더 강하게 요구하게 된다. 오늘날 다수 국가에서 정치 지형이 분열되고, 과반을 얻기 위해 대규모 연합이 필요한 상황은 이러한 문제를 더욱 심화시키고 있다.

부채 증가

선진국의 총부채는 1998년 GDP의 269%에서 2021년 1분기에는 정점인 426%까지 상승했다. 2022년 말에는 386%로 내려왔다. 공공부채는 더 크게 증가했다. 코로나 위기 동안 GDP의 110%에서 132%로 치솟았다가(이는 GDP의 급격한 감소와 코로나 지출의 급증 때문) 다시 내려왔다. 기업 부채도 90%에서 100%로 오르내렸다.

경제학자 카르멘 라인하트Carmen Reinhart를 비롯해 많은 이들은 다가오는 부채 위기를 경고하고 있다. 특히 코로나 팬데믹이 2007년 글로벌 금융 위기GFC 때처럼 잠재 성장률에 상처를 남기고 성장을 억제할 수 있다는 우려 때문이다. 하지만 과연 그럴까?

경제의 총수요가 약해지면 잠재 총공급에도 악영향을 미치는데, 이를 '흉터 효과scarring'라고 한다. 이는 두 가지 결과를 낳는다. 하나는 성장 경로가 일시적으로 꺾이는 것이고, 또 하나는 그로 인해 완전한 회복이 이루어지지 않아 위기 이전의 경로로 돌아가지 못하는 것이다. 두 번째, 보다 지속적인 충격은 성장 추세의 둔화다. 이 두 가지는 글로벌 금융 위기뿐 아니라 1966년 이후 23개 선진국의 거의 모든 경기침체에서 나타났다.[111]

다섯 가지 상처가 성장 잠재력을 해칠 수 있다. 파산 증가, 실업 증가, 좀비 기업 증가, 투자 감소 및 더 높은 부채. 파산, 장기 실업, 투자 감소는 코로나 팬데믹 동안에는 대체로 피할 수 있었지만, 투자 수준은 여전히 낮았다. 벌어들이는 돈으로 빚을 간신히 갚아나가는 '좀비 기업'의 수는 오히려 증가했다.[112] 이들은 투자 부족으로 인해 경제의 생산성 증가를 억제한다.

다섯 번째 상처는 높은 부채다. 2008년 글로벌 금융 위기 이후 가계와 금융기관의 부채가 특히 미국의 경제 회복을 저해했다. 많은 가구가 주택담보대출로 고통을 겪었고, 갚지 못한 부채는 금융기관의 재무건전성에도 악영향을 미쳤다. 금융기관은 대차대조표를 정리하고 신용을 줄였고, 가계는 저축을 늘려가며 재무건전성을 회복하려 했다.

오늘날 우리는 캐나다와 몇몇 유럽국가에서만 높은 가계 및 은행 부채를 본다. 그들은 2008년 위기에서 벗어나고도 이후에 저축을 덜

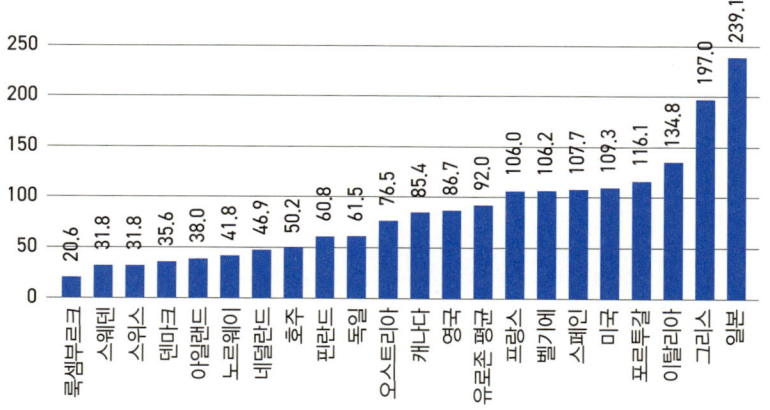

출처: Global Debt Monitor

했다. 이는 디레버리징 위험을 남겼다. 다른 나라에서는 정부와 기업의 부채가 더 증가했다. 기업 부채가 높을 때보다는 가계 부채가 과다할 때 경제에 더 큰 상처를 남겼다. 이 때문에 코로나19와 글로벌 금융 위기를 단순 비교하는 것은 오해의 소지가 있다. 기업 부채와 경기침체의 깊이나 회복 속도 사이에 뚜렷한 부정적 상관관계는 없다.[113]

그렇다면 높은 공공부채는 어떤가? 국가마다 상황이 크게 다르다. 표를 보면, 공공부채가 GDP 대비 비율로 높은 나라들 가운데 룩셈부르크와 북유럽 국가는 긍정적인 사례로, 남유럽 국가들과 일본은 부정적으로 평가된다.

벨기에는 아직 '북해의 그리스*'는 아니지만, GDP의 106%에 달하는 총공공부채와 하늘 높은 줄 모르는 재정 적자로 보아, 그 길을 가고 있는 듯하다.[114]

미래 지출은 통제되고 있는가?

높은 정부 부채는 부채 부담이 감당할 수 있는 수준에 머물고, 미래 지출이 통제된다면 문제가 되지 않는다. 하지만 이 두 가지 조건은 앞으

---

* 2010년 초, 벨기에 고용주 단체들의 공동 캠페인을 발표하면서 당시 FEB(벨기에 기업연합) 회장이었던 토마스 레이센은 "경쟁력을 위한 조치가 없을 경우, 벨기에는 앞으로 몇 년 안에 '북해의 그리스'가 될 위험이 있다."고 말했다.

로 의문스러운 것이 될 수 있다. 코로나 동안 대규모 재정 확대 이후, 정부는 기후 변화, 국방비 지출, 노후화된 사회기반시설, 러시아/중국과의 신냉전, 국내 산업 정책에 대한 새로운 요구, 그리고 사회의 한 집단의 필요를 다른 집단보다 우선시하기 어려운 극단적으로 분열된 유권자층 등으로 인한 추가적인 압력에 직면할 것이다.[115] TS 롬바드의 다리오 퍼킨스Dario Perkins는 최근 에너지 위기에서 보았듯, 결국 모두가 구제금융을 받게 된다고 한다. 기후 변화와 고령화 인구라는 엄청난 도전 과제 속에서, 장기적으로 예산을 통제하는 것은 많은 선진국에게 쉽지 않은 일이다.

미국은 향후 10년 동안 평균 5%의 연방 재정 적자를 예상하고 있다고 미 의회예산국(CBO)은 전망한다. 공공 부채는 GDP의 95%에서 2030년 110%, 2042년 140%, 2052년에는 185%로 상승할 것이다. 물론 이런 일은 일어나지 않을 것이라고 뱅크크레딧애널리스트의 수석 이코노미스트 마틴 반스Martin Barnes는 말한다.[116] 시장이 이런 상황에 도달하기 훨씬 전에 변화를 강요할 것이기 때문이다. 2022년 11월, 그는 "앞으로 12개월 안에는 발생하지 않겠지만, 향후 5년 안에 발생할 가능성은 75%이다."라고 덧붙였다. 그 시점에서 부채 서비스 비용은 새로운 최고치를 기록할 수 있으며, 이는 다음 행정부에게 문제를 안겨줄 것이다.

영국의 재정 정책과 시장 반응에서 벌어진 일은 미국이 결국 직면할 현실을 잘 보여준다. 유럽에서는 상황이 더 어렵고, 에너지 의존도가 더 크다. 유럽의 국방 지출만 해도 현재 GDP의 1.3%에서 2%로 증가해야 한다. 2차 세계대전 이후 유럽이 누렸던 '평화의 배당금'은 복지 국가와 NHS(국민보건서비스) 확대를 가능케 했다. 영국 재정책임청OBR은 장기 공공 재정 보고서에서[117] 이 평화의 배당금은 이제 사라졌다고 말했다고 말했다.

이자의 영향

다행히도, 그동안 금리는 낮았다. 19개 유로존 국가들의 미지급 부채에 대한 평균 이자율은 7.8%에서 2021년에 1.6%로 떨어졌다. 이를 GDP 비율로 표현하면, 정부 지출은 5.3%에서 1.5%로 감소했다. 따라서 정부는 훨씬 더 높은 부채에도 불구하고 1996년에 비해 2021년에 GDP의 3.8%를 덜 이자로 지출했다.

2021년 이후로, 이자율은 상승하기 시작했고 임계점에 도달했다. 역방향의 움직임이 다가온다. 시장 금리가 1% 이상 오르거나 내리면 시간이 지남에 따라 큰 차이를 만든다. OBR의 시뮬레이션에 따르면, 이자율이 3.9%일 때, 영국의 정부 부채는 50년 동안 GDP의 267%까지 상승한다. 만약 이자율이 2027~2028년 동안 1% 높거나 낮다면, 부채는 325%까지 오르거나 220%로 제한된다.

부채를 통제하기 위해 세 가지 매개변수가 중요하다. 전체 미지급 부채에 대한 명목 또는 암묵적 이자율(R), 기본 재정수지(D), 그리고 실현된 성장률(G). 이 세 가지를 이용해, 이자율에서 성장률을 빼면

국가	총부채 기준 예상 이자율 (2023 IMF)	평균 성장률 2023~2028 (nominal, IMF)	R-G (이자율-성장률)	총부채 (2023, Ameco)	부채 안정화를 위해 요구되는 기초 재정 수지	예상 기초 재정수지(2024, IMF)	평균 기초 재정수지 2010~219	현재 10년 금리(juni 2023)	현재 금리 기준 R-G	현재 금리 기준 부채 안정화를 위한 필요한 기초 재정 수지
벨기에	1.74 %	3.19 %	-1.45 %	105.95 %	-1.49 %	-3.53 %	-0.13 %	3.48 %	0.29 %	0.30 %
독일	1.30 %	3.85 %	-2.55 %	67.16 %	-1.65 %	-1.04 %	1.51 %	2.83 %	-1.02 %	-0.66 %
프랑스	1.86 %	3.26 %	-1.39 %	111.44 %	-1.50 %	-3.03 %	-2.10 %	3.38 %	0.12 %	0.13 %
이탈리아	2.95 %	3.10 %	-0.16 %	140.29 %	-0.21 %	-0.83 %	1.28 %	4.76 %	1.66 %	2.26 %
네덜란드	1.45 %	4.12 %	-2.67 %	48.18 %	-1.24 %	-1.67 %	0.44 %	3.17 %	-0.95 %	-0.44 %
포르투갈	2.07 %	4.19 %	-2.12 %	112.36 %	-2.29 %	0.95 %	-1.00 %	3.59 %	-0.59 %	-0.64 %
스페인	2.35 %	3.92 %	-1.57 %	110.46 %	-1.67 %	-1.26 %	-3.93 %	3.91 %	-0.01 %	-0.01 %
일본	0.57 %	2.15 %	-1.58 %	258.19 %	-4.00 %	-3.85 %	-4.51 %	0.41 %	-1.74 %	-4.40 %
영국	4.46 %	3.95 %	0.51 %	106.24 %	0.53 %	-2.54 %	-3.15 %	4.43 %	0.48 %	0.49 %
미국	3.52 %	3.79 %	-0.28 %	122.23 %	-0.33 %	-4.07 %	-4.04 %	4.59 %	0.80 %	0.94 %

출처: IMF WEO, 2023년 4월, 자체 계산

실질 성장-조정 이자율이 나온다. 이 값이 양수이면, 부채 비율은 빠르게 상승한다. 음수이면, 한정된 기본 재정 적자가 허용되며 부채 비율을 더 높이지 않는다.

 현재의 성장-조정 이자율은 어떤가? 이탈리아에서는 이미 양수이다. 그곳의 평균 이자율은 앞으로 5년간의 명목 성장률보다 이미 높다. 부채를 안정시키려면, 흑자를 기록해야 한다. 유럽 국가들에서는 평균 1.6%의 기본 흑자가 부채 안정에 충분하다. 그러나 대부분의 나라에서는 기본 재정수지가 더 부정적이다. 여기에는 미국과 영국도 포함된다. 비정상적으로 큰 기본 적자는 1.6%가 아니라 그 이상이다. 코로나19의 여파가 여전히 공공 재정을 통과해 작동하고 있음이 분명하다.

 문제는 이러한 암묵적 이자율이 그리 낮게 유지되지 않을 것이라는 점이다. 2023년 6월까지, 많은 유럽국가의 10년 만기 국채는 현재의 암묵적 이자율보다 이미 1~2% 높은 수준에서 거래됐다. 부채가 재융자될 때마다, 암묵적 또는 평균 이자율은 결국 현재 금리 수준으로 올라갈 것이다.

장기 금리는 얼마나 높아질까?

중앙은행들이 인플레이션을 통제할 수 있다면, 이러한 금리들은 앞으로도 낮은 상태를 유지할 가능성이 크다. 유로존의 경우, OECD

는 2030년까지 장기 금리가 2.7%로, 2060년에는 아주 조금 더 올라 3.2%가 될 것으로 예상한다. 독일은 이보다 약간 낮고, 이탈리아는 약간 높다. 일본, 영국, 미국의 경우 각각 2.5%, 3.1%, 3.3%로 예상된다. 대부분의 국가에서 예상보다 인플레이션을 통제하기가 약간 더 어려울 것으로 보인다.

OECD는 또한 명목 장기 성장률도 예측한다. 이를 금리 전망과 결합하면, 모든 중요한 R-G(명목 이자율에서 성장률을 뺀 값) 수치가 나온다. 결론은 모든 국가에서 장기 금리는 2040년 이후 성장률을 초과할 것으로 예상된다. 하지만 이러한 긍정적인 경향은 점점 사라지고 있

요인	R* 변화	이유
잠재 성장	상승	더 느린 노동 시장 성장보다 더 큰 생산성 증가로 상쇄
인플레이션	상승	구조적으로 더 높은 인플레이션이 명목 R*를 상승시킴
인구 및 불평등	하락	안전자산에 대한 높은 수요와 불평등 지속이 R*를 낮춤
러시아-우크라이나 전쟁	하락	전쟁 같은 에너지 정책은 잠재 성장에 부정적 영향
재정 정책	상승	재정지출이 급격히 늘었지만 여전히 높은 수준 유지
기후 변화	중립	위험 회피와 피해는 R*를 낮추지만, 전환기 투자로 R*는 상승

출처: BNP Paribas Markets 360

고, 정부들은 예산을 균형 있게 유지하기 위해 더 열심히 노력해야 할 것이다.

한편, 우크라이나 전쟁은 유럽의 에너지 정책에 중대한 변화를 일으켰고, 이는 잠재 성장에 부정적인 영향을 미쳤다. 독일은 산업과 수출 중심의 성장 모델을 재검토해야 하며, 이는 러시아 가스에 대한 의존과 중국 수출을 축소하는 것과 맞물려 있다. 재정 정책은 과거보다 유연해졌고, 모든 도전 과제를 감안할 때 수요를 맞출 수 있을 것이다. 기후 변화의 영향은, 성장에 부정적인 기후 재앙과, 자금 수요를 높이는 막대한 투자 사이에 혼재해 있다.

이 모든 요소를 고려했을 때, BNP 파리바는 실질 R가 미국에서는 -0.2%+0.8%, 유로존에서는 -0.5%+0.5% 범위에 있다고 본다.[118] 여전히 낮은 수준이다. 중기적으로, 유로존의 명목 금리를 2.5%, 미국을 2.2% 정도로 본다. 이렇게 계산하면 미국의 명목 R는 2.33.3%, 유로존은 1.72.3%로 나타난다. 두 지역 모두 OECD 예상치(미국 3.3%, 유로존 2.7%)보다 다소 낮다. R-G 차이는 점점 작아지며, 안정적인 범위에 머물 것으로 보인다. 우리가 아는 이 제한된 부정적 레버리지 효과는 피할 수 있으며, 이론적 개념(R*와 같은)의 작은 추정치 차이가 상황을 '반쯤 빈 잔'을 '반쯤 찬 잔'으로 바꾸어 놓을 수 있다.

2
신흥국의 부채

키포인트

☑ 부채가 정점을 찍었지만, 신흥국들은 1980~1990년대의 실수를 피하면서 현재까지 부채 위기를 모면했다. 과거의 실수에는 해외 채권자에 대한 과도한 의존, 지나치게 많은 단기 부채, 높은 경상수지 적자가 포함된다. 자국 금융시장 또한 해외 의존도를 낮추는 데 기여했다.

☑ 신흥국들은 급격히 상승하는 금리와 낮은 성장에 취약하다. IMF에 따르면 이러한 저성장은 향후 5년간 사하라 이남 아프리카, 라틴아메리카, 중동에서도 지속될 것으로 보인다. 지난 40년 동안, 신흥국들은 간신히 선진국을 따라잡았다.

☑ 코로나 팬데믹 이후, 이들 지역 국가들의 신용등급은 크게 하락했다. 해결책이 없다면, 부채 함정과 함께 저성장 및 부채 비율의 추가 상승이 예상된다.

☑ 중국은 최대 채권국일 뿐만 아니라, 최대 채무국이기도 하다. 명목 부채는 2005년 이후 7배 증가했다. 현재 중국 경제는 투자 주도형에서 소비 주도형으로 전환하는 과도기에도 있다.

☑ 특히 부동산 회사를 중심으로 한 기업 부채가 큰 문제다. 중국의 부동산 시장은 어렵고 복잡한 구조조정의 시작 단계에 있다. 역사는 부채로 부풀려진 부동산 호황이 조용히 끝나지 않고, 요란하게 끝난다는 것을 보여준다.

총 부채는 2019년 GDP의 227%에서 2021년 1분기에는 정점인 254%까지 증가했다. 일부 신흥국의 신용등급은 이미 강등되었지만, 현재로서는 신흥시장 위기는 없다. 과거에는 항상 신흥국들이 금리 급등, 달러 강세, 글로벌 성장 둔화라는 조합의 피해자였기 때문에, 이는 굉장히 놀랄 일이다. 신흥국들은 최근 몇 년간 이런 조합을 견뎌냈다. 그들은 과거의 실수로부터 배웠기 때문이다. 이러한 실수들은 주로 외국 채권자에 대한 과도한 의존과 너무 많은 단기 부채를 포함했다. 1980년대에 특히 라틴아메리카 국가들은 정면으로 위기를 맞았다. 그들의 부채는 1970년에서 1980년 사이에 10배로 증가했다. 1980년대 초, 미국 연준은 스태그플레이션을 억제하기 위해 금리를 급격히 인상했고, 실질 금리는 1980년 중반 -4%에서 3년 뒤 9%로 뛰었다. 달러 가치는 무역 상대국 통화 대비 두 배로 상승했고, 신흥국 통화 대비로는 그보다 더 크게 상승했다. 이로 인해 신흥국들이 발행한 달러 표시 채권의 상환이 어려워졌고, 이들의 현지 통화 기준 수익은 달러 기준으로 급락했다.

1982년, 멕시코 재무장관이 자국이 더 이상 부채를 갚을 수 없다고 밝히면서 위기는 시작되었다. 단기 대출의 차환(재융자)이 불가능해지면서 국가는 위기로 빠져들었다. 브라질과 아르헨티나 같은 다른 나라들도 뒤따랐다. 통화 가치가 폭락하면서 인플레이션이 치솟았고, 그 정점은 1990년대 초에 나타났다. 이러한 완벽한 폭풍으로 인해 저소득 및 중소득 국가들에서 통화 및 은행 위기, 그리고 국내 및 대외 채무불이행의 건수가 4배로 늘어났다.

라틴아메리카 국가들은 1990년대 중반에도 또다시 타격을 입었다. 이번에도 멕시코가 선두였다. 그 후에는 아시아 국가들의 차례였다. 아시아의 기적이라 불리던, 태국과 한국 같은 나라들이 채택한 발전 모델은 외국 은행으로부터 단기 자금을 끌어와 전략적 산업과 기업에 투자하는 것이었지만, 이 모델은 1997~1998년에 끝이 났다. 이번에도 여러 요인이 겹쳤다 — 부동산 붕괴, 강세를 보이는 달러, 그리고 글로벌 반도체 시장의 약세가 겹쳐 자본 유입이 중단됐다. 아시아 은행들은 구제되어야 했다. 그 비용은 태국의 경우 GDP의 34%, 한국의 경우 35%에 달했다.

신흥국들은 '부채에 대한 내성이 약한 debt intolerant' 것으로 간주되었다. 그들은 제한된 규모 이상의 부채를 감당할 수 없었다. 라인하트 등

금리 인상이 저소득·중소득 국가에 문제를 일으키는가?

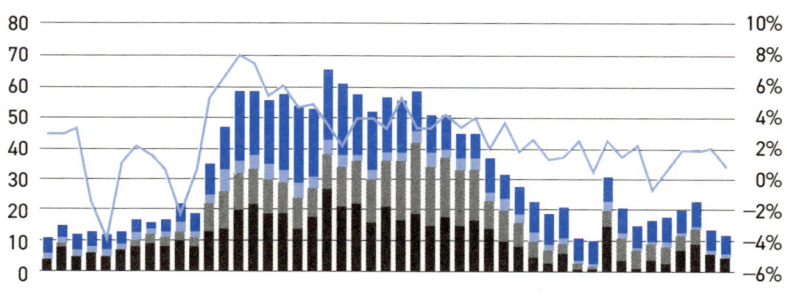

출처: BNP Paribas Fortis, BFPS Projecct

의 연구에 따르면, 부채가 GDP의 35%를 넘으면 신흥국들에게는 문제가 되기 시작한다.[119] 일부 국가의 경우 한계가 15%에 불과하기도 하다. 저자들에 따르면, 이러한 부채 내성 부족의 이유는 역사적으로 잦은 디폴트(채무불이행)와 높은 인플레이션에 있다고 한다.

신중한 공공부채 관리를 위한 기본 원칙

하지만 아이켄그린에 따르면, 디폴트의 물결은 과도한 부채 수준 때문이 아니었다.[120] 명목 부채가 증가하는 동안, 수출(외화를 벌어들이는)과 성장도 증가했다. 실제로 GDP 대비 부채 비율은 1990년대 전반에 감소했다. 주된 이유는 정부들이 신중한 공공부채 관리의 기본 원칙을 지키지 못했기 때문이다.

그렇다면 이러한 기본 원칙이란 무엇인가? 첫 번째는 단기 부채로 재정을 조달하는 것은 위험하다는 것이다. 단기 부채에 대한 수요가 갑자기 사라지면, 남는 것은 중앙은행이 새로 찍어낸 돈으로만 부채를 갚는 것이다. 하지만 이는 인플레이션과 통화 가치 하락을 불러와 외화로 된 부채 상환을 훨씬 더 어렵게 만든다.

두 번째 원칙은 외채를 최소화하는 것이다. 여기에서 "국가의 채무 상환 능력은 외화를 벌어들이는 능력에 달려 있는데, 이는 통제하기 어려운 요인들로 인해 변동할 수 있다."고 말한다. 예를 들어, 원자재 수출국은 가격 하락으로 수익이 급감할 수 있다. 경쟁력 저하나 무역

분쟁도 수출을 감소시킬 수 있다.

만약 단기 외채가 너무 많다면, 이를 억제하기 위해 세 가지 규칙이 있다. 첫 번째는 구이도티-그린스펀[Guidotti-Greenspan] 규칙으로, 정부는 향후 12개월간 만기가 도래하는 외채와 현재의 모든 경상적자를 갚을 만큼 충분한 외환보유고를 유지해야 한다는 것이다. 두 번째는 외국 자본 유입을 장기 투자나 포트폴리오 투자로 유도해 수입과 지출의 균형을 맞추는 것이다. 세 번째는 단기 자금에 의존하지 않도록 신뢰를 쌓아야 하는데, 이것은 시간이 걸리는 과정이다.

마지막으로 중요한 요소는 자국 채권 시장의 역할이다. 자국 시장에서 정부 채권 거래가 거의 없다면 차입 비용이 높아지고, 은행들이 정부 채권을 강제로 보유해야 하는 상황이 된다. 이는 위험하다. 정부 채권에 문제가 생기면 은행 문제로 곧바로 이어지기 때문이다. 은행이 대출을 줄이면 경제 성장이 둔화되고, 이는 공공 재정에 악영향을 준다. 이는 악순환을 초래할 수 있다. 실제로 2012년 유로존 위기 때 포르투갈, 아일랜드, 이탈리아, 스페인에서 채무불이행 우려로 국채 가격이 급락했고, 은행 자본이 크게 줄어들었다. 유럽중앙은행[ECB] 총재였던 마리오 드라기[Mario Draghi]가 "유로존을 지키기 위해 필요한 모든 것을 하겠다."고 약속하면서 위기를 겨우 막아냈다.

부채는 여전히 압박을 받고 있다

신흥국은 1980~1990년대의 실패로부터 교훈을 얻었다. 이후 수십 년 동안, 이들 국가는 현지 금융시장을 발전시켜 외화 대출에 대한 의존도를 줄였다. 정부와 기업의 외화 표시 채권 비중은 2021년까지 약 10%로 떨어졌지만, 아르헨티나, 터키, 칠레, 헝가리, 멕시코 등의 달러 대출 의존도는 여전히 크다. 외국인 보유 국채의 비중도 거의 전부에서 오늘날에는 절반 이하로 줄었다.

2015~2018년에는 경상수지가 다시 적자로 돌아섰지만, 코로나 불황이 이를 끝냈다. 서방 국가들의 봉쇄로 수입이 급감했고, 이는 상품에 대한 수요를 부추겨 신흥국의 공장과 원자재(주로 신흥국산)에 이익이 되었다. 경상수지 적자는 더 이상 문제가 아니다.

더 나은 부채 관리는 신흥국에서 심각한 부채 위기를 막아주었다. 그러나 역사적으로 높은 부채, 낮은 성장, 빠르게 상승하는 금리와 달러의 조합으로 인해 압박은 계속되고 있다. 선진국에서는 총부채가 정점에서 40% 감소했지만, 신흥국에서는 여전히 거의 그대로다.

코로나 이후의 성장 회복이 왜 나타나지 않는가? 코로나 이후 성장 회복은 미약했고, 선진국보다 약간 높을 뿐이었다. 2000년 이후 신흥국의 평균 성장률 우위는 3~4%였다. 우크라이나 전쟁, 공급망 문제, 높은 인플레이션이 상황을 악화시켰다. 국제 제재는 러시아와 연결된 중앙아시아 은행으로의 송금을 어렵게 만들었다. 인플레이션은 전 세계적으로 구매력을 떨어뜨렸고, 특히 식료품 비중이 높은 신흥국에는 더 큰 부담이 되었다. 식료품 가격이 오르면 사회 불안이 뒤따른다.

낮은 성장률은 높은 부채 비율을 악화시킨다. 낮은 명목 성장률은 부채의 분자(부채)는 그대로 두고 분모GDP만 느리게 증가시켜 비율을 악화시킨다. 팬데믹은 신흥국의 경제를 정면으로 강타했고, 이들은 대면 경제가 크고 방어수단이 부족했다. GDP 회복은 약했고 재정 적자는 컸다. 부채 비율은 여전히 높고, 신흥국은 취약하다.

단기적으로, 사하라 이남 아프리카, 라틴아메리카, 중동의 성장 둔화는 크게 변하지 않을 것으로 보인다. IMF는 2022~2028년 동안 이 지역의 누적 성장률이 G7 국가들보다 겨우 조금 더 높을 것이라고 전망한다. 선진국과 유럽을 포함한 신흥국의 전망은 훨씬 나쁘다. 1960~1970년대에는 신흥국들이 급격히 성장했지만,

경상수지

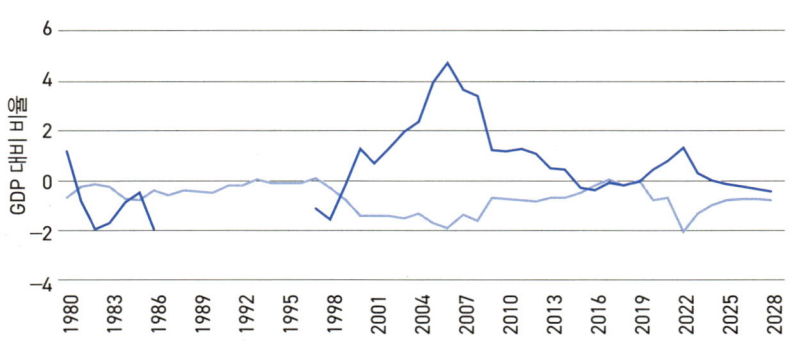

● 신흥시장 및 개발도상국   ● 주요 선진국

출처: IMF, World Economic Outlook Database, 2023년 4월

1980~1990년대에는 성장이 둔화되고 부채가 쌓였다. 당시 신흥국의 1인당 GDP 증가는 0%를 밑돌기도 했다. 이는 금리 상승, 부채 비율 증가, 선진국의 성장 둔화, 기술 수요 변화 등이 원인으로 작용했다.

중국은 곤경에 처했는가?

많은 신흥국과 개발도상국들의 예상 성장률은 낮다. 우리는 또 다른 '잃어버린 10년'을 맞이하게 될까? 부채 위기는 그 가능성을 크게 높일 것이다. 그리고 채무자로서 중국은 2005년 이후 명목 부채가 7배 증가했다. 그 대가로 무엇을 얻었을까? 2010년대의 경기 확장에서 중국의 부채 중심 성장 엔진은 핵심적 역할을 했다. "모든 경기 부양은 세계 수요와 글로벌 산업 사이클의 결정적 원천을 제공했다."고 TS 롬바드의 다리오 퍼킨스는 썼다.[121]

중국의 총 국가 부채는 2005년 GDP의 3%에서 2013년의 10%를 거쳐 현재의 21%까지 상승했다. 구매력 기준으로 본 경제 비중도 2013년의 15.4%에서 2023년에는 19% 아래로 떨어졌다. 중국은 이제 부채에 의존한 투자 중심 경제에서 소비 중심 경제로 전환하려 하고 있다. 지난 20년간 세계 경제의 엔진이었던 모델은 힘을 잃어가고 있다. 중국의 과제는 주권 부채와 기업 부채라는 두 가지에 있다. 중앙정부 부채는 GDP의 21%로 문제가 되지 않지만, 여기에 지방정부 부

1인당 누적 성장률, PPP, 불변 가격

1인당 누적 성장률, PPP, 불변 가격	1980~1990	1990~2000	2000~2010	2010~2019	2019~2022	2022~2028
최대 선진국 (G7)	28.2 %	20.1 %	7.7 %	12.2 %	2.3 %	7.1 %
신흥국	23.7 %	18.0 %	54.0 %	33.1 %	5.2 %	18.5 %
아시아 신흥국	57.0 %	68.0 %	98.9 %	65.0 %	9.9 %	28.5 %
유럽 신흥국	45.1 %	−21.8 %	54.1 %	26.9 %	9.0 %	13.0 %
라틴아메리카 및 카리브해	−7.5 %	15.0 %	19.7 %	3.4 %	−1.1 %	7.3 %
중동 및 중앙아시아	−19.6 %	4.0 %	24.5 %	4.5 %	3.4 %	10.4 %
사하라 이남 아프리카	−9.0 %	−5.6 %	32.0 %	8.7 %	−1.3 %	9.2 %

출처: IMF, World Economic Outlook(2023년 5월), 자체 계산

채를 더해야 한다. BNP 파리바의 중국 동료들에 따르면, 총 공공 부채는 GDP의 97~109%로 추정된다. 선진국들과 비교하면(거의 선진국이지만) 과도하지 않다. 그러나 신흥국들과 비교하면 매우 높다.

기업 부채는 GDP의 무려 164%에 달한다. 이 중 4/5는 정부가 지분을 보유한 기업이 가지고 있다. 만약 중국의 기업 부문이 무너진다면, 세계 3대 성장 축 중 하나가 무너지는 것이다.

중국의 전체 부동산 가치는 약 55조 달러로, 미국 부동산 시장의 두 배에 달한다. 중국 부동산 개발업자들의 위안화 수익은 달러 대출을 갚기에 충분했지만, 상황이 악화되자 위안화 수익이 줄고 달러 대비 가치가 하락했다. 2023년 중반, 위안화 가치는 16년 만에 최저치를

기록했고, 중국 최대 규모 건설사인 컨트리가든은 연체를 보고했다. "역사는 보여준다. 부채로 부풀려진 부동산 호황은 조용히 끝나지 않는다. 그것들은 항상 요란하게 끝나며, 거의 항상 금융 위기로 이어진다."고 〈오큘러스 리서치 아시아〉의 애널리스트 앤드류 로렌스Andrew Lawrence는 말했다.122 베이징이 역사상 가장 큰 부동산 호황의 끝을 궁극적으로 금융 위기 없이 관리할 수 있을까?

중국은 저임금 국가들의 부채 재조정에 참여할 것인가?

채권자가 적을수록, 그리고 부채가 적을수록 재조정은 더 쉬워진다. 중국과의 협상은 철저히 비밀스럽고 어렵다. IMF에 따르면 가장 중요한 과제는 '국제 부채 구조를 개혁하는 것'이다. 오늘날 중국은 73개 최빈국의 공식 양자 채권자로서, 파리클럽 22개국을 모두 합친 것보다 크다. 부채 재조정을 둘러싼 협상에는 여러 장애물이 있다. 중국은 세계은행을 서방의 정치적 도구로 본다. 민간 채권자들이 비용을 감당할 것이라는 기대도 회의적이다. 중국은 채권의 명목 가치를 줄이는 것을 거의 거부하며, 대신 기간 연장과 현물 상환(예: 농산물, 장기 임대권) 같은 다른 형태를 선호한다. 표준화된 틀이 없기 때문에 협상은 길어지고 있다. 긴장은 계속된다. 2022년은 신흥국 신용등급 강등이 역대 두 번째로 많았다. 해결책은 그 국가들을 유동성 함정에서 벗어나게 하는 것이다. "유동성이야말로 지금 그 나라들이 가장 필요로

하는 것이다."라고 UN 사무차장 베라 송웨$^{Vera\ Songwe}$는 말했다.[123]

부채의 비율이 높아지면 긴축이 뒤따르고 성장은 약화된다. 시간이 지나면 금융 위기 위험도 커진다. 오늘날 많은 비전문 민간 채권자들이 저임금 국가에 노출돼 있기 때문에, 예상치 못한 곳에서 문제가 터질 위험이 있다. 지금까지는 디폴트의 물결을 막아냈고, 팬데믹도 어느 정도 통제되었다. 그러나 방심할 수 없다.

3
과거로부터의 교훈

키포인트

☑ 19세기부터 1차 세계대전까지는 주로 재정 흑자 덕분에 부채 비율이 줄어들었다.

☑ 1차 세계대전 이후와 복지 국가가 등장한 이후에는 재정 흑자의 기여가 더 커졌고, 낮은 명목 성장률에 비해 낮은 명시적 금리가 더 크게 작용했다(R−G).

☑ 대공황 시기와 그 이후에는 디폴트나 구조조정, 일부 나라에서는 초인플레이션을 통해 부채를 정리했다.

☑ 과거에는 금융 억제를 통해 급증한 부채를 억눌렀다. 정부의 조치와 법으로 부채와 이자 비용을 제한했고, 여기에 인플레이션이 더해지면서 실질 금리는 마이너스가 되었다. 이 시기에는 생산성 향상으로 성장도 크게 뛰었고, 그 결과 R−G는 더 음수가 되었다.

세계 부채는 높다. 금리가 상승하거나 경제 충격이 발생하면 상환 가능성에 대한 신뢰가 흔들릴 수 있다. 영국 역사상 최단 임기의 총리였던 리즈 트러스Liz Truss의 사례는 임계점이 가까워지고 있음을 보여준다. 그는 막대한 차입과 감세를 발표했는데, 이는 이미 높은 공공 부채와 상승하는 금리가 맞물리며 채권 시장을 충격에 빠뜨렸다. 영국 국채와 금리는 급격히 상승했고, 영국은 금융 위기 직전까지 몰렸다. 트러스는 불과 50일 만에 사임했고, 후임인 리시 수낙Rishi Sunak이 신뢰를 회복했다.

향후 실질 금리의 방향은 예측하기 어렵다. 하지만 이 책에서 주장하듯이, 우리는 향후 10년간 중앙은행의 2% 목표를 중심으로 한 번씩 고점과 저점을 오가며 평균적인 인플레이션을 보게 될 가능성이 크다. 지금은 더 이상 한 시대의 끝이 아니라, 전혀 다른 시대의 시작일 수 있다.

부채는 반드시 모두 갚아야 하는 것은 아니다. 신뢰와 부채 위기를 초래하지 않을 수준으로 낮추기만 하면 된다. 가장 일반적인 방법은 디폴트(채무 불이행), 구조조정, 그리고 다소 먼 과거에는 상당한 재정 흑자였다. 또 다른 오래된 비법은 상한선을 설정하고 그보다 더 높은 인플레이션을 만들어 실질 금리를 낮게 유지하는 것이다. 이는 우리가 아래에서 더 자세히 다루는 금융 억제financial repression의 일부다. 앞서 언급했듯이, 더 높은 명목 성장률은 명목 금리에 비해 더 높아져 실질 금리를 낮추고, 결과적으로 부채를 줄인다.

세계 최대 헤지펀드인 브리지워터의 레이 달리오Ray Dalio는 그의 책

《레이 달리오의 금융 위기 템플릿》(송이루, 이종호, 임경은 역, 한빛비즈, 2020)에서 지난 100년간의 부채 위기를 분석했다. 이를 적절히 통제하면 부채 위기를 피할 수 있다. 그러나 과도하면, 1921~1923년 독일 바이마르 공화국처럼 초인플레이션을 불러온다.

각 방법마다 경제에 미치는 영향은 다르다고 달리오는 말한다. 어떤 방법들은 인플레이션을 유발하고, 어떤 것들은(디폴트와 구조조정처럼) 성장뿐 아니라 부채도 줄인다. 중요한 것은 고통을 분산시키는 것이다. 그에 따르면, '아름다운 디레버리징'(부채/소득 비율이 줄어들면서도 적절한 인플레이션과 성장률이 유지되는 것)의 핵심은 그 사이에서 적절한 균형을 찾는 데 있다. 큰 고통 없이 부채 위기에서 벗어나는 것도 가능하다. 단, 부채가 자국 통화로 표시돼 있어야 한다는 조건이 있다. 신흥국들은 1980년대에 그 교훈을 배웠다.

예산 흑자

높은 부채와 부채 위기가 항상 나쁜 결과를 가져오는 것은 아니다. 프랑스 혁명과 나폴레옹 전쟁 이후 영국에서, 남북 전쟁 이후 미국에서, 프랑스-프로이센 전쟁 이후 프랑스에서 발생한 막대한 부채는 심각한 위기 없이 각각 해소되었다.

그렇다면 부채 감축은 어떻게 이루어졌을까? '전통적인 방식'으로, 즉 예산 흑자를 실현함으로써였다. 이를 세 가지 요소로 나누어 보면,

부채 상환/성장의 분해,
1914년 이전 vs. 1920~1930; 1928~1932

기간	GDP 대비 부채 비율 (%)			감소에 대한 긍정/부정 기여도 (%)		
	시작	종료	감소	예산 흑자	R-G 기여도	재고-흐름 조정
영국 1822~1913	194.1	28.3	165.8	299.3	−158.5	25.0
미국 1867~1913	30.1	3.2	26.9	40.6	−12.5	−1.3
프랑스 1896~1913	95.6	51.1	44.5	44.7	−0.8	0.7
평균 1914 이전	106.6	27.5	79.1	128.2	−57.3	8.1
캐나다 1922~1928	75.6	53.2	22.4	19.7	8.2	−5.6
프랑스 1921~1929	237.0	138.6	98.4	24.7	118.2	−44.5
이탈리아 1920~1926	159.7	89.4	70.3	0.1	44.3	26.0
영국 1923~1929	195.5	170.5	25.0	52.2	−25.6	−1.7
미국 1919~1929	33.3	16.3	17.0	18.8	−2.7	0.9
평균 1920~1930	140.2	93.6	46.6	23.1	28.5	−5.0
성장 경제 1928~933	61.4	83.7	−22.4	3.5	−26.9	1.0

출처: Eichengreen et al., In Defense of Public Debt, 자체 계산

첫 번째는 누적된 실현 예산 흑자(즉, 이자 비용을 제외한 흑자)다. 두 번째는 R-G(명목 성장률과 이자율 차이)의 기여다. 앞서 언급했듯이, 균형 예산 아래 명목 성장률보다 낮은 암묵적 이자율이 부채를 줄이고, 그 반대도 마찬가지다. 세 번째 항목인 재고 흐름stock flows은 외채 상환이나 부채 구조조정에 들어가는 자본 이득 같은 다른 모든 요소를 포함한다. 당시의 정부는 오늘날에 비해 상대적으로 왜소했고, 복지 프

로그램, 연금, 이전 지출 등은 거의 존재하지 않았다. 신용자들이 전쟁을 위해 대출해 준 돈이 위기 시에는 중요한 역할을 했고, 이는 전후 통합 과정에서 주요 전쟁, 위기, 기타 혼란을 겪은 후에도 부채를 갚는 이유 중 하나였다.

강한 성장

안정적인 정치적 상황은 예산 흑자와 부채 감소에 유리하게 작용했다. 1차 세계대전 이후 이러한 정치적 균형은 뒤집혔다. 복지국가의 부상과 민주화는 공공부채의 성격을 완전히 바꾸어 놓았다. 자금 조달을 위해 세금을 걷는 대신, 성장에 도움이 되는 인프라 투자와 사회적 이전 지출에 초점을 맞췄다.

 1차 세계대전은 많은 국가들에 엄청난 공공부채를 남겼다. 선진국들의 평균 부채는 1914년 GDP의 20%에서 1920년에는 80%까지 상승했다. 19세기의 안정적인 정치 연합은 1920년대에는 훨씬 더 불안정한 정치적 동맹으로 바뀌었다. 1차 세계대전 전의 성공적인 장기적 긴축 정책은 경제적, 재정적 안정을 이끌었고 전후에는 주기적인 재정 통합이 일어났다. 공공부채는 민간 신용 증가로 인해 감소했고, 민간 부채와 교환되었다. 일부 국가에서는 인플레이션이 부채를 청산하는 도구로 사용되었지만, 사회를 분열시켰다. 부채는 여전히 부분적으로는 예산 흑자, 부분적으로는 '강한 성장'으로 갚아졌다.

호황기였던 1920년대에 부채는 감소했지만, 1930년대의 대공황에서는 상황이 바뀌었다. 이유는 재정 적자와 예산 부족 때문이었다. 대부분의 정부는 균형예산 원칙을 고수했고, 약간의 흑자만을 실현할 수 있었다. 그러나 저축이 경제에서 줄어들면서 금리가 상승했고, R-G의 기여도는 1930년대에 부정적이었다. 금리가 명목 성장률보다 높아지면서 부채는 오히려 증가했다. 어려운 시기에는 균형예산을 고수하는 것이 해롭기도 했다. 2008년 위기 이후 유럽이 그 교훈을 다시 배우게 되었다.

금융억제가 지속가능한 부채 감소에 기여할 수 있는가?

1930년대의 대공황과 1923년의 초인플레이션 이후, 독일의 분열된 상황은 나치가 집권하는 계기가 되었다. 그 후 2차 세계대전이 발생했고, 선진국들은 다시 막대한 부채를 떠안게 되었다. 1945~1975년 동안에는 장기간에 걸친 눈에 띄는 부채 통합이 이어졌다. 카르멘 라인하트Carmen Reinhart와 벨렌 스브란시아Belen Sbrancia는 연구에서 이렇게 주장한다.[124] "나폴레옹 전쟁 이후, 영국의 공공부채는 GDP의 260%에 달했고, 이를 약 100%로 줄이는 데 40년 이상 걸렸다. 2차 세계대전 이후에는 비슷한 규모의 부채를 20년 만에 줄였다." 그들에 따르면, 이는 금융억제 덕분에 가능했다.

금융억제는 정부가 공공부채와 이자 비용을 감당 가능한 수준으로 유지하기 위해 도입한 각종 정책과 법률을 말한다. 이는 종종 저축자와 투자자에게 돌아가는 수익을 희생하면서 이루어진다. 브레튼우즈 체제*의 고도로 규제된 금융 시장은 이러한 제약을 용이하게 했고, 1940년대 후반부터 1970년대까지 공공부채 비율의 빠르고 급격한 감소로 이어졌다.

명목 금리를 낮게 유지하는 것은 금융 억제의 한 축이다. 또 다른 한 축은 적절한 수준의 인플레이션으로 실질 금리를 음수로 만드는 것이다. 이렇게 하면 국가 채무의 실질 가치를 낮출 수 있다. 라인하트와 스브란시아는 연구에서 "금융 억제는 인플레이션과 결합해 부채 감소에 중요한 역할을 했다. 인플레이션은 시장 참가자들을 놀라게 할 필요도 없었고, 역사적으로 높을 필요도 없었다."라고 말했다.

금융 세계는 거꾸로 뒤집혔다. 채권자들은 실질적으로 손해를 봤지만, 채무자들(정부)은 부채의 실질 가치를 줄이는 혜택을 누렸다. 특히 2차 세계대전 직후 몇 년 동안에는 인플레이션이 높고 실질 이자율이 매우 낮았다. 1945~1955년 동안 선진국의 부채 비율은 거의 절반으로 줄었다. 1970년대는 이전 수십 년과는 매우 달랐다. 금융 규제의 '틈'이 넓어지고, 브레튼우즈 체제 아래의 고정환율제는 무너졌으며, 석유 쇼크와 미국 및 다른 나라의 지나치게 느슨한 통화정책으로 인해 인플레이션이 다시 고개를 들었다.

---

* 브레튼우즈 체제(1944~1971) 동안 대부분의 국가는 해외로 나가는 '불안정한' 투자 흐름을 통제하기 위해 자본 규제를 시행했다. 이는 참여국 간의 통화안정을 달성하기 위한 것이었다.

2차 세계대전 이후 선진국 부채 상환 내역

기간	GDP 대비 부채 비율(%)			감소 기여도(%)		
	시작	종료	감소	기본 재정수지 (예산 흑자)	R-G의 기여도	재고-흐름 조정*
평균	95.5	22.4	73.1	22.6	82.6	-32.2

출처: Eichengreen et al., 《In Defense of Public Debt》

   금융 억제는 2차 세계대전 후의 천문학적인 부채를 줄이는 데 크게 기여했다. 그러나 R-G의 높은 기여도는 낮은 (실질) 이자율의 긍정적인 효과만을 반영한 것은 아니다. 이 시기는 생산성 폭발에 따른 급속한 경제 성장의 시기이기도 했다. 미국에서는 이미 새로운 대량생산 방법이 도입되어 강한 생산성 증가를 이끌어냈다. 대공황과 2차 세계대전은 전기 모터와 조립 라인의 보급을 지연시켰지만, 그 후 빠르게 확산되었다.

   그러나 상당한 추격이 뒤따랐다. 새로운 기술을 도입하고 농업에서 산업으로 투자를 전환함으로써, 유럽과 일본의 생산성은 급등했다. 그 과정에서 부채는 중요한 역할을 했다, 특히 독일에서. 아이헨그린 등이 설명하듯이, 외채 탕감은 새롭게 설립된 독일 연방공화국이 사회 지출을 늘리고, 주택 부족을 해소하며, 난민의 고통을 완화하는 것을 가능하게 했다. 이것은 독일과 노동 분쟁, 투자와 발전을 가로막던 분열된 정치 상황을 개선하는 데 도움을 주었다.

   전후의 중앙은행 개입은 무조건적인 성공이었을까? 류타로 코노와

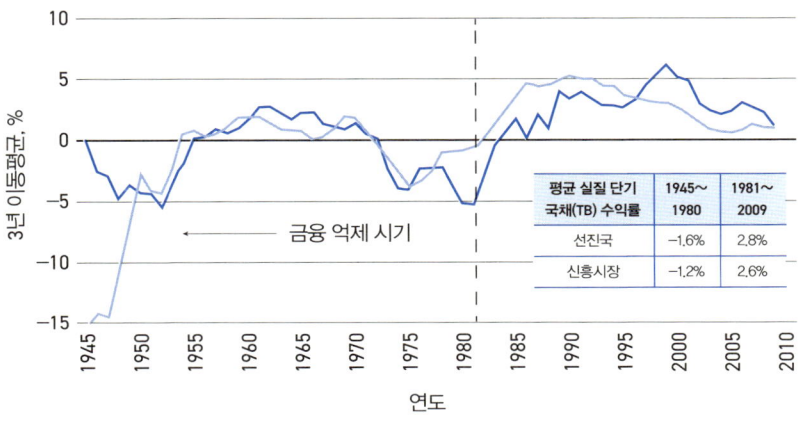

히로시 시라이시에 따르면[125], 미국과 영국 간의 결과 차이는 높은 주권부채를 관리하는 데 중요한 교훈을 제공한다. BNP 파리바의 수석이코노미스트와 선임 이코노미스트인 이들은 이렇게 지적한다. 양국 모두 강한 경제 회복과 높은 세율을 기록하며 전쟁 직후 몇 년 동안 부채 비율을 낮췄지만, 금융 억제에 의존한 정도에서 중요한 차이가 있었다. 미국에서는 국채 금리에 상한선을 도입했음에도 불구하고 경제나 금융 시스템이 붕괴하지 않았다.

2차 세계대전 이후 선진국 부채 상환 내역

	공공 부채 / GDP	
	1945	1955
벨기에	112.6	63.3
영국	215.6	138.2
미국	116	66.2

출처: Eichengreen et al., 《In Defense of Public Debt》

그러나 미국 연방준비제도[Fed]는 상대적으로 빠르게 포기했다. 그러나 영국에서는 전쟁 직후 정부 부채가 미국의 거의 두 배였고, 당국은 상대적으로 높은 인플레이션에도 불구하고 시장 이자율을 훨씬 더 오래 낮게 유지했다. 이것은 결국 1970년대의 스태그플레이션 위기로 귀결되었다. 1976년에는 영국의 통화가치 하락과 가속화되는 인플레이션의 부정적 악순환을 끊기 위해 IMF가 영국을 구제해야 했다.

4
부채에 대한 해법은?

키포인트

- ✓ 저축이 필요하며, 정부 수입의 증가도 필요하다. 앞으로 많은 도전 과제가 있는 만큼, 예산 흑자는 세계대전 전후처럼 성공하지 못할 것이다.

- ✓ 금융 억제, 특히 실질 이자율을 음수로 유지하는 것은 미래의 디레버리징 deleveraging의 일부임이 틀림없다.

- ✓ 중앙은행들은 앞으로도 필요하다면 주기적으로 국채를 매입해 이자율에 추가적인 압력을 가하게 될 것이다. 중앙은행의 대차대조표에 있는 매입한 국채는 쉽게 사라지지 않을 것이다.

- ✓ 그 국채를 소각(취소)하는 것은 위험하며, 아무런 이익도 없다. 그렇게 하면 중앙은행은 영원히 단기 수수료를 지불해야 한다.

- ✓ 실질 이자율은 위험 프리미엄이 더 높아진 지난 10년보다 여전히 높게 유지된다.

- ✓ 부채의 지속가능성을 위해 과도한 저축은 필요하지 않다. 왜냐하면 암묵적인 명목 이자율은 일반적으로 명목 성장률을 초과하지 않기 때문이다. 오히려 정부가 모든 재정 규율을 포기하면 채권시장이 금리를 급격히 올려 고부채 국가들이 곤란에 빠질 위험이 있다.

과거를 통해 현재의 높은 공공부채를 해결할 수 있는 교훈을 얻을 수 있을까? 긴축적인 재정 정책이 해법이 될 수 있을까? 아니면 금융 억제와 음負의 R-G의 마법에 의지해야 할까?

저축, 그러나 제한적

역사적으로 저축은 항상 부채를 줄이는 데 도움이 되어 왔다. 그러나 정치적으로 일관되고 일치된 정책이 전제 조건임은 명확하다. 아이헨그린 연구팀은 "정치적 양극화와 분열은 재정 적자로 이어진다."라며, 여기서 주목할 점은, 선진국의 의회에서 좌파와 우파의 극단주의 정당 비율이 1960~1970년대에 최저점을 기록했다는 사실이다.

오늘날 우리는 많은 나라에서 분열된 정치 지형을 보고 있다. 정치인들은 집권 중일 때는 자신들이 선호하는 프로그램에 더 많은 지출을 주장하지만, 퇴임 후에는 그런 지출을 밀어붙일 위치에 있지 않기 때문에 나중을 위해 더 많은 부채를 쌓아두려 한다. 그리고 오늘의 부채 증가는 내일의 다른 사람의 문제로 남는다. 그 결과, 1700년대에서 1970년대까지 이어진 '재정 흑자 → 부채 감소'의 주기가 끝나고, 이후에는 경기 침체기에는 적자가 늘고, 경기 호황기에도 그보다 약간 적은 적자가 이어지는 형태로 바뀌었다.

세계대전 이후 안정화는 주로 저축을 통해 이루어진 것이 아니라 높은 세금을 통해 이루어졌다. 1930년대에는 누진세가 강화되었고,

2차 세계대전 중에는 '부유세'가 도입되었다. 전쟁 후에는 일반 세율이 80% 이상으로 유지되거나 심지어 90%까지 올라갔다. 이러한 극단적인 전시 재정 조치들은 대중의 희생 덕분에 가능했다. 높은 세율은 1970년대까지 유지되었고, 강력한 경제 성장과 결합해 세수 증가로 이어졌다.

기술, 석유 및 가스 기업들은 팬데믹 봉쇄와 러시아의 우크라이나 침공으로 촉발된 에너지 위기 동안 폭발적으로 이익이 증가했다. 가장 부유한 시민들은 주식과 채권의 방대한 포트폴리오 덕분에 코로나19 이전 10년간 중앙은행의 비전통적 통화정책으로 혜택을 보았다. 금리의 급격한 하락은 자산 가격과 주가를 크게 상승시켰다.

미국의 최고 한계세율

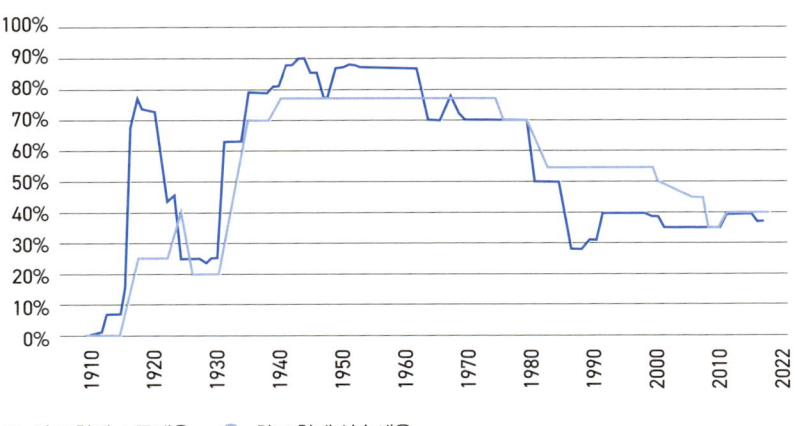

● 최고 한계 소득세율   ● 최고 한계 상속세율

출처: Saez & Zucman, 〈The Triumph of Injustice〉 BNP Paribas Fortis

이러한 관찰이 '위기의 승자들'에 대한 더 높은 세금으로 이어질까? 최근 다국적 기업에 대한 글로벌 최소 법인세에 관한 합의가 이루어졌다. 유럽에서는 유럽연합 집행위원회가 총 법인세를 매출이 발생한 국가에 공정하게 분배하는 방안을 추진하고 있다. 현재 국제기업들의 세금은 주로 가장 낮은 세율을 적용하는 국가로 간다. 덧붙여서, 이는 중소기업SME들에 대한 경쟁 왜곡도 초래한다.

다른 방식으로 세수를 늘리려는 시도도 계속되고 있다. 1980년대 초 레이건-대처 혁명 이후, 각국은 '자본 유출'에 대한 두려움 속에서 법인세율을 끊임없이 낮추는 '바닥으로의 경쟁'을 벌여 왔다. 미국 조세재단US Tax Foundation에 따르면, 법인세율은 1980년 평균 40%에서 오늘날 23%로 떨어졌다. KPMG의 자료에 따르면 2008년 이후 법인세는 전 세계적으로 5% 줄어든 반면, 개인소득세는 6% 증가했다. 기업에는 훌륭한 소식이지만, 노동자에게는 불운이다. 불평등은 심화되고 있으며, 세금 기반은 잠식되고 있다. 소득세와 부가가치세가 점점 더 많은 비중을 차지하고 있다. 게다가, 낮은 법인세는 기업 투자 증가로 이어지지 않았고, 이는 경제 성장을 촉진했어야 했다. 코노와 시라이시는 "기업과 자본에 대한 세금은 경제적 불평등이 심화되는 세상에서 정당하게 유지되어야 할 것이다."라고 결론짓는다. 이는 바이든의 '더 나은 재건Build Back Better' 프로그램을 수정한 '인플레이션 감축법Inflation Reduction Act'이 지향하는 방향이다. 불필요한 정부 지출을 줄이는 것이 가장 좋은 방법이라는 걸 우리 모두는 알고 있다.

금융 억제

선진국에서 금융 억제가 다시 돌아오고 있는가? 도이치은행의 전략가 짐 리드Jim Reid는 그렇게 생각하는 것 같다. 그는 "실질 수익률은 글로벌 금융 위기 이후 꾸준히 음수로 떨어졌고, 2015년부터 유럽에서, 2019년부터는 미국에서 지속적으로 내려갔다. 그러나 인플레이션이 떨어지고 명목 금리가 오르면서 2022년 이후 실질 수익률은 오르기 시작했다. 나는 여전히 금융 억제로 인해 이 수치가 음수로 유지될 것이라고 확신한다."고 했다. 그가 틀렸다면, '거대한 부채 산'이 무너질 때 도망쳐야 할 것이다. 2022년까지 금융 억제는 천문학적인 부채를 해결하기 위한 논리적 해법이었다. 그러나 갑자기 중앙은행들은 통제 불능의 인플레이션을 억제하기 위해 모든 수단을 동원하기 시작했다.

> **왜 기간 프리미엄과 실질 금리가 구조적으로 더 높아질 것인가?**
>
> 기간 프리미엄은 투자자가 만기 위험에 대해 보상받기 위해 요구하는 모든 요소를 포함한다. 내가 채권을 보유하는 동안 구조적 성장 변화, 인플레이션 기대치, 채권의 수요와 공급이 어떻게 변할지 등의 위험이 있다. 1982년부터 1995년까지 기간 프리미엄은 4.6%에서 1%로 하락했다. 1996년부터 2014년까지는 1%와 -1% 사이에서 등락하다가 거의 -2%까지 떨어졌다. "특히 2014년 이후 기간 프리미엄의 하락은 매우 유리한 부채 상환 환경을 만들어 전 세계 대부분의 부채 발행자들에게 낮은 디폴트 세계를 고착시켰다."라고 짐 리드는 밝혔다.[126]

명목 금리 (10년) vs. 기간 프리미엄

출처: Saez & Zucman, 〈The Triumph of Injustice〉; BNP Paribas Fortis

낮은 인플레이션은 명목 금리에 추가 압박을 가했다. 그러나 이러한 기간 프리미엄을 낮춘 요인들이 이제는 반대로 작용할 위험이 있다. 인플레이션(과 명목 금리)을 끌어올릴 뿐 아니라, 인플레이션 기대치의 변화로 인해 기간 프리미엄도 상승시킨다. 또한 무역 감소는 다시 정부의 국채를 사들이는 데 쓰일 자금을 줄인다. 더 큰 재정 적자는 잠재적 성장을 높이고, 더 많은 안전한 부채를 공급해 저축 초과분을 흡수하며, 인플레이션 기대치를 높인다. 더 높은 인플레이션(위험)과 재정 흑자는 중앙은행이 국채 매입 프로그램을 중단하도록 만들 수 있다.

양적 완화

중앙은행이 부채를 지속가능하게 유지하기 위해 사용하는 교묘한 방법 중 하나가 바로 국채 매입 또는 양적 완화^{QE}다. 이렇게 함으로써 금리(및 기간 프리미엄)를 더 낮춘다. 이는 사실상 금융 억제의 한 형태이지만, 별도로 다룰 가치가 있다. 채권 매입은 정부의 이자 부담을 낮출 뿐 아니라, 2009~2012년 유로존 위기 동안 많은 회원국들에게 필수적인 생명줄이 되었다. 오늘날, 중앙은행의 대차대조표는 정부 채권으로 가득 차 있으며 이는 양적 긴축^{QT}을 통해 해소되고 있다. 일반적으로 중앙은행은 만기 도래한 채권을 다시 매입하지 않음으로써 이를 실행한다.

2017년, 당시 미 연준 의장이었던 재닛 옐런$^{Janet\ Yellen}$은 시장을 안심시키면서 QT의 임박한 과정을 여전히 '페인트가 마르는 것을 지켜보는 것'에 비유했다. 그러나 2018년에 QT는 본격적으로 시작됐다. 그해 월스트리트는 글로벌 금융 위기 이후 최대의 하락을 경험했고, 장기 국채 가격은 폭락했으며 금리는 급등했다. 연준은 2015년 말부터 금리를 0.25%에서 2.5%까지 올렸지만, 2018년 말에 인상을 중단했고 2019년에는 QT가 시작된 지 1년도 안 되어 중단됐다. 2023년에는 다시 QT에 대한 불안이 시장을 휩쓸었다. "연준은 QT가 시장에서 유동성을 흡수하는 긴축이라고 본다."고 TS 롬바드의 스티브 블리츠는 말했다. 하지만 그건 예산 적자와 재무부의 자금 조달 필요에 달려 있다. 연준이 QT를 하고 대차대조표에 있는 만기 도래 채권을 다

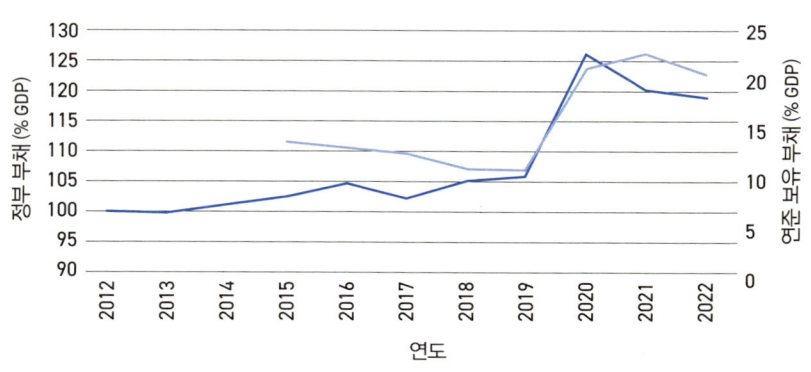

출처: Saez & Zucman, 〈The Triumph of Injustice〉; BNP Paribas Fortis

시 매입하지 않으면, 시장은 그 채권을 재융자해야 하고 이는 곧바로 긴축과 실질 금리 상승으로 이어진다. 하지만 정부의 재정 적자가 시장에 더 빠르게 유동성을 공급한다면, 정말로 그때는 '페인트가 마르는 것을 지켜보는 것'이 된다. 중앙은행이 그들이 매입한 채권을 대차대조표에서 제거해야 할 의무는 없다. 중앙은행이 QT를 실행하는 이유는 시스템에서 자금을 회수하기 위해서다.

대차대조표 규모의 감소는 외부에 중앙은행이 인플레이션을 억제할 의지가 있고 그럴 능력이 있다는 신호를 보낸다. 이는 기대 인플레이션을 완화시키며, 많은 사람들이 인플레이션의 실질적 원인이라고 믿는 요소를 억제한다. 하지만 중앙은행은 과거에 대차대조표를 줄이는 경우가 드물었고, 퍼거슨[Ferguson] 외의 연구에 따르면[127] 대차대조표의 축소는 주로 명목 GDP가 증가하는 동안 장기간에 걸쳐 비율을 안정적으로 유지하면서 이루어졌다. "역사적 증거에 비춰볼 때, 현재 중앙은행 대차대조표의 축소는 느리고 명목 수치보다는 GDP에 비례해 진행될 가능성이 높다."라고 저자들은 2014년에 예측했다. 실제로 2014년 이후 연준이 보유한 총자산은 거의 줄지 않았다. 2019년 말까지 미화 4.22조 달러에서 3.714조 달러로 소폭 줄었고, 이후 2022년에는 거의 9조 달러까지 다시 폭발적으로 증가했다.

따라서 중앙은행의 대차대조표에 정부 채권이 계속 남아 있는 것이 완전히 비현실적인 것은 아니다. 달리 말해, ECB, 일본은행, 미 연준 등 QE에 참여한 모든 중앙은행들은 만기 도래한 정부 채권을 대차대조표에서 단순히 재융자하고 있는 것이다. 그렇게 되면 시장이 필요로 하는 자금조달 규모는 급격히 줄어든다. 그런 관점에서 보면, 이미 상당한 정도로 디레버리징이 이루어졌다고 할 수 있다.

하지만, 위험이 전혀 없는 것은 아니다. 헤르트 피어스만$^{Gert\ Peersman}$은 2022년 8월 인터뷰에서 이렇게 말했다. 피어스만은 젠트대학의 경제학 교수이자 ECB 및 BIS 연구원이다. "양적완화^{QE}는 실제로 무엇을 의미하는가? 중앙은행은 시장에서 장기 채권을 매입하고, 그 대신 단기 예금을 만들어낸다. 하지만 반대로 중앙은행은 매입한 채권에 대한 이자를 받으면서 단기 예금에 대한 이자를 지불한다." 따라서 QE는 장기 채권을 단기 예금으로 교환하는 것이다. "단기 금리가 낮

---

* 자국 중앙은행의 대차대조표에 있는 정부 부채를 제외한 총 정부 부채를 의미함.

국가	총부채 (2022, Ameco)	자국 중앙은행이 보유한 정부 부채 (GDP 대비 %, 2021년 말)	순공공 부채*
벨기에	107 %	22.40 %	85.07 %
독일	71 %	20 %	50.87 %
프랑스	113 %	25 %	87.58 %
이탈리아	151 %	37.60 %	112.97 %
네덜란드(2019)	55 %	11 %	44.31 %
스페인	116 %	30 %	86.38 %
일본	263 %	130 %	132.54 %
미국	126 %	23 %	102.57 %

출처: Macrobond, 자체 계산

게 유지되는 한 문제는 없다. 하지만 만약 단기 금리가 5%까지 오르면 문제가 생긴다." 중앙은행(즉 정부)은 10년 만기 채권을 0~2% 이자로 발행한 것을, 이제 5% 이자를 지불해야 하는 단기 준비금과 교환한 셈이다. 그 차이는 매우 큰 위험이다.

한편 유럽의 금리는 4%로, 미국의 금리는 이미 5%를 넘어섰다. 모건스탠리에 따르면 ECB는 이미 400억 유로의 적자를 내고 있다. 연준 역시 1천억 달러에 달하는 잠재적 손실에 직면해 있다. 하지만 중앙은행이 돈을 찍어내면 손실을 떠안을 수 있다. 그러나 피어스만에 따르면, 이는 통화의 신뢰성을 훼손한다. 특히 유로 지역의 규칙에 따르면 장기간의 적자는 피해야 한다. 네덜란드 중앙은행의 클라스 크노트Klaas Knot도 "적자가 너무 크거나 예상 수익이 너무 낮으면 자본을 추가로 투입해야 할 수도 있다."고 경고했다.

부채 소각과 기상천외한 아이디어들

2021년 3월 약 150명의 경제학자와 정치인들이 ECB의 대차대조표에 있는 부채를 탕감하자는 제안을 냈다. 정부와 중앙은행은 둘 다 공공 부문에 속하기 때문에, 양쪽에서 채권을 상쇄시키면 된다. 이렇게 하면 부채 상환 부담이 줄어들어 추가적인 부채를 더 쉽게 질 수 있다는 것이다.

하지만 반대론자들은 이는 단 한 번만 가능하다는 점을 명확히 해야 한다고 지적한다.[128] 왜냐하면 이미 그 돈은 풀려 있고 통화량은 늘어난 상태이기 때문에, 또다시 같은 방식으로 부채를 줄이면 1920년대 독일 바이마르 공화국의 초인플레이션으로 이어질 위험이 있기 때문이다. 피어스만은 "그 부채 소각은 환상에 불과하다. 대차대조표 자산에서 채권이 사라지더라도, 부채 측에서는 은행 준비금을 계속 갚아야 한다. 이것은 아무런 장점이 없다. 그리고 독립성을 위협한다. ECB가 독립성을 얻었기 때문에 인플레이션을 잡을 수 있었는데, 이는 과거로 되돌아가는 첫걸음이 된다."라고 덧붙인다.

MMT(현대화폐이론)에 대해서도 간단히 언급한다. 한때 MMT는 고부채와 투자문제의 해법처럼 여겨졌지만, 인플레이션이 오르자 MMT의 매력은 급격히 줄어들었다. MMT에 따르면, 경제가 과열되면 재정을 긴축해야 한다. 하지만 그 누구도 지출을 줄이자고는 말하지 않는다. 결국 MMT의 꿈은 환상이 된다. 피어스만은 "만약 정부가 재정 규율을 포기하고 MMT처럼 실험하면, 언젠가 시장이 반격해 기간 프리미엄이 급등하고 부채가 많은 국가는 위기에 빠질 위험이 있다."라고 경고한다. BNP 파리바 수석 이코노미스트인 윌리엄 드 비일더De Vijlder는 네 가지 시나리오를 제시한다.

1. 성장 가속화: 단기금리 상승과 함께 장기금리도 오르지만 성장률이 이를 상쇄한다.
2. 경기수축: 중앙은행이 금리를 인하하고 QE를 재개한다.
3. 공급충격: 유가 급등 등으로 인플레이션이 일시적으로 높아진다.
4. 스태그플레이션 쇼크: 성장 둔화와 인플레이션 급등이 동시에 발생.

중앙은행은 지난 10년 동안 도구 상자를 크게 확장했으니, 필요하다면 금리를 낮추고 비전통적 수단을 다시 쓸 것이다. 하지만 그들이 재앙을 피할 수 있을 것이라고 단정할 수는 없다.

부채가 있는
모노폴리

어떤 사람, 회사, 정부가 무엇인가를 하기 위해 돈을 받는다면, 우리는 그것을 '신용'이라 부른다. 이 신용의 반대편에는 반드시 상환해야 할 부채가 있다. 이 부채를 왜 지는지 아는 것이 중요하다. 만약 그 부채가 이자를 지불하는 것 이상으로 현금을 창출하는 생산적 활동이라면 문제가 없다. 집을 사서 월급으로 상환할 수 있다면 역시 문제가 없다. 정부가 도로나 교육 같은 인프라 사업에 신용을 사용한다면, 미래에 대한 최고의 투자일 가능성이 높기에 전혀 문제가 없다. 하지만, 소비를 위해 신용을 사용한다면 미래에 반환 없이 소비를 앞당기게 되므로 회수하기가 훨씬 더 어렵다.

결국 무엇인가? 부채가 너무 많은가, 아니면 저축이 너무 많은가? 답은 둘 다이다. 우리가 모두 아는 모노폴리 게임에서 시작해보자. 게임이 시작되면 가능한 한 많은 부동산을 사야 한다. 게임이 진행되면서 현금이 바닥나면, 상대방의 집세를 더 이상 감당할 수 없게 되면 자신이 가진 부동산을 팔고 파산한다. 모든 것은 현금으로 결제되고 부채도 없다. 은행이 있지만, 단지 거래를 원활히 하고 돈을 수집하지는 않는다. 한 사람이 파산하면 그의 자산은 상대방에게 넘어가고 게임에서 퇴출된다. 하지만 더 복잡한 모노폴리 게임을 상상해보자. 은행이 이제 신용을 제공하고 저축도 받아 이자를 준다. 플레이어들은 이제 부채를 지고 집세를 못 낼 때 빌릴 수도 있다. 물론 그가 충분한 자산을 가지고 있다면 갚을 수 있겠지만, 결국 모든 자산이 청산되고도 부족하면 손실은 채권자, 즉 은행이나 다른 플레이어의 몫이 된다.

이제 이 상황은 다른 모든 사람들에게도 영향을 미친다. 은행이 너무 많은 부채를 받아주면 은행도 파산한다. 은행은 돈을 빌려주지 않거나 부채를 회수하려 들고, 모두가 현금을 움켜쥐려 한다. 게임의 세계가 갑자기 경기 침체에 빠진다.

고전적 모노폴리에서는 정부가 없지만, 여기서 정부가 등장해 어려움에 처한 플레이어에게 혜택이나 보조금을 주기 시작한다. 하지만 세금을 더 거두기보다는 빌린다. 결국 정부가 부채를 늘리고, 자신도 언젠가는 더 높은 이자를 물어야 하고 누구에게도 빌릴 수 없는 상황이 된다. 또 중요한 차이점은 부채가 자국 통화로 되어 있는가, 외국 통화인가이다. 일본처럼 자국 통화로 빌리면 부채는 오래 지속되며 매우 크다. 반면 외화로 되어 있으면 빨리 위기가 올 수 있다. 어느 순간 채권자들이 수도꼭지를 잠그면 끝이다.

글로벌 데이터를 보면, 민간과 기업 부채는 괜찮지만, 정부 부채는 다르다. 정부는 더 많이 지출했고, 미국은 GDP 대비 130% 정도, 약 32조 달러에 달한다. 이자만 해도 연간 약 1조 달러이고, 공식 수치 외에 미래의 연금, 의료비 등도 부담해야 한다. 그렇다면 정부가 부채를 줄이려면? 첫째, 긴축으로 세금을 올리고 지출을 줄인다. 하지만 경기침체로 이어진다. 둘째, 디폴트. 하지만 세계적 혼란을 초래한다. 셋째, 중앙은행이 정부 채권을 매입하는 것, 즉 양적 완화. 채권을 파괴하든 안 하든 중요하지 않다. 미국과 같은 대국은 거의 제한 없이 자체 부채를 사들일 수 있다.

고급 모노폴리 게임으로 돌아가자. 여기서 돈의 양이 계속 늘어난다면, 보드 위의 거리, 호텔, 집의 수가 늘지 않으니 모든 물건의 가격이 오른다. 우리는 이것을 '인플레이션'이라 부른다. 이것이 이 장의 유일한 투자 조언이다. 부채가 있는 사람은 인플레이션에서 이익을 보고, 현금을 가진 사람은 손해를 본다.

결론은 정부가 부채를 줄이기 위해 양적 완화와 이전을 계속하면서 인플레이션을 만들어낸다면, 그것은 반드시 나쁜 것은 아니다. 부채를 다소 지고 현금을 적게 가져야 한다. 정부와 중앙은행은 다른 사람의 부채를 평가절하할 수는 없다. 중요한 것은 누가 토지, 집, 호텔을 소유하느냐이지, 보드 위에 얼마의 돈이 있느냐가 아니다.

글로벌 경제 트렌드, 이것만은 기억할 것 10

❶ 기업, 가계, 정부의 전 세계 부채는 지금까지 중 가장 높은 수준에 있다.

❷ 정부 부채는 전시가 아닌 평시 기준으로 사상 최고 수준이다.

❸ 공공 부채의 지속가능성의 핵심 변수는 부채에 대한 평균 명목 이자율과 명목 성장률의 비율이다. 성장률이 이자 비용을 초과하는 한 문제는 없다.

❹ 신흥국들은 지금까지 과거의 실수를 피했기 때문에 부채 위기를 피할 수 있었다. 하지만 급격히 오르는 이자율은 사하라 이남 아프리카, 라틴아메리카, 중동의 저성장 국가들을 취약하게 만든다.

❺ 중국의 부동산 부문은 이제 구조조정의 첫 단계에 있다. 보통 부채로 자금 조달된 부동산 거품은 소리 없이 끝나지 않고 폭발하며 끝난다.

❻ 과거 부채는 다양한 방법으로 해소되었다: 재정 흑자, 성장률 > 이자율 (R-G), 디폴트, 구조조정, 초인플레이션.

❼ 2차 세계대전 이후 1970년대까지 금융 억제와 R-G가 성공의 비결이었다. 금융 억제는 낮은 이자율과 약간의 인플레이션을 결합했다.

❽ 다시 말하지만, 금융 억제는 부채 감축의 핵심 요소 중 하나이다.

❾ 상당한 저축은 필요하지 않다. 보통 성장률이 평균 이자율을 초과하기 때문이다. 정부가 재정 규율을 포기할 때만 문제가 닥친다.

❿ 부채 탕감은 환상일 뿐이며, 그 결과는 영구적이다.

⚙️ 투자하기 전, 이것만은 명심할 것 10

❶ 신용을 당장 소비하는 경우 위험은 훨씬 크다. 장기 투자나 가치를 창출하는 것이라면 위험은 낮다.

❷ 모노폴리 게임을 하자. 그리고 규칙을 조금 바꾸자. 플레이어가 빌리고 실패하면 다른 플레이어에게도 영향을 준다. 이것이 현실에 더 가깝다.

❸ 국가가 언제 파산할지를 예측하는 마법 같은 부채 수준은 없다. 언제 채권자들이 수도꼭지를 잠그느냐에 달려 있다.

❹ 파산 후, 세계는 빠르게 회복하고 잊어버린다. 그리스는 역사상 거의 절반의 기간을 파산 상태로 보냈다.

❺ 사람들은 항상 '이번에는 다를 것'이라고 생각하지만, 역사는 계속 반복된다. 부채도 예외는 아니다.

❻ 전 세계 정부는 역사상 가장 많은 부채를 떠안고 있다.

❼ 저축이나 아무것도 갚지 않고는 부채를 줄일 수 없다. 중앙은행은 보통 부채를 '부풀린다.'

❽ 부채가 있는 사람들은 인플레이션 상승에서 이익을 본다. 현금을 가진 사람들은 고통받는다.

❾ 인플레이션 환경에서는 실물 자산을 보유하는 것이 결코 나쁜 생각이 아니다.

❿ 모노폴리에서 중요한 것은 테이블 위에 돈이 얼마나 있느냐가 아니라, 토지, 집, 호텔을 누가 소유하느냐이다.

V
고령화

꾸준한 성장을 지키는 개혁

세계 연말 경제 및 전략 보고서

2053년 1월 15일, 〈이코노믹 타임스〉

산업화된 국가들의 성장은 1~1.5% 사이를 오갔다. 최근 금리 인상에도 불구하고 주식 시장은 평균 이상의 흐름을 이어갔다. 부동산 시장은 어려움을 겪었다. 금리 인상에 더해 주택 매물이 증가한 탓이다.

반면, 여러 신흥국이 노동 인구의 증가라는 인구통계학적 배당의 혜택을 누리고 있다. 1980~2000년, 세기말의 사건으로 기록된 중국의 경이로운 성장 이야기를, 이제는 브라질, 인도, 여러 아프리카 국가, 그리고 인도네시아가 넘고 있다.

브라질, 더 성장하다

인도네시아는 오늘날 구매력 평가 기준 4위에 올라 있다. 인도, 중국, 미국이라는 대국들만이 그보다 앞선다. 5위는 브라질이다. 아르투스 아르하우조 룰라 다 실바는 최근 자국 연설에서 "10년 전 당선되었을 때, 우리나라의 성장을 촉진하겠다고 약속했습니다. 나는 그 약속을 지켰습니다."라고 말했다. 그 공약에서, 최우선 순위는 교육이었다. 새로운 분야에 대한 개발 및 투자로 천연자원에 대한 의존도를 줄였고 경제적 부실 관리는 뿌리가 뽑혔다.

일부 아프리카 국가에서도 같은 상황이 펼쳐졌다. 종종 서구 국가에서 양육되거나 교육받은 젊은 엘리트들은 미국식 민주주의가 아니더라도 제도가 필수적이라는 점을 인지했다. 나이지리아는 지난 10년간 평균 5% 이상 성장하며 빛나는 기록을 남겼다.

서구의 성장 유지

OECD 국가들, 즉 부유한 서구 국가들의 경제 성장은 1.25%에 머물렀다. 유럽은 이탈리아의 -2% 경기 침체에 막혀 0.5%만 미미하게 성장하는 데 그쳤다.

이탈리아는 벨기에의 전철을 밟고 있다. 10년 전, 벨기에는 높은 채권 시장 금리로 인해 연금 및 의료 시스템에 급진적인 개혁을 단행했다. 막대한 부채와 급격히 상승하는 시장 금리는 국가를 무릎 꿇게 만들었다. 여러 세대가 서로 대립한 수개월간의 격렬한 시위 끝에, 평온한 시기가 돌아왔다. 오늘날 부채는 GDP의 120%로 줄어들었지만, 앞으로도 수년간의 긴축 재정이 기다리고 있다.

유럽 회원국 간의 성장 격차는 여전히 크다. 스칸디나비아 국가들과 네덜란드 같은 일부 국가들은 더 나은 성과를 보였다. 이들은 2030년대에 용감하게, 필요한 급진적 개혁을 신속하고 단호하게 시행했다. 이 국가들에서는 일본처럼, 70세 이상 인구의 4분의 1이 계속 일하고 있다. 프랑스와 상당수의 남유럽 국가는 여전히 그렇지 않으며, 작은 충격에도 경제가 쉽게 적자를 기록한다.

미국과 중국의 성장은 1.4%로 견고하게 유지됐다. 80세 이상 인구가 폭발적으로 증가하는 실버링 silvering 현상은 여기서도 나타나고 있다. 최근 선거 토론에서는 92세의 첼시 클린턴이 '난 상대방의 경험 부족을 악용하지 않을 것'이라고 82세의 에릭 트럼프에게 농담을 던졌다. 최근 몇 년간의 뚜렷한 성장세는 결국 그가 두 번째 임기를 보낼 충분한 기반이 됐다.

계속 변화하는 주식 시장

전반적으로 7%의 수익률을 기록, 투자자들에게 해를 끼치는 성장은 아니었다. 다만 장기적인 금리 인상(미국 4.5%, 유로존 3.8%)으로 힘든 연말이 됐다. 글로벌 캐피털 은행의 이코노미스트 팀 자크메인은 "미국 연방준비제도 이사회 의장 잭 몬타나가 인플레이션과의 싸움이 아직 끝나지 않았음을 분명히 밝혔다. 반드시 3% 목표치 아래로 내려와야 한다."고 말했다고 전했다. 줄어드는 노동 인구는 임금 인플레이션에 지속적으로 더 높은 압력을 가하고 있다.

그리고 금리 인상으로 부동산 시장이 신음하고 있다. 지난해 소폭 상승했지만, 평균 명목 가격은 다소 하락했다. 10년간 대폭락을 경고해 온 임모하우스의 CEO 요리스 얀센은 '불가피한 일'이라고 말했다. 베이비붐 세대의 감소가 이제야 비로소 부동산 시장에 진짜 영향을 미치기 시작했다.

1
인구통계학적 전환

키포인트

✓ 세계 인구는 거대한 전환이 진행되고 있다. 1700년까지 안정적이었고, 20세기에 폭발적으로 증가했으며, 세기말에 안정을 되찾았다.

✓ 세계 인구는 증가하고 있으며, 2100년까지 77억 명에서 109억 명으로 증가할 것으로 예상된다. 그때가 되면, 5명 중 4명은 아시아나 아프리카에 산다. 아프리카 인구는 약 4배 증가할 것으로 예상된다.

✓ 인도는 한 번 더 세계에서 가장 인구가 많은 국가가 된다. 미국의 인구는 꾸준히 증가한다. 유럽의 인구는 감소하며, 중국과 일본의 인구는 급감한다.

✓ 전 세계적으로 어린이의 수가 서서히 안정된다(유년 인구 정점). 개발도상국은 인구 배당 효과 덕분에 노동력 인구가 폭발적으로 증가한다. 선진국에서는 노년층 인구가 많이 증가한다.

✓ 향후 수십 년 동안, 활동 경제 인구 대비 부양 인구의 수는 평균 4분의 1 증가할 것으로 예상된다. 베이비붐 세대의 은퇴는 선진국의 도전 과제다. 참여율을 높이는 묘책이 필요하다.

✓ 세계는 빠르게 고령화되는 인구와 함께 이미 높은 세금, 상당한 부채를 함께 겪고 있다. 이탈리아와 벨기에가 그 목록의 최상위에 있다.

인구는 통제할 수 없다. 중국처럼 출산율을 강제로 규제할 수는 있다. 하지만 많은 서구 국가에서도 출산율이 인구 유지하는 데 필요한 대체출산율(여성 1인당 2.1명) 밑으로 떨어졌다. 이 수치는 2010년 98개 국가 및 지역에서 더 낮게 나타났다. 2021년에는 124개국으로 늘었고, 2030년에는 136개국으로 증가할 전망이다. 아주 장기적으로는 멸종으로 이어질 수 있다. 과연 극단적인 예시일까? 대한민국은 2022년 출산율이 0.8로 예외적으로 낮았는데, 다음 세대가 이전 세대의 절반 정도에 불과할 것으로 예상되는 숫자다. 2012년부터 유엔은 한국 인구 감소 전망치를 5분의 1에서 절반으로, 즉 2,400만 명으로 조정했다.

인구 증가 대 감소

세계는 '어린이 인구 정점'에 도달하고 있다. 즉, 전 세계 어린이 수가 더 이상 증가하지 않는 지점이다. 1700년도 이전에는 유아 사망률이 극도로 높았다. 늘어나는 번영과 유아 사망률의 감소는 출산율을 줄어들게 만든다.[129]

미래의 인구 성장은 지역에 따라 달라지며, 경제 성장에 영향을 미친다. 표에 따르면 아프리카 인구는 2100년에 43억 명으로 약 4배 증가한다고 예상되며, 이는 1950~2020년 아시아와 같은 추세다. 향후 수십 년의 아시아의 인구 성장은 중국과 일본이 아닌 인도에서 지속되며, 2050년에 정점에 달한다. 세기말에는 10명 중 8명이 아시아 또는 아프리카에 살게 될 전망이다.

전 세계 인구 피라미드는 그동안 어떻게 변해왔을까?

1950년대의 전 세계 피라미드는 땅에 가지가 닿아있는 소나무와 비슷했다. 밑면 바로 위에서 피라미드가 급격히 좁아지는 모습은 당시 높은 유아 사망률을 나타낸다. 어린이 5명 중 1명은 5세까지 살지 못했다. 지난 70년간의 이야기는 어린이가 핵심이었다. 그 뒤로는 밑면 위로 인구가 채워지며 뾰족한 모자를 쓴 직사각형 형태로 변하게 된다. 아프리카 및 아시아 개발도상국에서는 노동 연령 및 노인 인구가 폭발적으로 증가하고 있다. 보건의 개선은, 현재 및 미래 세대가 그 어느 때보다 장수하게 됨을 의미한다.

선진국에서는 이미 다음 단계, 고령층 인구의 폭발적인 증가로 접어들고 있다. 일본에서는 1950년 이후 노년층 인구가 5배 증가했으며, 현재 65세 이상 인구가 전체의 4분의 1을 넘는다. 반면, 아프리카 전체에서는 이 수치가 겨우 3.5%에 불과하다. 50년대 일본 인구의 3분의 1은 25세 미만이었다. 70년이 지난 지금은 8명 중 1명꼴이다. 이 모든 것은 부양비에 반영되어, 경제 성장과 사회 보장 기금의 지속 가능성에 결정적인 영향을 미친다. 주요 연령 집단은 다음 세 가지로 나뉜다. 어린이 및 청소년(~15세), 노동 가능 연령 인구(15~64세), 그리고 노년층 인구(65세 이상)다. 경제적, 사회적 안정과 발전을 유지하려면, 필연적으로 인구의 상당 부분이 노동 가능 연령에 속해야 한다.

인구 성장(단위, 백만)

		1950	2020	2100	1950~2100	2020~2100
아프리카		227.5	1,360.7	3,924.4	1,625%	188%
아시아		1,379	4,664.3	4,674.2	239%	0%
	중국	544	1,424.9	766.7	41%	−46%
	일본	84.4	125.2	73.6	−13%	−41%
	인도	357	1,396.4	1,529.9	329%	10%
북아메리카		162	374	448	176%	20%
	미국	148.3	335.9	394	166%	17%
라틴아메리카		168.3	651.8	647.4	285%	−1%
유럽		549.7	746.2	586.5	7%	−21%
	벨기에	8.6	11.6	11.5	34%	0%
	프랑스	41.8	64.5	60.9	45%	−6%
	독일	71	83.3	68.9	−3%	−17%
	이탈리아	46.4	59.5	36.9	−21%	−38%
	네덜란드	10.01	17.4	16.6	64%	−5%
	폴란드	24.78	38.4	23.1	−7%	−40%
	스페인	28.1	47.4	30.9	10%	−35%
	영국	50.1	67.1	70.5	41%	5%

출처: 〈Our World in Data〉, United Nations, World Population Prospects (2022)

이들이 '피부양자', 즉 경제활동을 하지 않는 어린이들과 노년층을 돌봐야 한다. 부양비란 피부양 집단과 노동 인구의 비율을 나타낸다.

경제 활동 인구 대 피부양 인구

대부분의 국가에서, 연령 관련 부양비는 50~60% 정도를 오간다. 다수의 아프리카 국가에서는 약 70%를 오가며, 니제르와 말리에서는 100%를 초과한다. 여기서 부양비를 높이는 요소는 많은 어린이 인구다. 젊은 층과 노년층 인구는 행동이나 미래 계획이 매우 다르다. 정치인들에게는 교육 및 보육에 지출할지 의료 및 연금에 지출할지 중요한 영향을 끼친다.

유럽연합 집행위원회EC의 예측에 따르면, 유럽의 부양비는 2060년까지 상승 추세를 멈출 기미가 없어 보인다. 이 비율은 평균적으로 2015년 100에서 123으로 증가한다. 그때가 되면 세계 인구가 '부양'해야 할 사람이 25% 증가한다. 이 수치는 현재 노동 시장에 참여하지 않는 사람과 고령 근로자의 행동에 영향을 미칠 수 있는 개혁들을 반영한 결과다.

제한된 정부 연금과 높은 학력은 사람들을 더 오래 일하게 만든다

65세 이상 인구의 노동 참여율은 20년 동안 증가해 왔다. 하지만 국가 간 차이는 엄청나다. 한 가지 원인은 관대한 연금 시스템으로, 그

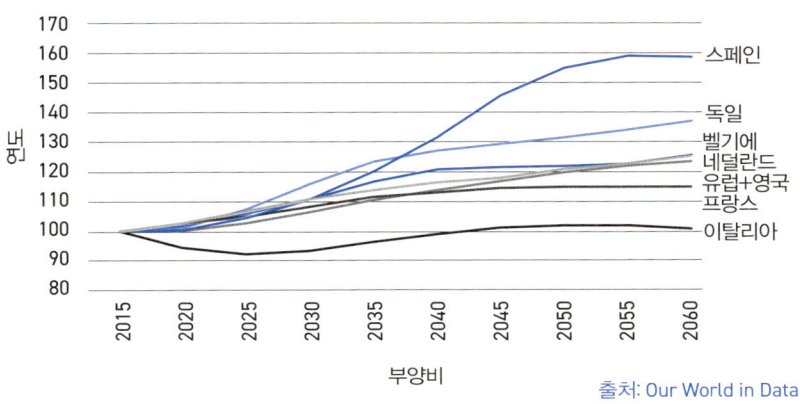

결과 65세 이상 유럽인의 평균 참여율은 약 6%에 불과한 반면, 미국은 20%에 달한다. 일본과 한국에서는 각각 4분의 1과 3분의 1이 계속 일한다. 또 다른 중요한 요인은 교육이다. 미국 정책연구소 브루킹스Brookings 연구소의 연구에 따르면, 중등 교육을 졸업하지 못한 남성의 4분의 1, 여성의 6분의 1 미만이 65세 이후에도 계속 일했다. 참여율은 교육 수준이 높을수록 높다. 대학원 학위나 박사 학위를 취득한 남성의 3분의 2와 여성의 절반 이상은 노동 시장에 계속 남았다. 잉글랜드 은행 금리 결정 위원회 전 위원인 마이클 손더스Michael Saunders는 고별 연설에서 '2001~2021년, 25~59세 인구 중 학위 소지자의 비율이 17%에서 41%로 증가했다'고 설명했다.[130] 그 결과, 이 연령대의 전체 참여율은 81.6%에서 85.8%로 상승했다. 이런 참여율 증가가, 16세 이상 인구 내에서 65세 이상 집단의 비중이 늘어나는 걸 상쇄했다.

> 그러나 평균 교육 수준의 추가적인 상승은 더 이상 기대하기 어려우며, 65세 이상 인구의 비중은 계속 증가한다. 그 결과, 지난 20년간 연 0.8%였던 노동 인구 증가율은 향후 10년간 0.4%로 절반 감소할 전망이다.

늘어나는 고령화 비용

2003년 전략국제문제연구소CSIS는 네 가지 요소를 기반으로 만든 노령화 취약성 지수를 발표했다. 최종 순위에서 앵글로색슨 국가들(영국, 미국, 호주)은 취약성이 낮게 나타났고, 캐나다, 스웨덴, 일본, 독일, 네덜란드, 그리고 벨기에가 중간에 위치했다. 취약성이 높은 국가들은 프랑스, 이탈리아, 스페인이었다.

20년이 지났으니, 자체 업데이트가 필요하다(CSIS는 그렇게 하지 않았다). 난 국가 수를 12개에서 18개로 확장했다. 그리고 4개가 아닌 5개의 지표를 선정했다. 그 결과, 앵글로색슨 국가들은 계속해서 높은 점수를 보였는데, 영국만 점수가 약간 낮아졌다. 20년 전 가장 취약했던 국가들은 여전히 가장 취약한 모습을 보였는데, 여기에 독일, 포르투갈, 벨기에가 새롭게 합류했다.

내가 처음으로 고려한 매개변수는 정부의 미래 재정에 관한 재정적 압력의 증가다. IMF는 G20(가장 중요한 20개 경제 대국 그룹) 정부의 연령 관련 총지출이 현재(2015년) GDP의 14%에서 2050년까지 6%

가 추가될 것으로 예상했다.[131] 의료비가 특히 증가하는 반면, 연금 혜택의 증가는 상대적으로 제한된다. 지출이 급격히 증가하는 국가는 미국(의료비)과 벨기에(의료비 및 연금)이다.

두 번째와 세 번째 지표는 국가가 대책을 마련할 수 있는 재정적 여유다. 세금을 얼마나 더 징수할 수 있고 부채를 얼마나 더 질 수 있는지가 중요하다. 세수가 일반적으로 GDP의 50%를 초과하는 상황에서, 유럽 대부분 국가에게 세금을 더 높이는 건 선택지가 아니다. 앵글로색슨 국가들과 일본은 40% 이하다. 그러나 후자의 경우 정부의 순부채가 GDP의 161%다(총부채는 GDP의 260%*). 하지만 코로나 팬데믹 이후 많은 다른 국가들도 막대한 정부 부채를 짊어지게 됐다.

더 많은 사람이 계속 세금을 내면, 연금을 더 오래 유지할 수 있다. 부양비 증가가 네 번째 지표인 이유다. 마지막으로, 총연금 수령액에서 정부 연금이 차지하는 비중이 중요하다. 후자가 클수록 이를 줄이기가 정치적으로 민감해진다. 앵글로색슨 국가에서는 사회 보장이 비교적 저렴한데, 민간 연금 제도가 잘 발달해 있다. 정부 연금은 연금 수급자의 총수령액의 3분의 1을 약간 넘는다. 유럽에서는 이 비율이 70~90%에 달해, 연금에 손을 대면 당연히 시위로 이어진다.

따라서 유럽에서는 고령화의 압박에 사회 보장 제도(연금 및 의료비)가 무너지지 않도록, 추가적인 조치들이 필요하다. 노동 참여율 증

---

* 총 부채와 순 부채의 차이는 대략 정부가 자체적으로 보유한 부채의 비율이다.

가가 묘책이 될 수 있다. 이는 연금에 더 많은 수익과 더 적은 지출을 보장한다. 유럽 위원회와 국제응용시스템분석연구소의 연구원들은 모든 유럽 국가가 2060년까지 스웨덴의 참여율인 82%를 달성했을 때, 노동 연령 인구를 기반으로 한 부양률이 어떻게 변하는지 조사했다.[132] 28개 EU 국가(당시 EU 회원국이었던 영국 포함)의 경우, 부양률이 4분의 1 증가하는 대신 안정화됐다(2015년 대비)! 지수가 각각 158과 164로 상승했던 스페인과 그리스는 증가율이 122와 102로 제한됐다. 그리스는 상당한 진전으로, 현재 저조한 상태의 국가에 해당 조치의 위력을 보여준다. 참여율이 72%인 프랑스는 지수가 15% 증가에서 15% 감소로 전환한다. 참여율이 70%를 간신히 넘는 벨기에는 25% 증가에서 17% 감소로 전환한다. 인구 통계는 경제적 운명이 아니다. 단지 용감한 정치인이 필요할 뿐이다.

고령화 취약성 지수 (2023)

취약성이 낮은 국가부터 높은 국가로

낮은 취약성
호주
캐나다
덴마크
아일랜드
스웨덴
미국
평균 취약성
영국
네덜란드
핀란드
일본
노르웨이
룩셈부르크
높은 취약성
독일
프랑스
스페인
포르투갈
벨기에
이탈리아

출처: IMF, VN, OESO의 자료를 바탕으로 직접 계산

고령화 트렌드

맬서스와 리카도와의 인터뷰:
플리트 스트리트의 평범하지 않은 아침

아직 이른 시간이다. 난 이비스 런던 블랙프라이어스 호텔을 나서 템즈강 방향으로 걸었다. 나의 런던에는 위대한 역사가 있다. 나는 피터 애크로이드Peter Ackroyd의 《런던: 전기London: The Biography》와 에드워드 러더퍼드Edward Rutherfurd의 소설《런던》을 여러 번 탐독했다. 런던을 걸을 때면, 항상 도시의 옛 모습을 상상해보는 작은 습관도 생겼다.

  내가 가장 좋아하는 시기는 18세기, 계몽주의 시대다. 내 오른쪽에 테이트 모던과 셰익스피어 글로브 극장이 있다. 글로브는 지금 여기에 있지만, 1599년 템즈강 남쪽 강변 근처에 지어진 원래 극장은 1613년 화재로 파괴됐다. 참, 오늘 난 특별한 두 신사와의 약속이 있다. 그래서 서둘러 블랙프라이어스 다리를 건너 플리트 거리의 올드 벨 태번을 향해 몇백 미터 더 걸었다. 이 건물은 17세기에 지어졌다. 크리스토퍼 렌Christopher Wren이 이곳에서 가까운 동쪽에 있는 세인트 폴 대성당에서 일하던 석공들을 위해 지었다고 전해진다. 그저 여러 이야기 중 하나일 뿐이지만, 이것만큼은 사실일 수도 있다.

펍은 알록달록한 스테인드글라스 창문으로 푸른색과 붉은색 빛이 여기저기 스며들고 있었지만, 어둡고 18세기 후반의 커피숍 분위기를 풍겼다. 주인 외에 손님이 단 몇 명뿐이다. 테이블은 대부분 비어 있다. 바 앞의 의자에 앉아 있는 남자는, 너무 미동도 없이 마치 인테리어의 일부처럼 보였다. 그때 어두운 구석의 테이블에 앉아 있는 두 신사가 내 눈에 들어왔다. 이 시대의 옷차림이 아니라 그런지, 나보다 이곳에 더 잘 어울렸다. 빈 의자가 하나 있고, 구레나룻이 아주 긴 남자가 나에게 앉으라고 손짓했다. 그들은 형제처럼 보였다.

신사들은 자신들을 토마스 맬서스 Thomas Malthus 와 데이비드 리카도 David Ricardo 라고 소개했다. 지금 시대를 기준으로 해도, 구레나룻이 매우 긴 토마스 맬서스는 옥스퍼드 강의실에 있어도 어색하지 않을 것 같았다. 그 옆의 데이비드 리카도는 당장 시장에 가도 시선을 끌 만한 옷차림이었다. 하지만 그의 투자 명성과 기회를 포착하는 재능이 소문만큼 사실이라면, 모두가 기꺼이 받아들일 인물이다.

난 주인에게 커피 세 잔을 가져다 달라고 신호를 보냈다. 그런데 리카도 씨가 나를 막았다. '우리가 이러려고 만난 게 아니지 않은가…' 예전의 케인스 씨의 말이 떠올랐다. 이 대화는 갑자기 끝날 수도 있어, 난 바로 시작하기로 했다. 그리고 데이비드 리카도에게 고개를 돌렸다.

"우리 시대의 위대한 거래인 중 한 명인 래리 하이트 Larry Hite 는 당신을 역사상 최초의 트렌드 추종자라고 불렀습니다. 심지어 하이트는 자신의 책《부의 원칙》(노태복 역, 한빛비즈, 2020)에서 당신의 영원불변의 원칙인 '손실은 짧게 끊고 이익은 길게 가져가라'를 따랐습니다."

"그 책은 읽어봤습니다. 당신도 그렇게 봤다면, 제대로 읽은 겁니다. 하이트 씨는 어려운 내용을 이해하기 쉽게 만드는 재능이 있더군요. 여기 내 친구 토마스는, 아주 쉬운 것도 어렵게 만들거든요."

"누가 할 소리. 자네의 작업에 대한 후대의 비판을 읽어보면 '어렵다'거나 '읽기 힘들다'는 말이 아주 많더군."

"거기에 '훌륭하다'는 말을 추가하고 싶군. 모두가 일정 수준의 경제학 공부를 통해 비교우위와 절대우위, 그리고 세계 무역의 주요 이점을 배우지. 난 그렇게 빠르지 않네."

"당신의 친구 래리의 책에서 가장 인상 깊은 구절이 뭔지 아십니까? 마이애미 해변의 늙은 신도의 이야기입니다. 어느 날 그는 이웃이 복권으로 수백만 달러를 땄다는 소식을 들었죠. 그는 너무 화가 나서 해변을 걸어 다니며 아무 데나 소리를 질렀습니다. 그가 외쳤습니다. '하나님, 너무하십니다. 전 좋은 남편이고, 좋은 아버지이며, 매주 일요일 교회에 갑니다. 그런 저도 복권에 당첨된 적이 없습니다.' 갑자기 교회의 그림처럼 하늘이 어두워지고 번개가 내리쳤습니다. 하늘에서 목소리가 들렸습니다. '복권을 산 적은 있나? 티켓을 사야 당첨되지. 게임을 하지 않으면 이길 수가 없어…' 우리는 모두 그 이야기에 웃었습니다."

"마치 당신께서 워털루 전투의 결과에 크게 베팅해, 영국 국채를 최저가로 대량 매수했던 일처럼 말이죠. 웰링턴이 승리했고 단번에 100만 파운드를 벌어 당시 가장 부유한 상인이 되셨습니다."

"플리트 거리에 소식이 처음 전해졌을 때가 기억나는군요. 가격이 엄청나게 오르기 시작했어요. 곧장 팔지 않고 차익을 내버려두기가 더 어려웠죠."

"나라면 못 참았을걸." 하고 토마스 맬서스가 인정했다. "내 친구 데이비드는 좋은 가격에 잡았습니다. 하지만 내가 계속 팔라고 말했고, 그가 내 말을 따랐죠. 난 모든 상승세를 놓쳤습니다. 그게 인생이지요. 하지만 후회는 없습니다. 난 언제나 거래인이라기보다는 학자에 가까웠으니까요."

"세상을 어떻게 보시죠? 맬서스 씨부터 말씀 부탁드립니다. 모든 사람이 당신이 만든 맬서스 트랩의 분석이 옳다고 생각했습니다. 인구는 천 년 이상 증가하지 않았죠. 인구가 늘어나면 언제나 기근으로 이어졌고, 결과적으로 인구가 감소하며 전체 주기가 새로 시작됐기 때문입니다."

"산업혁명과 함께 시작된 진보의 힘을 분명 과소평가했습니다. 생활 수준이 극적으로 향상됐고, 나는 의학 과학이 이룬 거대한 도약을 경이롭게 관찰하는 데만 수년을 보냈습니다. 그리고 이건 시작에 불과했죠."

그는 말이 너무 길어졌음을 깨닫고 마지막 말을 거뒀다. 나는 이 모든 걸 이해하려고 노력했다. 이 신사들이 온 그곳에서는 앞으로 일어날 일을 알고 있는 걸까? '시간과 공간'에 관한 온갖 개념들이 떠오른다. 미래는 예정된 걸까? 아니면 과거, 현재, 미래는 존재하지 않는 걸까?

하지만 난 그저 다음 질문만 알 뿐이다. "세계 인구가 정점에 도달하고 있고, 우리는 명백히 고령화 시대로 향하고 있습니다. 코엔 드 레우스Koen de Leus의 저서《회색의 땅을 향하여Naar Grijsland》는 이 시대를 따서 명명되었습니다. 새로운 버전의 맬서스 트랩이 오고 있는 걸까요?"

"분명 나쁘지 않은 책입니다. 하지만 내 사망 200주년인 2034년에 쓰일 전기만큼 좋지는 않을 겁니다. 거기서 내 생각들이 완전히 복원될 예정입니다."

"세상에 좋은 소식이 되겠군요?"

"항상 데이비드는 낙관론자로, 난 비관론자로 묘사되는 게 좀 아쉽군요. 어쩌면 그가 돈에 더 능숙했기 때문일지도 모르겠습니다. 어쨌든 질문에 답하자면, 상당 부분이 당신들의 통제 범위 내에 있습니다. 모두 더 오래 살기를 바라면서 60세에 은퇴하기를 원한다면, 힘든 여정이 될 겁니다. 그건 그렇고, 당신이 말한 '노성년기seniorescence'가 마음에 듭니다. 모든 것이 가능하지만 아무런 의무가 없는 시기. 아주 좋습니다."

"당신은 지금 '노성년기'를 즐기고 있습니까?"라고 묻고 싶었다. 어쨌든, 수백 년이 지나도 데이비드 리카도보다 똑똑하기란 쉽지 않다.

"우리 학자는 대개 그렇듯이, 요지가 있습니다. 인구 통계 분야에서 해야 할 일이 있어 보이는군요. 하지만 세계화도 마찬가지입니다. 교역이 줄어들면 풍요로움도 줄어듭니다. 이를 반박하는 이론을 만들 수는 있지만, 그건 행운을 빕니다. 하지만 그것도 당신들의 통제 범위 내에 있습니다."

"두 분께 개인적인 질문을 드려도 될까요?"

"빨리하시죠. 차원의 문은 아주 짧은 시간 동안만 열어둘 수 있거든요. 당신도 언젠가 알게 될 겁니다. 아니면 이미 알 수도 있겠군요. 최근 조셉 슘페터와 이야기했죠? 아니면 이 주제에 대해 그와 이야기할 건가요? 몇 개의 혁신 군집만 더 있으면 됩니다."

"두 분은 생전에 의견이 일치하지 않았지만, 친구였습니다. 그리고 분명 지금도 친구시고요. 두 분의 첫 만남은 의회에서 곡물법을 두고 벌어진 격렬한 싸움이었고, 서로 반대편이었습니다. 친구가 된 비결이 무엇인가요?"

모두 예상하지 못한 질문이었다. 맬서스가 먼저 입을 열었다.

"원칙적으로 존중이 중요합니다. 의견은 다를 수 있지만, 결국 자신이 믿는 것을 위해 싸우고 타협에 도달하거나, 혹은 그렇지 못하더라도, 모두에게 더 나은 결과를 줍니다."

"존중하고 계속 대화할 것."이라고 리카도가 덧붙였다. "이게 가장 중요합니다. 지금 사람들 사이에는 대화의 여지가 별로 없어 보이는군요. 기후 문제가 좋은 예시입니다. 계몽주의의 전통 속에서 토론을 성공적으로 이끌지 못한다면, 심각한 문제가 생길 겁니다."

"당신과 코엔도 비슷하지 않은가요. 어떻게 합의점을 찾나요?"

맬서스의 입가에 미소가 비치고, 리카도는 크게 웃기 시작했다.

잠시 파란빛이 리카도에게, 붉은빛이 맬서스에게 비치더니 두 사람은 사라졌다. 플리트 거리 밖으로 나서자 귀에는 케니 로저스의 '갬블러 The Gambler'가 들려온다. '언제 잡아야 할지, 언제 접어야 할지, 언제 떠나야 할지, 언제 달려야 할지 알아야 한다…' 그리고 갑자기 난 21세기로 돌아왔다. 변할수록 더 그대로인 것들이 있다.

최소 백 년의 삶에서 보내는 노성년기

"내일 죽을 것처럼 살아라. 영원히 살 것처럼 배워라."
− 마하트마 간디

인간의 수명 연장은 유아 사망률의 폭발적인 감소로 시작됐다. 다음 큰 기폭제는 의학의 발전으로, 암, 심혈관 질환과 같은 질병을 더 효과적으로 통제하게 됐다. 이 기폭제는 향후 몇 년 동안 확실히 강화될 전망이다.

우리는《노화의 종말》(이한음 역, 부키, 2020)의 저자 데이비드 A. 싱클레어 David A. Sinclair와 같은 사람들의 야심 찬 비전이 있다. 그는 노화 과정이 늦추고, 멈추고, 심지어 되돌릴 수 있는 질병이라고 주장한다. 어느 시점이 되면, 150세나 200세, 혹은 그 이상도 살 수 있을까? 인류는 (거의) 영원한 삶을 원하는 걸까?

산업혁명 이전까지는 태어나고, 금방 일하기 시작했고, 그러다 죽었다. 20세기가 시작되자, 삶은 세 단계의 정해진 형태를 갖게 됐다. 첫 번째 교육 단계, 그다음 노동 단계, 마지막은 연금 단계다. 문제는 여기서 생긴다. 연금 기간이 점점 길어지며, 노동 기간의 생활수준을 유지하기가 더 어려워지고 있다. 더 오래 일하거나, 더 부족한 생활에 만족해야 한다. 앞의 문장은 인구의 고령화와 연금의 감당 능력 등의 문제에 더 예민해지게 만든다.

생명 연장이 저주처럼 인식될 위험도 있다. 린다 그라튼 Lynda Gratton

과 앤드류 J. 스콧Andrew J. Scott은 기념비적인 책 《100세 인생》(안세민 역, 클, 2020)에서 그 생각을 프랑스 우화로 생생하게 그려냈다. 요정 온딘은 남편이 불륜을 저지르고 코를 골며 잠든 모습을 발견하고 그에게 저주를 내린다. 그는 깨어 있는 한, 숨을 쉬고 살 수 있다. 하지만 잠들면 목숨을 잃게 된다. 그 순간부터 팔레몬은 잠들지 않기 위해 계속 쉼 없이 움직인다. 우리도 마찬가지다. 아무리 피곤해도 끊임없이 움직이고, 계속 일해야 한다는 강박을 느낄 수도 있다.

의미 없이 긴 삶은 지루하다. 우리는 끊임없이 의미를 찾아 헤매는 존재다. 그리고 기술과 아이디어, 즉 지식을 자녀와 사랑하는 사람들에게 전하고, 그리고 궁극적으로 모든 사람에게 간접적으로 전달하는 일보다 더 의미 있는, 풍요로운 삶이 무엇이 있을까? 파인만 기법을 만든, 물리학자 리처드 파인만Richard Feynman은 무언가를 설명하고 가르칠 때만 그것을 진정으로 배울 수 있다고 말했다. 새로운 세상에서는 모든 젊은이와 청소년들이 멘토를 가져야 한다. 반대로, 모든 멘토는 역멘토링을 통해 자신의 젊은 파트너로부터 새로운 기술을 배워야 한다.

사실 사람들의 수명이 길어져, '청소년기'라는 용어가 생긴 지는 그리 오래되지 않았다. 이는 대략 16세부터 21세까지로, 어린이에서 성인으로 전환하는 기간이다. 이 단계의 청소년들은 상호적이고 친밀한 관계를 형성하는 데 집중한다. 이 기간이 그리 좋았는지, 이제 사람들은 여행하고 삶을 즐기며, 다음 단계(영구적인 직업, 집, 가족 책임)를 최대한 미루면서까지 이 '어린 성인기'를 연장하려고 노력한다. 이는 그 자체로 이미 고용 시장, 부동산 시장, 출산율 등에 분명 많은 영향을 미치고 있다.

이제 기존의 경력 생활의 끝에 이 시기를 도입할 때가 왔다. 나는 청소년기를 여기에 대입해 '노성년기seniorescence'로 부르고 싶다. 하지만 이는 우리의 목적지로 향하는 첫걸음에 불과하다. 이제 경력이라는 오래된 개념을 재고할 때다. 어떤 분야를 잘하게 되고, 실력을 유지하려면 연습과 시간이 필요하다. 하지만 우리가 더 오래 일하고, 직업이 너무 단조롭거나, 어렵거나, 짜증 나는 일로 변하지 않게 하려면, 새로운 개념이 필요하다.

'경력'을 '전환자transiteer'로 대체하면 어떨까? 이는 라틴어 transire(통과, 전환)에서 유래한 단어로, 하나의 경력에서 다른 경력으로의 반복적인 경로 전환, 그리고 끊임없이 자신을 재창조한다는 개념을 담고 있다. 이제는, 분명 많은 영역에서 조정과 변화가 필요하다. 우리는 반복해서 처음부터 다시 시작할 의지를 가져야 한다. 그리고 휴식을 취하고 활기를 되찾는 기간을 준비해야 한다. 다양한 연령대의 경계는 모호해질 수도 있다. 그러면서 우리는 평면적인 연령 사회flat age society로 나아가게 된다.

모든 구성원이 더 유연한 삶의 주기를 갖게 되면, 가족 구조는 상당히 복잡해진다. 직원들은 연장자가 직급상 더 높은 위치에 있는 기존의 구조가 뒤집힐 수 있다는 점에 익숙해져야 한다. 그리고 정부가 연금 개혁에 관해 이야기할 때, 사람들이 더 오래 일할 수 있도록 진심으로 노력해야 한다. 투자 관점에서 볼 때, 지식과 기술을 최신으로 유지하는 게 그 어느 때보다 중요하다. 언제나 충분히 투자해야 한다. 이것이 아마도 이 책에서 얻을 수 있는 가장 중요한 투자 조언일지도 모른다.

2
성장과 생산성에 미치는 영향

키포인트

- ✓ 개발도상국은 세계 최대 경제 대국 반열에 오를 잠재력을 가지고 있다. 구매력 평가지수 기준 상위 7개 경제 대국 중 6개는 성장 국가이며, 미국만이 3위를 차지한다. 하지만 팬데믹으로 이런 진전 속도가 느려졌다.

- ✓ 이런 변화의 전제 조건은 건전한 경제 관리와 훌륭한 제도적 틀이다. 이 두 가지는 인구가 가장 많이 증가하고 있는 일부 국가에는 부족한 요소다. 결과적으로, 성장하는 젊은 인구층은 불확실한 경제적 미래를 마주하게 된다.

- ✓ 생산성은 연금 수급자의 생활 수준을 안정시키고 노동 인구의 생활 수준을 높이는 데 단연코 가장 중요한 요소다.

- ✓ 직원의 연령과 생산성을 비교해 보면 혹 모양의 추세로 나타난다. 생산성은 약 40세까지 증가한 뒤, 경력 말기까지 감소한다. 파괴적인 기술에도 동일한 추세가 적용된다. EC에 따르면, 고령화는 유로존의 총요소생산성(TFP)을 거의 4분의 1 감소시킬 전망이다.

- ✓ 총요소생산성 외에도 자본 투자로 인한 생산성도 있다. 고령화 사회에서는 전체 경제에 대한 투자는 감소하지만, 고용인 1인당 투자는 증가한다. 유럽에서는 자동화가 인력 부족을 확실히 보완해야 한다.

- ✓ 유럽연합 집행위원회에 따르면, 총 생산성 성장은 연간 1.5%로 서서히 발전할 전망이다. 이는 또한 유럽이 구상하는 장기 성장률이기도 하다.

권력을 장악하는 신흥국

실질 세계 경제 성장률은 2002년부터 (코로나 팬데믹 직전인) 2019년까지 평균 3.8%를 기록했다. 선진국은 이 절반 수준에 그쳤지만, 신흥국은 5.6%를 달성했다. 후자의 놀라운 성과가 예상 밖의 일은 아니다. 증가하는 노동력과 서구와의 기술 격차 감소가 이들 국가를 상위로 끌어올렸다. 특히 중국(9%)과 인도(7%)는 뛰어난 실적으로 평균을 높였다. 반면 라틴아메리카는 2.5%로, 또다시 실망스러운 성장률을 기록했다. 남미의 강국 브라질(2.4%)은 정치적 위기와 급격한 원자재 가격 하락으로 2014~2015년 심각한 경제 불황을 겪었다. 심지어 2000년대 10년간에도 성장세를 달성하지 못했다. 부패와 부실한 경제 관리가 성장 잠재력을 약화했다. 노동력의 증가가 성장의 폭발을 보장하진 않는다.

2050년까지 어떤 일이 일어날까? 부양해야 하는 어린 세대보다 노동 인구가 많아진다. 현재 전 세계적으로 일어나는 일이다. 1950년에는 15세 미만 어린이 1명당 15~64세 인구가 1.8명이었지만, 지금은 2.5명이다. 세기말에는 3.4명이 될 전망이다. 현재 부유한 국가들은 지난 수십 년 동안 경제 활동 인구의 상대적 폭발로 혜택을 누렸다. 향후 수십 년은 빈곤 국가들의 차례가 될 예정이다.

컨설팅 회사 PwC에 따르면, 향후 수십 년 안에 세계 질서가 완전히 바뀔 가능성도 있다.[133] 1995년 E7(브라질, 러시아, 인도, 중국, 인도네시아, 멕시코, 터키)의 경제 규모는 구매력 평가지수 기준으로 G7[134]

2016년/2050년 GDP 순위
(구매력 평가지수 기준)

	2016	2050
중국	1	1
인도	3	2
러시아	6	??
브라질	7	5
인도네시아	8	4
멕시코	11	7
튀르키예	14	11
이집트	21	15
나이지리아	22	14
파키스탄	24	16
필리핀	28	19
방글라데시	31	23
베트남	32	20

출처: 〈The Long View〉, PwC, 2017년 2월

국가들의 절반 수준이었다.[*] 2015년에 규모가 같아졌고, 2040년에는 두 배로 커질 수 있다. 2050년에는 6개의 신흥국이 7대 경제 대국에 들게 된다. 코로나 팬데믹은 이런 변화를 몇 년 정도 지연시켰다. 그리고 러시아는 우크라이나를 잔혹하게 침공하며, 자국의 경제적 미래를 심각하게 저당 잡혔다. 2050년에 6위에 오르기란 거의 확실히 불가능해져, 러시아는 순위에서 배제했다.

사실상 인구 폭발을 겪고 있는 모든 신흥국의 순위가 상승하고 있다. 강력한 인구 증가와 큰 폭의 생산성 증가는 매우 강력한 성장 촉진제가 된다.

---

[*] 경제를 비교할 때 구매력 평가 purchasing power parity가 종종 사용된다. 이는 양쪽 경제에서 총 실현 소득으로 얼마나 많은 상품과 서비스를 구매할 수 있는지를 조사하는 것을 포함한다. 개발도상국의 상품 및 서비스 비용이 선진국보다 훨씬 낮기 때문에, 선진국의 GDP가 훨씬 크더라도 구매력 평가 기준 경제 규모는 두 그룹에서 동일할 수 있다.

앞에 언급한 변화는, 빠르게 성장하는 젊은 인구의 잠재력을 보여준다. 하지만 인구 통계가 정해져 있더라도, 인구 증가가 반드시 경제 성장으로 이어지지는 않는다. 이는 성장에 도움이 되는 제도적, 정치적 체계가 있다는 전제가 필요하다. 불행히도 많은 개발도상국은, 부패하고 무능한 정부가 경제가 잠재력을 최대로 발휘하는 걸 막는 모습을 역사적으로 자주 보여줬다. 나이지리아는 젊고 유망하지만, 최근 몇 년간의 정치적, 사회적 불안이 성장 잠재력을 망치고 있다. 앞서 우리는 브라질의 부진한 성장 성과를 언급했지만, 다른 많은 남미 국가도 똑같은 실망감을 느꼈다. 〈이코노미스트〉에 따르면[135] 이들은 저조한 교육, 부패, 그리고 거대한 지하 경제의 결과로 '놀랍도록 비생산적인 노동력'에 직면하고 있다.

좋은 제도는 개발도상국이 혜택을 누리도록 돕는다

장기적인 성장 격차의 주요 원동력은 무엇일까? 인구, 투자, 교육, 기술적 낙후성은 확실한 요인이다. 그러나 마이클 G. 자코비데스Michael G. Jacobides 교수는 PwC와의 인터뷰에서 "경제적으로 장기적인 성공과 실패에는 제도의 우수성이 결정적으로 중요한 역할을 한다."고 말했다.[136] 예를 들어, 서구의 부상을 보면, 메디치 시대 피렌체의 은행업, 영국과 네덜란드의 주식회사, 미국의 대기업 전문 경영과 같은 경제 및 금융 제도의 발전이 16세기부터 20세기까지 경제 성장을 촉진하는 데 중요한 역할을 했다. 대런 아세모글루Daron Acemoglu와 제임스 로빈슨James Robinson은 그들의 베스트셀러 《국가는 왜 실패하는가》(최완규 역, 시공사, 2012)에서 인간이 만든 정치 및 경제 제도가 경제적 성공 또는 그 실패의 근원임을 설득력 있게 보여줬다. 대한민국과 북한은 단일민족 국가임에도 불구하고 극명한 대조를 나타낸다. 북한 주민들은 세계에서 가장 가난한 반면, 남한 주민들은 가장 부유하게 생활한다. 남한은 인센티브를 장려하고 혁신을 보상하며 경제적 기회에 광범위하게 참여할 수 있는 사회를 건설했다. 이러한 인센티브에 기반한 경제적 성공이 유지된 건, 정부가 국민에게 책임감을 가졌기 때문이다. 슬프게도 북한 주민들은 수십 년 동안 기근, 정치적 억압, 그리고 전혀 다른 경제 제도를 견디고 있는데, 끝날 기미가 보이지 않는다.

안정성과 번영을 보장하는 생산성 증가

모든 국가가 스웨덴처럼 되어야 한다. 참여율의 증가가 성장 촉진과 고령화 비용 절감에 미치는 엄청난 잠재력을 고려하면, 벨기에에 사는 사람들도 행복할 수도 있다. 하지만 스웨덴이 보여준 참여율의 증가 수준은, 대부분의 국가에서 비현실적으로 느껴질 만큼 낙관적이다. 벨기에의 고용률은 2000년부터 현재까지 4% 증가하여 71.9%에 도달했는데, 주로 여성의 노동 시장 참여 증가에 기인한다. 2030년 목표는 80%지만 달성하기 어렵다. EU 전체의 현실적인 참여율 증가를 고려할 때, 유럽연합 집행위원회는 2019~2070년까지 노동 인구가 약 16% 감소한다고 추정한다.[137] 이는 연평균 경제 성장률 0.2%

감소에 해당한다. 벨기에, 네덜란드, 프랑스에서는 감소 폭이 평균 0.1%로 제한적이다. 반면, 일부 중부 및 동유럽 국가에서는 이민으로 인해 연간 노동 인구가 0.5%에서 1%까지 줄어들 전망이다.

전 미국 연방준비제도 이사회 의장인 앨런 그린스펀^{Alan Greenspan}은 "노동자 1인당 생산량 증가는 성장 증가에 가장 큰 잠재력을 가지고 있다. 연금 수령자의 생활 수준을 안정시키고 근로 인구의 생활 수준을 향상시키려면 노동생산성의 증가가 필요하다."고 언급했다.

헨트대학교 경제학 교수인 게르트 피어스만^{Gert Peersman}도 이에 전적으로 동의했다.[138] 그는 경영 조직 이션^{Etion}과의 인터뷰에서 "벨기에에서는 흔히 일자리, 일자리, 일자리와 낮은 참여율에 관해 이야기하지만, 그 문제는 우리의 뒤처진 생산성에 비하면 중요하지 않다. 심지어 생산성 문제는 고령화 현상을 다룰 때 더욱 중요하게 여겨야 한다."고 말했다. "내일 당장 모든 사람을 일하게 하더라도 필요한 경제성장에는 여전히 부족하다."고 덧붙였다. 특히 1인당 성장*은 충분히 빠른 생산성 증가를 통해서만 가능할 것이다. 피어스만은 "특히 벨기에의 경우, 전적으로 자본을 더 많이 활용해 노동생산성을 증가시켰다."고 설명한다. 기계를 더 많이 설치해 달성한 수치를 스칸디나비아와 같은 국가들은 노동과 자본 간의 더 나은 조화를 통해 이뤘다. 이게

---

* 1인당 성장은 실질 성장률/총인구. 이는 1인당 번영의 변화를 가장 잘 보여준다. 총인구의 실질적인 감소는 노동 인구 감소보다 몇 년 뒤에 나타나기 때문에, 1인당 성장은 부정적인 영향을 더 빠르게 보여준다.

바로 경제학자들이 말하는 총요소생산성TFP이다.139 역사적으로 서구 국가에서 노동생산성 증가의 3분의 2는 TFP가 차지했다. 하지만 벨기에는 지난 20년 동안 이 비율을 일정하게 유지해 예외적인 국가가 됐다. 피어스만은 "벨기에는 생산성을 더욱 높이려면, 무엇보다 인적 자본을 더 똑똑하고 유능하게 만들어야 한다."고 결론지었다.

일반적으로, 고령화 환경은 생산성 향상에 도움이 되지 않는다고 일컬어진다. 무엇보다, 혁신과 신기술의 확산은 노령 사회보다 젊은 사회에서 더 빠르게 일어난다. 둘째, 참여율이 증가하려면, 저숙련자와 55세 이상 인구의 고용이 늘어야 한다. 마지막으로, 기업 수 감소로 인해 자본 투자가 잠재적으로 감소할 수 있다. 50세인 사람은 25세인 사람보다 사업을 시작할 가능성이 낮다.

노인은 혁신하지 않는다

도이체방크 투자은행의 전 수석 이코노미스트였던 노베르트 워커 Norbert Walker는 지식 창조에도 규모의 경제가 적용된다고 말한다. 인구가 성장하면 학문적 엘리트도 늘어난다. 이는 인구가 감소할 때와 비교해 아이디어가 더 활발히 교환되고, 다양한 방법으로 더 많은 새로운 지식을 개발할 수 있다. 그리고 인구 고령화는 혁신 감소로도 이어진다. 기술 지식은 젊은 근로자들이 생산한다. 노벨상의 대다수는 32세 이전에 이룬 과학적 성과에 수여됐다.

경제학자 메리 칼텐버그$^{Mary\ Kaltenberg}$와 아담 재피$^{Adam\ Jaffe}$, 심리학자 마지 라크만$^{Margie\ Lachman}$의 연구도 같은 맥락을 보입니다.[140] 첫째, 그들은 연구자들의 특허 출원이 30대 후반에서 40대 초반에 정점을 찍는 데 주목했다. 그리고 또 과학 분야를 근본적으로 변화시키고 생산성을 크게 향상시키는 파괴적 혁신도 주로 젊은 발명가들이 개발했다. 그 이유는 심리학자들이 말하는 '유동 지능'이 젊은 사람에게 더 많이 나타나기 때문인데, 새로운 문제를 해결하고 새로운 아이디어를 다루는 능력을 말한다. 노년층은 '결정화된 지능'을 가지고 있는데, 모든 일이 작동하는 방법에 관한 지식이 축적된 저장소를 뜻한다. 정확한 경계는 없지만, 대부분의 연구에 따르면 유동 지능은 성인 초기(20대 초반)에 정점을 찍고 30대에 감소하기 시작한다. 두 가지 유형의 지능 모두 유용하지만, 생산성을 가속하는 혁신에 있어서는 유동 지능이 훨씬 우위에 있다.[141]

또, 고령화 사회는 젊은 사회보다 기업가 정신이 덜하다. 런던 비즈니스 스쿨의 글로벌 기업가 정신 모니터링 프로젝트의 결과에 따르면, '기업가적' 활동 성인은 25세에서 44세 사이다. 이는 문제가 있는 상황이다. EU의 평균 연령은 2020년 40~45세에서 2050년 45~53세로 늘어날 전망이다. 일본의 평균 연령은 53세, 미국의 평균 연령은 42세로 늘어날 것으로 보인다.

그렇다면 고령 근로자들은 현장에서 생산성이 떨어질까?[142] 노동력이 성숙할수록 평균적으로 업무 경험이 더 많아, 생산성에 긍정적이지만, 노동력이 보유하는 기술은 노동 시장에 진입하기 전 또는 경력 초기에 습득한 지식에 따라 차이가 난다. 이런 새로운 기술의 재고는 혁신과 생산성에 부정적인 영향을 미치는 요소다. 또, 새로운 정보 기술의 흐름은, 당연하게도 젊은 노동력이 훨씬 잘 다룬다. 이러한 요소들의 조합은 생산성 대 연령을 묘사할 때 낙타 등 모양의 추세를 보인다. 즉, 40세까지 증가하다가 경력 말기로 갈수록 감소하는 모양새다. 이는 2000년 이후 서구 국가에서 나타난 생산성 감소와 일치한다.

IMF에 따르면, 유로존의 인구 통계 예측에 기반했을 때, 노동 인구의 고령화는 2014년부터 2035년 사이에 TFP 성장을 연간 약 0.2%의 감소시킬 전망이다. 이 기간에 추정되는 TFP가 1% 미만임을 감안할 때, 이는 고령화가 없다면 TFP가 4분의 1 더 높았을 것이라는 뜻이다.[143]

정부가 노동 인구의 고령화에 직면하면 무력해진다. 많은 국가가 출산율을 높이려 노력하지만, 제한적인 성공에 그치고 있다. 하지만 높은 출산율과 젊은 인구만이 생산성을 결정하는 유일한 요소는 아니다. 만약 그렇다면, 사하라 이남 아프리카의 최빈국들이 세계에서 가장 역동적인 지역이 되어야 한다. 가장 확실한 방법은 좋은 교육의 제공이다. 중국, 브라질과 같은 개발도상국에서는 여전히 수백만 명의 어린이가 적절한 교육을 받지 못하고 있다. 벨기에 같은 일부 선진국도 PISA(국제 학업성취도 평가)가 발표될 때마다 결과가 나빠지고 있다. 〈이코노미스트〉는 '잠재적인 노동력이 감소하면, 모든 사람의 생산량을 극대화하는 게 필수적인 상황이 된다. 이는 인구 고령화의 영향을 상쇄하는 데 도움이 된다. 적어도 혁신에 관해서는 그렇다.'고 썼다.

자본 투자: 더 많이, 그러나 제한적으로

자본 투자의 미래 전망은 어떨까? 고령화로 인해 기업의 수가 감소하고 있다. 하지만 기계 및 장비 투자에 미치는 영향은 분명하지 않다. 근로자가 줄어들면 필요한 기계와 장비도 줄어든다. 그러나 인공지능, 자동화 또는 로봇 등의 특정 기술은 인간의 노동을 보완하기보다는 대체한다. 그리고 필요해지고 있다. 근로자당 생산량이 증가하려면, 현재 인력에 대한 투자에 더해, 노동력 감소를 자동화로 일부 상쇄하는 시나리오가 필요하다. 자본과 노동의 비율이 상승한다.

고용 인력 부족: 자동화 또는 성장 둔화

플랑드르 고용주 단체 VOKA의 시뮬레이션에 따르면, 2003~2019년 사이에 고용은 거의 50만 명이 증가했다. 같은 기간 20~65세의 인구 증가는 20만 명을 조금 넘는 수준이었다. 비활동 인구의 활동이 격차를 메웠다. 향후 16년간 잠재적 성장을 달성하려면 거의 60만 명의 추가 근로자가 필요하다. 하지만, 이 기간에 노동 인구는 수만 명이 감소할 것으로 예상된다. 참여율이 추가로 늘면, 다시 격차의 일부를 메울 수 있다. 나머지는 자동화가 필요하다. 임금 상승은 기업이 점점 더 저렴해지는 로봇에 투자하도록 장려하게 된다. 이 모든 조치가 실패하면 다수의 플랑드르 기업은 외주를 주거나 일감을 포기해야 한다. 이는 성장과 번영의 감소로 이어진다.

피어스만 교수는 자본 증대보다는 TFP에서 주로 파생되는 생산성이 더 바람직하다고 말한다. 이런 기계에 투자가 이루어져야 하고, 그 자본에 대한 보상이 필요하다. 이는 임금이 높아질 여지를 줄인다. 하지만 생산성 성장이 TFP 성장에서 비롯되면, 이런 모순에 직면하지 않는다. 생산성이 더 효율적이고, 더 고품질이며, 더 혁신적인 과정을 통해 성장하면, 노동과 자본이 모두 추가적인 이윤을 공유할 수 있다.

결론적으로, 고령화 사회는 생산성에 다소 부정적인 영향을 미친다. 유럽 위원회의 수치는 장기 생산성 성장률은 약 1.5%로 나타났다. 고령화 인구가 TFP의 4분의 1을 잠식해 1%로 만든다. 자본 투자가 여기에 0.5%를 더한다. 1.5%는 위원회가 예상하는 유럽의 장기 성장률과도 일치한다. 노벨상 수상자 폴 크루그먼은 오래전, '생산성이 전부는 아니지만, 장기적으로는 거의 전부다'라고 말했다. 고령화 사회에서는 생산성이 정말로 모든 것이다.

급변하는 인구 통계에
투자하는 방법

앞으로 몇 년간의 출생과 사망을 예측하면 조금 더 복잡해진다. 출생 수는 더 줄어들지만, 사람들이 생각보다 더 오래 살 가능성이 높다. 이번 세기말에 인구가 현재보다 50% 이상 많은 110억 명으로 정점을 찍을 것이라는 예측은 과장일지도 모른다.

지구, 자원 및 식량 공급에 대한 압력은 계속 증가한다. 이는 원자재 및 농업 관련 주식이 모든 장기 투자 포트폴리오에 포함되어야 한다는 걸 의미한다. 특히 기존 자원을 보다 효율적이고 환경친화적으로 처리하는 솔루션을 제공하는 기업과 주식들을 추가해야 한다. 차기 애플이나 마이크로소프트는 배터리 기술 회사, 또는 해수를 에너지 효율적으로 담수화하거나 농업 생산량을 환경친화적인 방법으로 개선하는 회사가 될 전망이다.

변화는 항상 승자와 패자를 만든다. 주요한 변화가 생기면, 우리는 큰 승자와 큰 패자에 관해 이야기한다. 오늘날 우리는 막대한 부가 생길 수도, 사라질 수도 있는 지점에 있다. 진보는 빈곤에서 부로 이어지는 직선 경로가 아니다. 너저분하고 혼란스러운 길로, 특히 제대로 대처하지 못한 사람들에게는 위험하다.

가장 먼저, 큰 승자와 패자는 국가 수준에서 시작된다. 여전히 성장하고 특히 젊은 인구를 가진 개발도상국, 특히 아프리카는 어느 시점이 되면 인구 배당의 혜택을 누린다. 인구가 감소하고 (빠르게) 고령화되는 성숙한 국가들은, 인도적이고 경제적으로 책임감 있는 이민 정책을 내부적인 지지와 함께 실행하는 게 중요하다. 이 극도로 어려운 균형을 성공적으로 이루는 국가는 투자 관점에서 이점을 가진다. 예로 미국, 캐나다, 호주, 뉴질랜드가 포함되고 프랑스도 어느 정도 그렇다. 이와 관련해서 유럽 대부분의 국가들과, 한 자녀 정책을 펼친 중국도 분명 전망이 그리 낙관적이지는 않다.

현재, 수명의 연장은 노년기가 더 길어진다는 걸 의미한다. 하지만 결국 우리 모두는 도움이 필요하다. 그리고 돈을 충분히 마련하는 일만으로는 부족하다. 돌봄을 제공할 사람도 있어야 한다. 비록 일부 서비스는 미래에 가상으로 진행되거나 로봇의 도움으로 제공되겠지만, 진짜 사람이 충분히 가까이 살아야 한다. 노년층을 돌보려는 젊은 사람들이 부족해지면, 이런 유형의 노동에 대한 비용(임금)이 상승하며 시장에서 다른 직업들을 밀어낼 수도 있다. 한 가지는 확실하다. 간호 직원이나 의료 부문 직원들은, 향후 몇 년간 거의 완벽한 직업 안정성을 누리게 된다. 다만, 젊은 사람들을 유인하려면 매력적인 급여 이상의 무언가가 필요하다.

제약 및 생명공학 회사는 인구 통계학적 혁명의 큰 승자가 된다. 진행되고 있는 혁신들을 설명하려면 책이 여러 권 필요하다. 과학자들에 따르면, 우리는 인간 DNA를 거의 완전히 해독했다고 한다. 동시에

나스닥 생명공학 지수

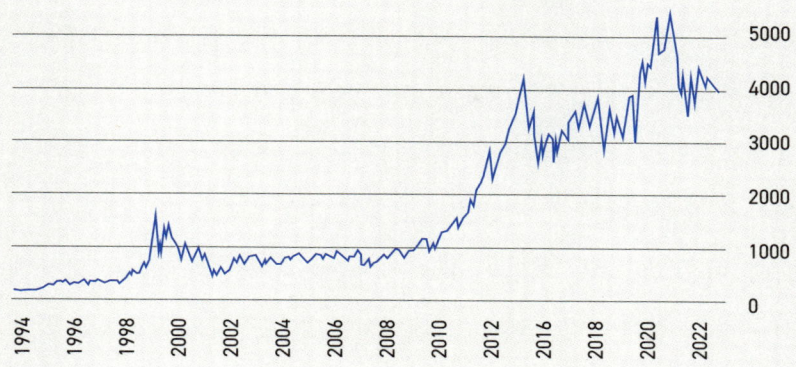

DNA의 연구비용도 감소하고 있다. 개인 DNA 검사 비용은 2001년 1억 달러에서 2022년에는 약 300달러로 떨어졌다. 과제는 수백 테라바이트에 달하는 모든 DNA 데이터를 저장하는 일이다. 그리고 우리는 자신의 DNA 정보가 보호받기를 원하며, 개인정보도 중요한 역할을 한다. 모든 게 얽혀있는 상황이다. AI의 개혁은 생명공학 분야의 발전을 촉진한다. 하지만 이를 위해서는 혁신 장에서 이미 언급했듯이, 반도체와 인터넷 보안이 필요하다.

어쨌든 생명공학 분야는 향후 몇 년간 유망한 투자의 파도 중 하나라는 걸 충분히 알아주길 바란다. 하지만 주의해야 한다. 변동성이 큰 분야로, 투자에는 위험이 따른다.

그리고 개별 생명공학 주식과 관련된 위험도 특별히 신경 써야 한다. 진정한 '승자 독식' 분야다. 여러 임상 시험 단계를 성공적으로 통과해 새로운 약을 출시하는 기업들은 종종 주가가 네 배로 뛰는 모습을 보여준다. 반면, 실험의 차질이나 지연으로 주가가 30~50% 급락하기도 한다. 새로운 약품을 맨 처음부터 시장에 출시하기까지는 10~15년은 쉽게 걸리고 비용은 평균 25억 달러가 든다.

생명공학 분야에 투자할 경우, 거북이 알 전술을 추천한다. 다수의 회사가 실패한다는 걸 인지하고, 유망한 많은 회사에 투자하는 방식이다. 이중 성공하는 기업이 상당한 마진으로 다수의 실패를 보상한다. 주의할 점이 있다. 정부는 장래의 비용을 예측하고 의료비를 감당할 수 있도록 노력하기 마련이다. 그 결과, 신약의 특허 보호 기간을 짧게 만들어, 약값을 통제하기도 한다. 이는 생명공학 회사와 그 투자자들이 새로운 혁신으로부터 얻는 수익이 적어질 수 있다는 걸 의미한다. 특허 분쟁은 법정에서 끝나는 경우가 잦아, 이 분야에 전문가인 변호사들은 오랫동안 일거리가 있을 전망이다.

반면, 우리는 전자 보건 e-health 과 전자 의료로의 대규모 전환이 눈앞에 놓여 있다. 노인을 돕기 위한 디지털화, 자동화 및 로봇화가 진행된다. 주거 요양 센터에 행정, 건물 유지보수 또는 식사 준비를 위한 로봇이 배치된다. 고령자 요양 센터의 각 거주자가 개인 로봇을 가질 수도 있다. 의료 자동화에 성공하는 회사들은 훌륭한 투자처가 된다. 일본은 환자가 침대에 오르내리는 걸 돕고 침대 시트의 교체 시기를 확인하는 일을 이미 로봇이 하고 있다. 또, 의료 시술을 하는 로봇을 만드는 기업들이 상장되어 있다.

'로봇의 소유'는 여전히 매우 흥미로운 투자 테마이다. 아무도 일하지 않으며, 로봇이 모든 걸 생산하고 모든 서비스를 수행하는 극단적인 사회를 상상해보자. 샘 윌킨Sam Wilkin은 자신의 뛰어난 저서 《부의 비밀》(이경남 역, 알키, 2018)에서 큰 부자가 되는 여러 가지 방법을 설명했다. 한 가지 방법은 다른 사람들이 날 위해 일하게 만드는 것이다. 로봇은 당연하게도, 무궁무진한 노동력의 원천이다. 그런데 생산은 누가 통제할까? 자본주의, 자유 시장 시스템과 양립할 수 있을까? 대충 그렇다고 가정해 보자. 그럼, 로봇을 만드는 기업에 투자하는 일은 좋은 사업과도 일맥상통한다.

또 다른 흥미로운 인구 통계학적 주제는 서비스 경제와 관련이 있다. 10년 전, 중국 성인의 약 5%가 혼자 살았다. 오늘날 이 수치는 10%이다. 그리고 인구가 점점 더 도시화됨에 따라 20% 또는 30%까지 증가할 수 있다. 이는 성숙하고 고도로 도시화된 많은 국가에서 나타나는 추세다. 우리는 독특한 경험을 하고, 기록하고, 셀피와 사진을 통해서 가능한 한 많은 소셜 미디어 채널에 공유하고 싶어 한다. 노성년기 단계에 있는 사람들에게는 빈티지 비디오 게임과 LP 레코드와 같은 복고풍과 향수가 여기에 추가된다. 다른 경험으로는 최고급 장소에서의 비싼 커피 또는 고층 빌딩 꼭대기에 있는 레스토랑 테이블에서의 식사가 포함된다. 현재 가장 극단적인 경험으로는 우주여행과 우주 관광을 꼽을 수 있다.

부동산 시장조차도 인구 통계학적 추세에서 벗어날 수 없다. 다만 결론을 내리기는 쉽지 않다. 추세는 말처럼 여러 방향으로 움직여, 분석이나 전략이 여러 방향으로 끌려다닐 위험이 있다. 다른 모든 상황이 동일하다고 가정할 때, 인구가 많으면 주택 수요도 많아진다. 인구가 빠르지 않게 증가하거나 심지어 감소하면 수요가 줄어든다. 물론 부동산 시장은 하나가 아니다. 국가, 지역, 심지어 도시처럼, 부동산 시장은 다양하게 존재한다. 금리가 전 세계적으로 하락하면 부동산 가격은 모든 곳에서 힘을 받는다. 반대로, 금리가 급격히 상승하면 전 세계 부동산 시장은 마치 중력에 이끌리듯 하락한다.

21세기는 아이디어와 투자가 수렴되는, 인구 1,000만 명 이상의 메가시티가 많다는 특징이 있다. 동시에, 이들 도시 중 일부는 다시 더 살기 좋은 곳이 될 전망이다. 집에서 10분 이내에 모든 게 있는 '10분 도시' 개념은 점점 더 많은 주목을 받고 있다. 우리는 지금 도시 국가 경제 시스템으로 회귀하고 있고, 국가 정부가 사라질 것이라는 주장은 과장일 수 있다. 하지만 도시와 그 정책은 사람, 전문가, 투자를 유치하는 데 점점 더 중요한 역할을 하고 있다. 예로, 시카고 주변의 오대호 지역은 새로운 실리콘 밸리로 유망한 지역이 되고 있다.

투자자로서 이런 추세에 어떻게 대응해야 할까? 지금 가격에 부동산을 사는 게 아직은 좋은 생각일까? 답은 간단하다. 부동산에 투자하는 건 언제나 좋은 생각이다. 부동산은 장기적으로 상승하는 금리와 인플레이션의 영향으로부터 나를 지켜주는 유형 자산이다. 간혹 자신이 늦었다고 생각하는 고객들이 내게 '전 너무 늙었어요.'라고 말한다. 말도 안 되는 소리다. 부동산 구매로 생긴 빚은 상속 시 부동산과 함께 다음 세대로 이전된다. 이때 그 빚마저 상승하는 금리와 인플레이션을 보호하는 역할을 한다.

부동산 투자는 안전한 투자다. 20년 또는 30년 후 화폐의 가치는 금리와 인플레이션의 상호 작용에 달려 있다. 정부는 국가 부채와 그 이자를 감당할 수 있도록 실질 금리(인플레이션 수준보다 낮은 금리)를 마이너스로 유지하려고 노력할 것이다. 이는 현금이 빠른 속도로 가치를 계속 잃는다는 의미다. 부채도 마찬가지다. 정부와 중앙은행은 결심하기만 하면 영향력을 행사할 수 있는 다양한 방법을 가지고 있다. 그들이 못하는 건 자기들 부채만 가치 절하하고 개인의 부채는 절하하지 않는 일이다. 모든 부채는 절하된다. 이것이 바로 합리적인, 그리고 재정적인 능력 내에서 포트폴리오에 부채(합리적인 이자율로)를 추가했을 때 가치가 창출되는 이유다. 이는 시간이 흘러도 변하지 않는다.

만약 세계가 장기적인 인플레이션 경로에 들어섰다면, 임대 소득은 물가 연동을 통해 인플레이션과 거의 동일하게 증가한다. 반면, 월별 모기지 지불액은 고정 금리인 경우 비교적 일정하게 유지된다. 지극히 현실적인 예상이다. 최근 독일의 예로 알 수 있듯, 많은 정부는 재분배 관점에서 그리고 취약 계층을 보호하기 위해 임대료 인상을 (부분적으로) 늦출 수 있다는 점에 유의해야 한다.

위의 주장에도 불구하고 물리적인 부동산에 투자하고 싶지 않다면, 직접 구매하지 않고도 부동산에 투자하는 방법이 있다. 주식 시장에 상장된 부동산 회사를 통하면 된다. 부동산 주식은 여러 중요한 장점이 있다. 우선, '물리적' 부동산보다 훨씬 적은 금액으로 투자할 수 있다. 이로써 좋은 분산 투자가 가능할 뿐만 아니라, 투자에 더 큰 유동성이 생긴다. 다시 말해, 투자를 (일부) 현금화할 때, 더 쉽고 빠르게 행정적 번거로움과 비용을 적게 들이면서 할 수 있다. 세입자의 월세, 공실 또는 보수 같은 골치 아픈 일도 줄어든다. 하지만 어쩌면 가장 큰 자산은 배당 수익일 수도 있다. 많은 부동산 주식은 3% 이상의 배당금을 지급하는데, 기존의 저축 계좌를 확실히 능가하는 수치다. 그러나 배당금은 저축 계좌나 고정 수입 이자 투자와 비교되기 때문에, 부동산 주식도 물리적 부동산과 마찬가지로 이자율 상승에 평균 이상의 민감도를 보인다.

이는 최근 몇 년간 해당 부문에 확실히 영향을 미쳤다. 그 결과, 상장 부동산과 실물 부동산 간의 수익 격차가 크게 벌어졌다. 어느 정도는 논리적인 현상이다. 대개 상장 부동산은 시장 혼란 시 비교적 쉽게 처분할 수 있는 주식 투자로 간주하기 때문이다. 반면, 실물 부동산은 보통 장기적으로 보유한다.

두 가지 숫자: 합리적인 것, 비합리적인 것

미래의 재정적 안녕에 관해 두 가지 중요한 질문을 떠올려보자. 첫째, 은퇴 전 생활 수준을 유지하려면 어느 정도의 돈을 저축해야 할까. 경험적 방법에 따르면 65세까지 연봉의 8배를 저축해야 한다고 한다. 인사 회사 머서Mercer는 유사한 조사에서 순 월급의 약 85배를 저축해야 한다고 결론지었다. 연봉의 8배는 대략 96개월분의 월급에 해당한다. 85개월분과 큰 차이가 없다. 이 계산에는 현금과 다양한 종류의 투자 형태가 포함됐지만, 주택, 보석, 자동차, 예술품은 제외됐다.

예상했겠지만, 이 금액이 충분한지는 당연히, 내가 얼마나 오래 살지에 달려 있다. 기대 수명이 계속 증가하면, 비용도 추가되는데, 특히 의료 분야의 비용이 늘어난다. 그리고 계속 증가하는 적자를 고려할 때 이 비용 중 얼마를 정부가 충당해 줄 것인가가 불확실성으로 추가된다.

또 다른 불확실성은 현금이 저축된 저축 기간의 예상 수익률이다. 수익률이 높을수록 저축이 더 오래, 더 편하게 지속된다. 두 번째 흔한 질문은 특정 연령에서 포트폴리오의 몇 퍼센트를 주식과 채권에 투자해야 하는가이다. 경험적 방법에 따르면, 주식에 투자하는 비율이 100에서 자신의 나이를 뺀 값과 같아야 한다. 그 근거는 주식은 장기적으로 최고의 투자이지만, 단기적으로는 가장 변동성이 크기 때문이다. 따라서 남은 생이 짧을수록 큰 손실을 볼 확률이 높고 회복할 시간이 부족하다.

이 논리에 따르면 65세는 평균 35%를 주식에 보유해야 하고, 건강한 95세는 5%를 보유해야 한다. 언뜻 나이가 많을수록 방어적으로 투자하는 게 논리적으로 보이지만, 이는 강단 있게 나이를 먹어야 한다는 생각과는 잘 맞지 않는다.

나이와 상관없이 미래를 믿어야 한다. 65세가 넘었다고 기술 기업에 투자하지 말아야 할 이유가 있을까? 더욱이 우리는 지금 상당한 마이너스 실질 금리의 시대에 살고 있다. 이런 상황에서 노후 자금을 더 오래 품으려면 그 어느 때보다 주식이 필요하다. 게다가 상당한 포트폴리오를 상속해 준다는데 싫어할 자손은 없다. 무엇보다, 할아버지 할머니가 손자 손녀와 함께 미래에 투자하는 게 매력적이지 않을까?

3
금리와 인플레이션에 미치는 영향

키포인트

- ✓ 다양한 연구에 따르면 인구통계학적 변화가 실질 금리를 1.25%에서 2%까지 하락시켰다고 추정하는데, 주된 원인은 저축의 증가다.

- ✓ 이런 금리 하락 압력은 지속될 것으로 예상된다. 중장년층과 노년층이 축적한 상당한 저축은 연금 수급자의 미미한 저축 감소를 상쇄하고도 남는다. 이는 금리에 추가적인 압박을 가한다.

- ✓ 지난 수십 년간, 연금 수급자보다 근로자 수가 상대적으로 증가하는 인구통계학적 변화로, 글로벌 인플레이션이 악화됐다. 앞으로 고령화 국가에서는 노동 시장이 위축되는 반면, 소비는 안정적으로 유지될 것으로 예상된다. 동일한 수요에 비해 생산과 공급이 줄어드는 상황은 인플레이션을 더 높게 만든다.

저축 감소

노벨상 수상자인 프랑코 모딜리아니Franco Modigliani와 밀턴 프리드먼 Milton Friedman은 저축의 생애 주기 가설을 만들었다. 여기서는 또, 현재 은퇴하는 베이비붐 세대가 다시 주연을 맡았다. 가설에 따르면, 평생 동안의 소비는 거의 일정하게 유지된다. 이는 현실에서도 확인된다. 젊은 사람들은 종종 소비(주택 구매 포함)를 유지하기 위해 돈을 빌린다. 약 35세부터 수입이 지출을 점차 초과한다. 그리고 60세에서 65세까지 저축한다. 일단 은퇴하면 수입은 급격히 감소한다. 이 상황은 우리에게 '탈저축'을 강요한다. 따라서 베이비붐 세대의 대규모 은퇴는 다른 모든 조건이 동일하다면 모아둔 저축의 상당한 감소로 이어져야 한다.

세계은행의 연구를 보면[144], 미국, 영국, 독일과 같은 국가에서 이런 저축 행동이 확인됐다. 그러나 일본, 이탈리아, 스페인에서는[145] 노년층이 (당분간) 계속 저축을 이어간다. 사건의 전개가 여전히 불확실하니, 상황을 단계별로 분석해 보자. 연금 및 의료비에 대한 정부 지출은 어떻게 될까? 생애 마지막 몇 년은, 의료비 상승으로 개인 지출이 최고조에 달하는 경향이 있다. 이 의료비의 상당 부분은 공공 부문에서 부담한다. 이는 젊은 세대에게 이전되는데, 금방 줄어들 기미는 보이지 않는다. 일본에서는 증가하는 의료비를 충당하기 위한 세금이 높아지며 젊은이들의 소득이 정체되고 있다. 다른 고령화 국가들도 앞으로 겪게 될 일이다!

'실버링silvering', 즉 80세 이상 인구의 증가는 '그레이잉(greying, 65세 이상 인구 증가)'보다 빠르며, 의료 재정에 추가적인 부담을 준다. 또, 많은 국가에서 은퇴 연령은 기대 수명이 증가하는 속도를 따라가지 못하고 있다. 이는 개인이 일하는 기간에 비해 연금을 누리는 기간이 길어지는 결과를 초래한다. 그 결과 일부 사람들만 더 많이 저축하고, 나머지는 하지 않고 있다. 젊은 세대에 대한 재정 부담은 더욱 증가하리라 예상된다. 현재와 미래의 부채를 감당할 책임은 젊은 층에 있다. 우리는 연금이 감소하고 있을까? 꾸준히 증가하는 연금 수급자 및 준연금 수급자의 인구는 연금 및 의료 시스템의 급진적인 변화를 막는 정치적 영향력을 발휘한다.

저축의 순수 효과는 무엇일까? 2018년 카이사뱅크CaixaBank의 아드

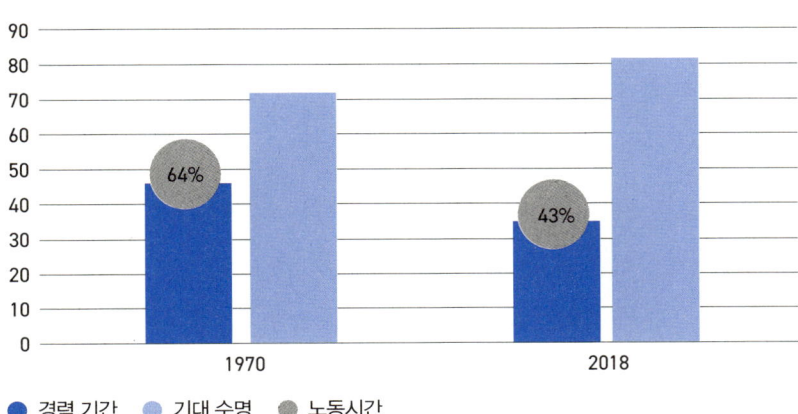

삶은 길어지고, 일은 덜하고

출처: 직접 계산

리아 모론 살메론^Adrià Morron Salmeron은 미국, 스페인, 포르투갈의 인구 피라미드 구성의 모든 변화를 분류했다.[146] 저축 행위에 영향을 미치는 다른 요인들을 고려하지 않고, 인구통계학적인 변화만 따졌을 때, 2018년~2030년 기간의 총저축률은 약 1% 감소한다고 한다. 이는 2017년 대비 5분의 1 감소하는 수치이다.

금리에 미치는 영향

저축과 투자의 순 균형은 이자율에 영향을 미친다. 인구 고령화는 지난 수십 년간 이자율에 어떤 영향을 미쳤을까? 미국 중앙은행[147 148]과 잉글랜드 은행[149]의 연구에 따르면, 미국과 전 세계적인 저축 증가와 투자 감소(노동력 증가의 둔화에 기인)가 1980년대부터 2015년까지 단기 이자율을 1.2~2% 감소시켰다. 이들 연구는 또 미래에도 낮은 이자율이 지속될 것이라 예측하는데, 기대 수명 증가가 주된 이유다. 이는 가계가 저축을 더 많이 하도록 장려한다. 또, 인구가 고령화되면 저축을 많이 한 노년층의 비율이 상대적으로 증가하게 된다. 이는 전체 경제에서 더 많은 금액이 저축된다는 걸 의미한다.

후자는 잉글랜드 은행 금리 설정 위원회 전 위원인 헤르트얀 블리헤^Gertjan Vlieghe의 논리이기도 하다. 런던 정치경제대학 강연에서 그는 인구 통계학적 전환으로 인한 중립 금리(R*)의 변화를 강조했다. [150] 블리헤는 "이런 인구 통계학적 전환이 노년층의 저축 흐름보다는 전

연령대별 인구 분포와 현재 부를 고려한 1인당 총 부의 변화

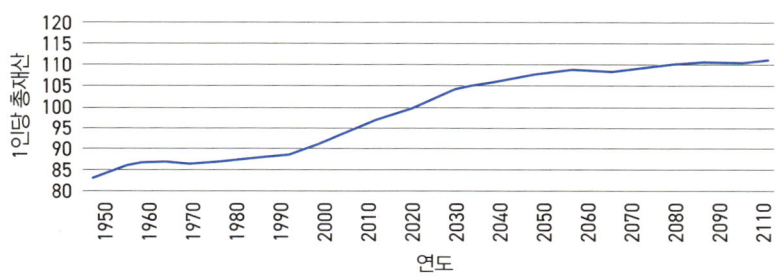

출처: Gertjan Vlieghe, 'Running out of room'

체 인구의 희망 자산 위치(저축 재고)를 중심으로 이루어진다는 게 주요 전망이다."라고 말했다.

따라서 이 상황에는 은퇴 전에 저축을 많이 하고 이후에 소비하는 (저축 흐름) 베이비붐 세대만 연관되는 게 아니다. 그래서 중립 금리가 처음에는 감소하지만, 다시 증가하게 된다. 더 중요한 건, 인구의 점점 더 많은 비중이 은퇴 전에 더 많이 저축하기를 바란다는 점이다. 50대 연령층은 40대 때보다 훨씬 더 많은 자산을 보유한다. 영국에서는 자산이 약 65세에 정점에 달한다. 블리헤는 중장년층의 추가 저축이 연금 수급자의 낮은 지출을 초과한다는 걸 보여줬다. 60~90세 연령층은 향후 40년 동안 가장 빠르게 성장할 것으로 예상된다. 연령대별 보유 자산 수가 현재 수준에서 안정되면, 미래의 총 보유 자산 혹은 1인당 평균 자산은 어떻게 달라질까?

고령화의 영향으로, 지난 30년간 1인당 자산 소유가 증가했다. 이 과정은 아직 끝나지 않았으며, 모두 예상하듯, 바뀌지 않을 것이다. 사실 우리는 인구 통계학적 전환의 3분의 2 지점에 왔을 뿐이다. 균형 이자율은 특정 연령의 기대 수명 증가와 그에 따른 저축의 증가에 따라 효과가 달라진다. 균형 이자율은 하방 압력이 더 가해지거나, 지금처럼 낮게 유지될 전망이다. 단기적으로든, 장기적으로든 인구 통계학상의 상방 압력은 없다. 블리헤의 이 말은 아주 분명해 보인다.*

인플레이션에 미치는 영향

인구통계학적 변화는 실질 중립 금리(R*)에 영향을 미친다. 장기 금리를 결정할 때는 인플레이션이 중요한데, 많은 요인이 인플레이션에 영향을 미친다. 여기서는 인구통계학적 요인에 국한하여 살펴보자.

지난 수십 년 동안은 인구통계학적 동향이 인플레이션 억제에 도움을 줬을지도 모른다. 노동자 수(노동 시장 참여율, 실업률 등을 고려한)와 소비자 수 간의 전반적인 비율, 즉 국민 이전 계정 지원 비율 National Transfer Account support ratio 은 1970년대에 최저점에 도달했다. 이어진 30년 동안은, 더 많은 여성이 직장에 나가고 가구당 부양 아동 수가 감소하며 근로자 수가 빠르게 증가했다. 이런 근로자 대 소비자 비

---

* 세계의 총 부wealth는 특정 연령의 현재 부를 일정하게 유지하고 이를 유엔의 최신 연간 연령대별 추정치에 곱하여 계산할 수 있다. 총인구 증가를 통제하기 위해 그 결과는 총인구로 나눈다.

율의 증가는 생산 대 소비 비율의 증가와 일치한다. 따라서 부양율이 증가하면 디플레이션(물가 하락)을 유발한다.

증가하는 고령화 비용은 근로자에게 더 높은 세금으로 전가되거나, 근로자들이 더 오랜 기간 일하도록 만든다. 하지만 근로자들이 그 운명을 무기력하게 받아들이지는 않는다. 노동 시장의 경직성으로 협상력이 생긴 근로자들은, 더 높은 임금을 요구하게 된다. 동시에 고령 유권자들은 간병인을 수용할 것을 정치인들에게 압박한다. 해당 분야 및 다른 분야에서의 임금 인플레이션은 궁극적으로 미래의 전반적인 높은 인플레이션으로 이어진다.

BIS(국제결제은행) 연구도 결론은 동일하다.[151] 저자들은 "인구의 연령 구조와 인플레이션 간의 연관성을 발견했는데, 생애 주기 가설과 일치한다."고 말한다. 인구에서 젊은 층과 노년층의 비중이 클수록 인플레이션이 높게 나타난다. 반대로, 생산가능인구의 비중이 클수록 인플레이션이 낮게 나타난다. 통계적으로 의미 있는 발견이다. 연령 구조와 그 변화는 한 국가 및 전 세계 수준에서 장기적인 인플레이션 추세의 상당 부분을 설명한다. 미국을 예로 들면, 1950년대부터 1970년대 중반까지 7%가 증가했고, 1980년대 이후에는 비슷하게 감소하는 모습이 나타났다.

지난 50년 동안 노동 연령 인구의 비율이 증가하며 평균 인플레이션은 3% 하락했다. 향후 50년은 노년층의 증가가 지배적이며, 결과적으로 평균 인플레이션은 3% 상승하게 된다. 이탈리아와 스페인처럼 빠르게 고령화되는 국가에서는 이보다 약간 높아질 전망이다.

4
주식 시장과 부동산 시장에 미치는 영향

키포인트

- ✓ 자산 붕괴 가설은 최근 연금 기금으로의 유입이 베이비붐 세대의 은퇴로 인해 유출로 바뀐다고 시사한다. 하지만 당분간은 베이비붐 세대가 저축에서 이탈하지 않는다.

- ✓ 이 가설은 해마다 그 영향력을 조금씩 잃고 있다. 고정 성과 연금 기금은 은퇴 시 저축액을 연금 수령자가 받을 연간 금액으로 전환된다. 이런 자동적인 탈저축 물결은 연금 수령자가 많아질수록 증가한다.

- ✓ 최근 수십 년 동안 성공적인 투자전략이란, 베이비붐 세대가 돈을 투자하고 소비했던 자산을 파악해 똑같이 선택하는 것이었다.

- ✓ 고령자들은 예상보다 더 오랫동안 자신의 집에 거주하며 종종 임대를 목적으로 부동산에 투자하기도 한다. 이는 공급을 제한하고 가격을 떠받친다.

- ✓ 주택 시장은 약 10년 후, 주택의 긴 수명과 베이비붐 세대의 감소로 인한 초과 공급으로 자산 붕괴 가설의 영향을 받게 된다. 실질 주택 가격은 하락할 전망이다.

- ✓ 미국은 향후 몇 년간 25~35세 사이의 핵심 세대가 80세 이상 인구보다 빠르게 성장할 전망이다. 따라서 수요가 공급을 초과한다. 하지만 유럽은 해당되지 않는다.

- ✓ 향후 수십 년간 중국의 빠른 도시화는 부동산에 긍정적인 요인이다. 이는 높은 가격과 빠르게 고령화되는 인구로 생기는 하방 압력을 일시적으로 완화한다.

할머니와 할아버지가 주식 시장을 붕괴시킬까?

최근 몇 년 동안 연금 기금과 금융 시장으로 돈이 유입됐다. 베이비붐 세대의 대규모 은퇴 준비가 원인이었다. 하지만 이제 유입이 유출로 바뀌었다. 2020년 중반까지 연금 계획은 늘어나는 고령자들에게 연금 혜택을 지급하기 위해 자산을 매각해야 한다.

미국은 전 세계 연금 자산의 절반 이상을 통제하고 있어, 이 이야기에서 중심적인 역할을 한다. 이에 관한 많은 연구가 발표됐는데, 테누와라Tenuwara 외 연구진의 논문에서 (자주 상충되는 결과를 포함한) 좋은 개관을 발견했다.[152] 결론은 인구 고령화가 자산 시장에 미치는 영향은 생애 주기 이론의 예측보다 분명 더 복잡하다. 기존 자료는 연령 구조의 변화가 자산 시장에 무시할 수 없는 영향을 미친다는 걸 보여준다. 자산 붕괴는 전혀 현실화되지 않을 수도 있지만, 고령화가 자산 가격에 상당히 부정적인 영향을 미친다는 점은 여전히 타당하다.

붕괴를 예측하지 않는 주된 이유는 노년층의 탈저축이 거의 없다는 사실이다. 왜 그럴까? 나이가 들어도 자산 중 주식에 투자하는 비중은 줄어들지 않는다. 예상 추세와는 반대다. 존 아메릭스John Ameriks와 스티븐 젤데스Stephen Zeldes는 미국의 대형 연금 기금에서 16,000개 계좌를 무작위로 선별해 연구했지만,[153] 고령 가구가 주식의 비율을 점점 줄인다는 증거는 찾지 못했다. 그리고 은퇴하는 베이비붐 세대가 결국 주식의 소유를 줄인다고 해도, 이 전환은 수년에 걸쳐 분산될 전망이다.

연금 기금은 어떨까? 확정 급여형 기업 연금 계획에 투자된 일부 연금 저축은 자동으로 '탈저축'된다. 즉, 자금을 자동으로 지급한다(이는 미국에서 의무적이다). 이 시스템에서 연금 수급자는 은퇴 시 고정된 연금을 받으며, 연금 기금은 매년 저축된 금액의 일부를 청산한다. 그러나 매사추세츠 공과대학MIT 교수이자 자산 붕괴 가설에 대한 오랜 회의론자인 제임스 포터바James Poterba는 '다른 직업 연금, 특히 확정 기여형defined-contribution에 대한 의문은 여전히 답을 얻지 못했다'고 지적한다. 이런 연금도 '고갈'될까? 이런 유형의 연금은 미국의 가입자들이 은퇴 시 자산을 팔거나 팔지 않을 자유가 있다. 이런 기업 연금은 연간 급여로 전환하는 게 예외다. 핵심 질문은 수혜자들이 생애 주기 가설의 철학에 따라 자금을 지출할 것인가 하는 점이다. 만약 그렇지 않다면, 자산 붕괴 시나리오는 그 가능성(중요성)을 많이 잃는다. 현재로서는, 이 시나리오가 전개되지 않고 있다.

'확정 급여형' 기업 연금의 인기 하락은 자산 붕괴 가설을 약화한다

현재까지, 대다수 연금 수급자는 '확정 기여형' 기업 연금 계획을 매각하지 않는 것으로 보인다. 여기에 지난 20년간 '확정 급여형' 기업 연금 계획의 인기도 하락하고 있다. 확정 급여형 계획은 수급자가 사망할 때까지 매년 고정된 연금을 받는다. 이런 연금 제도의 지급은 자동적인 탈저축이라 할 수 있다. 이런 기업 연금은 고정 급여의 지급을 보장함으로써, 기업에게 더 많은 위험을 안겨준다. 2005년 미국에서는 확정 급여형 연금이 총 2조 2,510억 달러에 달했다. 여기에 3조 7,390억 달러의 확정 기여형 연금을 더하면, 미국 전체 주식 시장 시가총액의 3분의 1에 해당하는 금액이 된다.

2018년 말에도 이 두 가지 연금의 합은 (약 두 배로 증가한) 총 시장 시가총액의 3분의 1을 차지했다. 그러나 확정 기여형 연금은 7조 5,500억 달러로 두 배 증가한 반면, 확정 급여형 연금은 3조 4,000억 달러로 절반만 증가했다. 자동으로 탈저축되는 기업 연금의 비중은 구조적인 중요성이 줄어들고 있다.*

미국보다 약간 더 취약한 유럽

유럽에서는 법정 연금이 연금 수급자 총소득에서 훨씬 더 큰 비중을 차지한다. 기업 연금이라는 두 번째 축은 훨씬 적은 편이다(네덜란드, 영국, 스위스를 제외). 따라서 기업 연금으로 인한 탈저축은 자산이 상대적으로 제한적이라 위험이 훨씬 적다. 반면, 대부분의 유럽 국가에서는 연금의 두 번째 축을 발전시키면 금융 시장을 잠재적으로 지지할 수 있다.

---

* 개인 퇴직 계좌IRA의 자산 가치는 확정 기여형 기업 연금과 거의 같다는 점에 유의한다. 현행법상 연금 수급자는 67세가 되면 세금 우대 계좌에서 인출을 시작해야 한다. 이는 주가를 하락시킬 수 있지만, 돈의 일부는 단순히 비세금 우대 퇴직 계좌로 옮겨져 주식에 재투자된다.

그 대안으로 기업 연금이 설립되면 초기 수십 년 동안은 입금액이 지급액을 초과한다. 모든 직원이 기여하고, 고령자만이 시간이 흐른 뒤 지급받기 때문이다. 기업 연금은 보통 설립 후 약 40년 후에 만기에 도달한다. 이는 대부분의 유럽 국가에서 두 번째 연금 축이 2040~2045년까지는 완전히 만기에 도달하지 않는다는 걸 의미한다. 그 이후에는 지급액이 입금액을 초과하게 된다. ECB(유럽중앙은행)에 따르면, 2008년부터 2020년까지 유로존의 총자산은 GDP 대비 14%에서 25%로 급격히 증가했다. 대부분의 국가에서는 보통 자산이 20% 미만이다. 직업 연금 지급액이 총 연금 소득의 43%를 차지하는 성숙한 네덜란드 시장에서는, 자산이 GDP 대비 210%로 거의 두 배 증가했다.

네덜란드의 엄청난 초과 비중은 이 이야기의 아킬레스건이다. 다른 유럽 국가에서 계속 축적되더라도, 성숙한 네덜란드(및 영국)의 기업 연금 유출이 상당히 커, 절대로 상쇄되지 않는다. 거의 1조 7천억 유로의 저축액을 가진 네덜란드는 유로존 전체 기업 연금의 3분의 2를 차지한다. 유로존 외부에서는 영국이 2조 7천억 파운드(3조 1,300억 유로)를 차지하며, 이 중 3분의 1이 '확정 급여형' 연금으로 구성돼 있다.

최근 몇 년간 네덜란드에서는 순유입이 일어났다. 그러나 이는 바뀔 전망이다. 유럽 집행위원회는 고령화 보고서에서 회원국들에게 2019년부터 2070년까지 연금 기금의 예상 변화에 대한 장기 예측을 요청했다. 10개 국가만이 이 정보를 제공했는데, 주로 중소 규모의 중앙 및 동유럽 국가들이었다. 하지만 네덜란드도 이 정보를 제공했는데, 연금 유출액이 2019년 GDP의 연간 5%에서 2070년에는 6.5%로 증가한다고 전했다. 같은 기간 입금액은 4%에서 4.5%로 늘어난다. 따라서 순유출은 GDP의 1%에서 2%로 증가할 전망이다.

오늘날 유럽의 젊은 연금 기금은 아직 탈저축 단계에 있지 않다. 이런 탈저축은 자산 붕괴 가설의 핵심 축이다. 연금 기금의 경우, 불가피한 미래가 다가오고 있다. 영국은 이미 탈저축 단계에 진입했고, 네덜란드는 빠르게 접근하고 있다. 2019년 컨설턴트 머서Mercer도 같은 결론을 내렸다. 영국을 포함한 유럽 전역에서 확정 급여형 연금 계획의 72%는 향후 10년간 현금 흐름이 마이너스가 될 것으로 예상된다. 기여금 유입보다 연금 수급자에게 더 많은 금액이 지급된다는 뜻이다.

판매 압력의 잠재적 규모는 짐작하기 어렵다. 대략 계산하자면 다음과 같다. 영국과 네덜란드의 주요 연금 기금은 거의 50%를 채권에, 3분의 1을 주식(펀드 포함)에 투자하며, 나머지는 주로 현금으로 보유한다. '확정 목표' 연금에 대해 현재 추정된* 총연금액 2조 9,810억 유로를 기준으로 계산하면, 이는 9,900억 유로에 해당한다. 참고로, 미국, 영국, 유럽을 합친 시가총액은 약 65조 4,200억 유로다.

---

* 2022년에도 채권 수익률은 2019년 수준을 맴돌았다. 주식의 3분의 2는 유럽과 영국에, 3분의 1은 미국에 투자되었다고 가정한다. 유럽과 영국 주식은 2019년 대비 안정세를 유지했다. 미국 주식은 3분의 1 더 높은 수준을 기록했다. 2019년 '확정 목표' 연금 자산 2조 9천억 달러의 3분의 1은 30% 증가할 전망이다. 나머지 금액은 안정적으로 유지된다고 가정했다. 이에 따라 2019년 2조 9천억 달러였던 영국과 네덜란드의 확정 급여형 연금 자산은 3조 1,900억 달러가 된다.

2018년 영국과 네덜란드에서 지급액이 수익금을 초과하며 순 현금 유출액이 140억 유로 발생했는데, 이는 미래에 증가할 전망이다. 설령 그 금액이 두 배로 늘어나 280억 유로(300억 달러)가 된다 해도, 이는 앞에 언급한 세 주식 시장의 현재 시가총액의 겨우 0.04% 판매 압력에 불과하다. 이는 영국과 네덜란드에서 지급된 금액이 재투자되지 않고 소비되며, 축적된 자산(네덜란드의 경우 GDP의 210%)이 순유출을 상쇄할 만한 연간 수익을 내지 못했다는 가정하에 이루어진다. 따라서 많은 최악의 가설에서도, 판매 압력은 약간만 증가한다. 이를 바탕으로 보면, 자산 붕괴 예측은 시기상조로 보인다.

베이비붐 세대의 영향력

최근 수십 년 동안 성공적인 투자전략이란, 초기 베이비붐 세대가 돈을 투자하고 소비했던 자산을 파악해 똑같은 선택을 하는 것이었다.

금융 전문가 스털링Sterling과 웨이트Waite는 그들의 저서 《부머노믹스Boomernomics》에 썼다. "그들이 1970년대 초반과 1980년대 초반에 부동산에 투자했을 때, 모두가 부동산에 진입하기 좋은 시기였다. 1980년대 주식으로 전환한 것은 나머지 사람들에게도 똑같이 전환하라는 신호였다. 그리고 나이가 들어 이들이 채권으로 전환했을 때, 채권이 이례적으로 오랫동안 주식을 능가더라도 놀랄 일은 아니다.

베이비붐 세대가 가는 곳으로 가라."

예언적인 말이다. 물론, 채권이 뛰어난 성과를 낸 건 베이비붐 세대가 더 안전한 자산에 더 많이 배분해서는 아니다. 하지만 전혀 해가 될 건 없다.

베이비붐 세대는 이자율뿐만 아니라 제품과 서비스의 수요에도 영향을 미친다. 2000년대 미국의 소비자 지출 연례 조사를 감독한 노동통계국BLS의 경제학자 존 로저스John Rogers는 "베이비붐 세대에 전부를 걸어서는 안 된다"고 경고했다. 그들은 향후 수십 년 동안 65~80세 이상의 인구 집단을 폭발적으로 증가시키게 된다. 미국에서는 베이비붐 세대의 자녀인 에코 부머echo boomers들이 향후 10년간 35~45세 연령대를 더욱 높일 전망이다. 유럽에서는 55세 미만 모든 연령대의 인구 증가율이 줄어든다.

인구통계학적으로 65세 이상 인구가 많이 증가하면, 경제 전체의 미래 지출 패턴은 전망이 어두워진다. 하지만 결론은 더 신중히 내릴 필요가 있다. 베이비붐 세대(또는 그 뒤를 잇는 X세대)의 미래 지출 패턴을 예측할 때 하는 가장 큰 실수는 앞선 세대가 특정 연령에 무엇을 했는지를 참고하는 일이다. 현재 45~55세의 10년 후 지출을 예측할 때 현재 65세 이상 인구를 참고한다. 하지만 오늘날의 45~55세가 10년 뒤 현재의 65세와 같은 방식으로 행동할까? 베이비붐 세대와 X세대는 마스터카드와 비자와 함께 성장했다. 과연 특정 연령에 도달했다고 갑자기 지출을 멈출까? 그렇지 않다. 같은 세대 내에서 지출 변화를 추적한 연구원 마르셀린 보디에Marceline Bodier가 내린 결론이다.

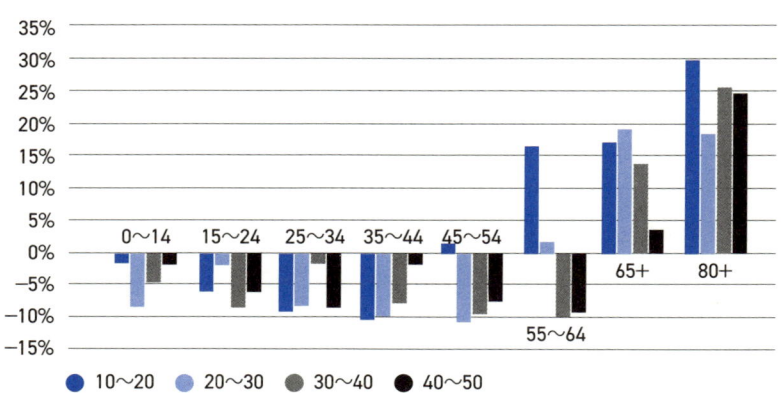

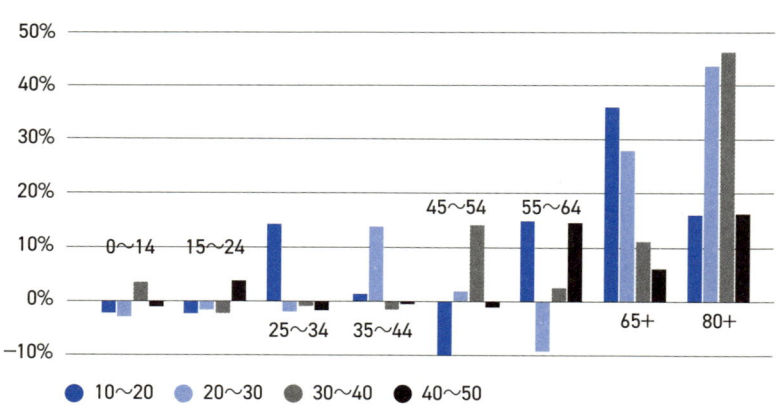

그는 연령 효과와 특정 세대에 속하는 효과를 분리해 한 사람의 평생 지출 습관을 추적했다.

INSEE 경제학자는 한 연구에서 "가장 나이 많은 세대는 삶을 시작할 때, 가장 최근 세대와 똑같은 생활 수준을 기대하지 않았다."고 말한다.[154] 그들은 젊은 시절을 두 차례의 세계대전 중 하나 혹은 그 사이에서 보냈다. 즉 결핍의 시대이거나 20세기 후반보다 생활 수준이 훨씬 낮았던 시대였다. 하지만 그 후, 가계의 생활수준이 높아지고 소비 사회가 더 많이 소비하도록 부추겼음에도 불구하고, 그들은 그들의 자녀들과 비교해, 같은 나이일 때 더 적게 지출하는 습관을 고수했다.

2004년과 2013년의 미국 지출 통계를 비교하면 이렇다. 2004년 65세는 55세보다 12% 적게 지출했다. 75세와 65세를 비교하면 그 차이는 23%였다. 10년 후, 65세와 55세의 차이는 7%로 줄어들었다. 75세는 겨우 16% 적게 지출했다. 은퇴한 베이비붐 세대는 이전 세대보다 더 오랫동안 더 많이 지출했다. 하지만 80세 이상 범주로 이동하면 '통장 정리'가 바로 뒤따른다. 2013년 조사에서는 지출이 3분의 1로 급감했고, 2014년 조사에서는 '겨우' 4분의 1이 감소했다.

베이비붐 세대 노인들의 지출은 이전 세대보다 높아질 전망이다. 하지만 기존 추세(노년층의 소비 감소)가 역전될 정도는 아니다. 80세 이상 인구의 급격한 지출 감소는 해당 연령대 인구의 급증과 결합해, 총지출에 추가적인 압력을 가한다. 자신이 기민한 투자자라면 고령화되는 베이비붐 세대가 선호하는 제품과 서비스에 집중하는 게 최선이다.

새로운 노년층, 또는 새 병에 담긴 오래된 와인?

나이 든 가계는 어디에 돈을 지출할까? INSEE의 연구에 따르면, 난방 및 조명, 가사 서비스 및 의료비 지출이 증가한다. 식품 소비는 중년에 가장 많고, 70세 이후에는 감소한다. BLS의 가계 지출 연구도 결론은 비슷했다. 두 조사 모두에서 55세 이후, 높은 지점에서 안정되는 몇몇 특정 지출이 나타났다. 보험(생명 보험, 건강 보험), 관리 제품 및 서비스(미용실 지출), 원예, 신선한 과일 및 채소, 생선 및 와인이다.

휴식은 어떨까? 고령자들이 자전거를 타고 짧은 여행을 떠날 확률은 낮지만, 전동 자전거에는 매력을 느낀다. 이동에 제약이 생기는 특정 연령이 되면, 스포츠 행사나 연극 공연에 참석할 동기가 줄어든다. 하지만 특정 여가 분야의 암울한 미래를 경고하려면 더 신중해야 한다. INSEE는 같은 세대 내에서 여가비 지출이 어떻게 변화하는지 조사했다.[155] 이 분석을 보면, 여가 지출은 60~64세와 70~74세 사이에, 최고조에 달한다고 나타났다. 60~64세가 여가에 지출한 금액은 40~44세에 지출한 금액의 118%에 달했다.

미래의 분야

베이비부머가 원하는 것	혜택을 받을 제공업자
금융 조언	자산 관리사, 주식중개인, 금융 조언가
인테리어 변경	DIY 체인점
활동적인 여가	정원 장비, 크루즈, 연휴 아이템, 고가의 자동차와 오토바이, 멋진 호텔, 카지노
집에서의 여가	가전제품, 반려동물 관련 가게, 취미 가게
영원한 젊음	관리, 스파, 비타민 및 조제용 물질, 건강 관련 제품, 미용 시술, 관리 제품, 신선한 채소, 과일, 생선, 체중 관리 제품, 와인, 고급 맥주
건강관리	성인병 약품, 정형외과 산업, 복제약 제조업체, 생명공학 분야
베이비부머가 싫어하는 것	**고통 받을 업종**
옷	옷가게, 섬유 제조업체
매체	잡지사 및 신문사
건강하지 않은 음식	패스트푸드, 기존 맥주

부동산은 자산 가격 붕괴 시나리오에 매우 민감하다. 그러나 부동산 가치 평가의 가장 중요한 요소는 여전히 '위치'이다.

출처: Koen De Leus, 〈Naar Grijsland〉

부동산, 가격 붕괴 가설에 더 취약하다

인구 통계가 주택 시장에 끼치는 영향에 관한, 가장 큰 논란을 일으킨 연구가 1990년에 발표됐다. 당시 저명한 두 경제학자 데이비드 웨일David Weil과 그레고리 맨큐Gregory Mankiw는 미국의 주택 가격에 붕괴가 임박했다고 경고했다. 두 학자는 향후 20년간 가격이 50% 하락한다고 예측했다. 베이비붐 세대가 주택 구매의 최성기에서 벗어나면, 주택 수요가 급격히 감소한다는 예측이었다. 하지만 머지않아, 이 예측은 너무 비관적이었다는 사실이 분명해졌다. 강한 수요는 대부분 지역에서 가격 상승을 꾸준히 보장했다.

두 학자의 전망이 빗나간 부분적인 이유는 가구 수 증가에 관한 지나치게 비관적인 예측 때문이었다. BCA 리서치에 따르면 "1990년대 중반, 미국 인구조사국은 예측치를 상향 조정했다."고 한다. 이민을 과소평가했다. 주택 소유 비율 또한 1990년대에 급격히 증가했다. 1994~2004년 64%에서 69%로 증가했다. 2006년까지 안정세를 유지하다가 글로벌 금융 위기 이후 2016년에 63%로 급락했다.

2007~2008년 미국 및 여러 유럽 국가의 부동산 시장이 붕괴했을 때, 마침내 저자들의 주장이 맞게 됐을까? 아니다. 주택 소유 비율은 그사이에 다시 65%로 상승했다. 총 경제 자산에서 주택 가치가 차지하는 비율은 최고 39%에서 2016년(최신 이용 가능 수치) 37%로 조정됐다. 그러나 이는 저자들이 예측했을 때보다 여전히 2% 높은 수치였다. 유로존 위기 동안 큰 타격을 입었던 네덜란드에서조차 41%에서

42%로 상승했다. 모든 산업화된 국가에서 이 비율은 1990년대 중반보다 훨씬 높았고, 2016년(가장 최근 자료) 이후 전 세계 주택 가격은 실질 기준으로 20% 이상 급등했다.[156]

노년층도 주택에 관해서는 탈저축하지 않는다. BIS는 빠르게 고령화되는 사회인 대한민국의 다양한 지역에서 주택 가격의 변화에 관한 연구를 실시했다.[157] 이 연구는 고령 인구가 증가하는 비중과 주택 가격 사이에 긍정적인 연관성을 보여준다. 65세 이상 인구가 많은 지역에서 가격이 상승했다. 생애 주기 가설과는 달리, 노년층의 기대 수명 증가는 자가 외에도 임대로, 주택 시장의 투자를 추가로 유도한다. 노년층은 의료비로 돈이 급하게 필요할 때도, 먼저 금융 자산을 매각한다. 주택은 이들이 마지막으로 매각하는 자산이다.

베이비붐 세대 구성원들이 사망하면 결국에는 이들의 주택이 부동산 시장에 나오게 된다. 오늘날 베이비붐 세대는 57~77세이다. G7 국가의 평균 기대 수명은 77세(미국)에서 84세(일본) 사이를 오간다. 65세에 도달한 사람은 87세의 기대 수명(미국 포함)이 예상된다. 10년 후, 이민 증가로 창출되는 수요가 가용 주택 증가를 상쇄하지 않는 한, 부동산 시장에 대한 압력은 증가하게 된다. 이민은 명쾌한 해결책을 제시한다. 현재의 1인 가구 증가 추세 또한 주택 수요를 증가시킨다. 하지만 이런 추세가 지속되더라도, 베이비붐 세대의 확실한 소멸로 인해, 느린 속도로 진행될 전망이다. 참고로, 1인 가구의 절반은 세입자이다. 큰 주택은 그렇게 빨리 팔리지 않기 때문에 더 작은 주거 단위가 유리하다.

미국은 현재 인구통계학적으로 최고의 상황에 다가가고 있다. 핵심 연령대인 25~35세 인구가 향후 몇 년간 증가할 예정이다. 이 시기는 결혼하고, 가정을 꾸리며, 새집을 구매할 가능성이 가장 높은 연령대이다. 이는 서브프라임 위기로 가족 형성과 건설업이 이례적으로 침체된 지 10년이 지난 후에 나타나는 현상이다. BCA 리서치의 수석 글로벌 전략가 피터 베레진Peter Berezin은 브뤼셀 고객 설명회에서 '주택 소유자의 비율은 아직 상당히 낮은 수준'이라고 언급했다.[158] 그리고 주택 매물은 1% 미만이다. 이는 역사적으로 낮은 수준이다. 이는 모기지 금리 상승이 주택 구매 능력에 압력을 가하고 있음에도 불구하고 단기적으로 주택 가격을 지지한다.

안타깝지만, 유럽에는 30대 이상 연령대에 도달하는 사람들의 수는 고령이 되는 사람들의 수와 보조를 맞추지 못한다. 25~29세 인구가 1,900만 명, 30~35세 인구가 2,100만 명인 반면, 80세 이상 인구는 2,200만 명이다. 부동산의 순수요는 줄어들기 시작할 전망이다. 중국도 30대 인구의 정점은 꽤 오래전에 지났다. 그럼에도, 도시의 주택 가격은 2021년까지 꾸준히 상승했다.* 도시화 비율의 증가가 한 줄기 빛이었다. 농촌 지역에서 도시로 이주하는 시민들은 아파트가 필요하다. 도시화율은 2010년 50%에서 현재 64%로 상승했다. 국립

---

* 중국 정부는 2020년 부채에 시달리는 부동산 개발업체에 대출 제한을 부과했다. 은행 또한 해당 분야에 대한 노출을 줄였다. 그 결과 가장 잘 알려진 헝다(Evergrande)를 포함한 여러 대형 부동산 개발업체가 파산했다. 부동산 위기는 2023년에 거의 통제됐다.

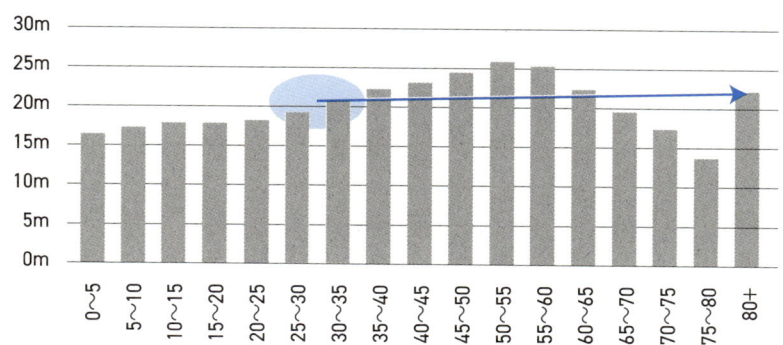

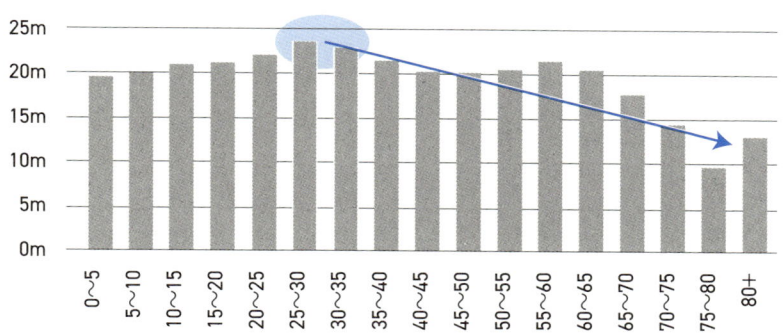

경제전략연구원 보고서에 따르면 2035년까지 목표는 70%이다. 서구 국가들은 평균 80%다. 이로써 조정을 막을 수 있을까? 베레진에 따르면 그렇지 않다. 단기적으로는 중국인들이 긴 봉쇄 기간 저축한 돈이 부동산으로 유입될 전망이다. 부동산 시장이 유지되는 이유다. 그러나 중기적으로는 중국 부동산 시장에 상당한 공급 과잉과 과대평

가가 남아 있어, 조정이 일어날 것으로 예상된다.

미국에서는 미래에도 인구가 계속 증가할 전망이다. 유럽은 누릴 수 없는 호사다. 자산 가격 붕괴 시나리오는 다른 어떤 금융 하위 시장보다 부동산 시장에서 일어날 확률이 크다. IMF는 일본에서 이를 입증했다.[159] 주택 가격은 인구가 감소(고령화 또는 이민)하는 현에서 더 빠르게 하락했다. 도쿄, 오사카, 후쿠오카 지역과 같은 대도시 광역권의 주택 가격의 하락은 제한적이었다. 따라서 도시가 농촌 지역보다 인구 감소에 더 잘 견딜 가능성이 높다.

인구가 실제로 감소하기 시작하면 특히 유럽에서 부동산에 대한 압력이 빠르게 증가하게 된다. 지난 반세기 동안 산업화된 주요 25개 국가의 실질 주택 가격은 연간 1.25% 상승했다.[160]

고독한 세기

"나는 골짜기와 언덕 위를 높이 떠다니는 구름처럼, 홀로 떠돌았다. 그러다 문득 한 곳을 가득 메운 황금 수선화를 보았다."

– 윌리엄 워즈워스

또 다른 중요한 인구통계학적 추세는 서구 사회의 1인 가구 수 증가다. 데이터모니터Datamonitor와 아워 월드 인 데이터Our World in Data에 따르면, 이는 평균적으로 전체 가구의 4분의 1을 차지하며, 일부 국가에서는 40%에 달한다.

1인 가구는 대략 세 그룹으로 나눌 수 있다. 첫째, 기숙사에 거주하는 학생처럼 혼자 살기를 선택하는 젊은이들이다. 이들 중 일부는 학교를 졸업한 뒤에도 계속 혼자 산다. 둘째, 자녀 유무와 관계없이 관계가 끝났고, 격주로 두 전 파트너 중 한 명과 함께 지내는 사람들의 그룹이다. 마지막으로, 자녀가 함께 살지 않는 홀어머니나 홀아버지도 1인 가구로 간주된다.

아워 월드 인 데이터의 연구원 에스테반 오르티스-오스피나Esteban Ortiz-Ospina는 이 추세에 관한 흥미로운 글을 썼다. 역사적으로 1인 가구의 증가는 1세기 이상 전인 초기 산업화 국가에서 시작돼 1950년경 가속화됐다. 부유한 국가의 사람들이 더 많이 혼자 산다는 게 수치상으로 나타난다. 1인당 국민 소득과 1인 가구 수는 강한 상관관계가 있다. 부유한 국가의 사람들이 혼자 살기를 선택할 가능성이 높다.

그러나 외로움은 훨씬 더 깊이 뿌리내려 있다. 외로움은 다양한 연령대뿐만 아니라 우리 사회의 모든 계층과 계급에서 나타난다. 코로나 팬데믹이 사회적 침체를 야기하기 전부터 미국 성인 5명 중 3명은 이미 외로움을 느낀다고 답했다. 유럽도 마찬가지다. 인구의 3분의 2가 외로움이 심각한 문제라고 말했다. 영국에서는 이 문제를 심각하게 받아들여, 2018년 '외로움 장관Minister for Loneliness'을 임명했다. 영국인 8명 중 1명은 친구가 없다고 말했다. 영국인의 4분의 3은 이웃의 이름을 모르고, 60%는 직장에서 외로움을 느낀다고 한다. 다른 전 세계의 많은 국가에서도 비슷한 결과가 나타난다.

이는 노리나 허츠Noreena Hertz의 훌륭한 연구가 담긴 책《고립의 시대》(홍정인 역, 웅진지식하우스, 2021)에 나오는 수많은 수치 중 일부에 불과하다. 난 이 불안한 통계들을 보고, 처음에는 놀랐다가 나중에는 내가 운이 좋았다고 느꼈다. 누군가 나와 비슷한 감정을 느꼈다면, 아마 그에게는 의지할 가족과 친구가 있기 때문일 것이다. 이 이야기에서 소셜 미디어와 스마트폰이 어떤 역할을 하는지에 관한 많은 논의가 있다. 어딘가에 소속되고 싶은 인간의 깊은 욕구는 집단 전체의 사람들을 다양한 형태의 극단주의로 이끈다. 소셜 미디어에서 우리는 수천 명의 팔로워와 친구를 가진, 멋진 외모와 환상적인 (사회적) 삶을 사는 롤 모델을 팔로우한다. 그리고 스스로를 비교해 불행을 느끼고

외로워지기 쉬워진다. 특히 '좋아요'를 충분히 받지 못하면 더욱 그렇다. 하지만 소셜 미디어는 이야기의 일부에 불과하다. 외로움의 원인은 다양하고 많다. '익명으로 된' 도시로의 대규모 이민, 급진적인 작업 환경의 변화, 그리고 생활 방식의 훨씬 더 급진적인 변화도 있다. 우리는 함께하는 일이 적어지고, 신체적인 접촉도 줄어들었다. 정의하는 방법만 달라졌을 뿐이다.

우리는 지금 얇은 얼음 위를 걷고 있다. 각 세대에 거쳐 개인주의에서 집단주의로, 그리고 다시 그 반대로 추가 흔들리고 있다. 적어도 부분적으로는 그렇다. 윌리엄 스트라우스William Strauss와 닐 하우Neil Howe의 저서 《제4의 대전환》(박여진 역, 한국경제신문사, 2024)은 이를 아주 잘 설명하고 있다. 이 책은 통찰력을 제공하고 분석과 토론의 출발점이 된다. 저자는 오늘날 80년 이상으로 늘어난 긴 삶(로마인들은 이를 사에쿨룸saeculum이라고 부른다)을 '전환'으로 구분해야 한다는 아이디어를 제시한다. 권력을 잡는 모든 세대는 삶을 다르게 보고 세상을 다르게 조직한다. 이는 세대 갈등의 원인이 되는 경우도 많다. 앞서 지도자 역할을 했던 세대가 새로운 방향을 별로 좋아하지 않기 때문이다. 콘드라티예프 파동을 연상시키는 이 개념에서는 세대 간의 계승이 특히 중요하다. 많은 특징이 목록을 이루지만, 그 안에는 항상 개인주의적 또는 집단주의적 요소가 있다. 이는 개인과 개인 발전에 초점을 맞춘 오늘날의 세상이 '전환하는' 동안 다시 집단으로 바뀔 수 있다는 의미다.

미래에 무엇이 오든, 오늘날 진정한 고독 경제가 나타나고 있는 건 분명하다. 난 '경제'와 '나타나다'라는 단어가 한 문장에 있으면, 자동으로 투자 기회를 떠올린다. 타인의 고통을 이용해 돈을 벌려는 게 아니다. 다만, 내 업무 중 하나가, 트렌드를 파악해 고객들이 멋지고 긴 비교적 순탄한 파도를 탈 수 있게, 서핑보드를 최대한 좋은 위치에 놓는 것이기 때문이다. 게다가 고독 경제에 관한 좋은 아이디어도 있다. 고독 경제를 더 진지하게 살펴보면, 소셜 미디어 기업들이 파이 한 조각을 차지할 것이라는 점은 분명하다. 특히 미래에 AI의 지원을 받아 우리 곁에서 우리가 듣고 싶은 말을 해준다면 더욱 그렇다. 공동 거주 같은 다른 생활 및 동거 방식도 그럴듯해 보인다. 최소한 생활비라도 조금 저렴하게 만들어 주기 때문이다. 이런 관점에서, 시트콤 〈프렌즈Friends〉와 〈멜로즈 플레이스Melrose Place〉가 젊고 멋진 사람들이 (몇 시즌 후에는 약간 덜 젊지만) 끈끈한 우정을 나누는 모습을 그려 성공을 거둔 건 어쩌면 당연한 일이다. 누군들 함께하고 싶지 않을까? 그리고 함께할 수 없다면, 시청하면 된다.

렌트어프렌드RentAFriend의 창립자인 스콧 로젠바움Scott Rosenbaum은 일본에서 시작된 개념을 활용했다. 그는 시간당 요금을 받고 사용자의 친구가 되어 쇼핑을 가거나 술을 마시거나 그냥 이야기를 나눠 줄 62만 명의 플라토닉한 실제 친구들의 목록을 제공한다. 이 회사는 현재 12개국 이상에 지사를 두고 있다. 고객은 주로 외로운 30~40대 직장인들이다. 미래에 이런 역할은 첨단 소셜 로봇으로 대체될 수 있다는 건 쉽게 예측할 수 있다. 로봇 공학이 우리가 가장 좋아하는 장기 투자 테마인 건 어쩌면 당연한 일이다.

그리고 콘서트와 같은 사회 행사 참여도 증가하고 있다. 이벤트 산업은 향후 몇 년간 황금기를 맞이할 전망이다. 여기에는 가상 이벤트 및 게임 세계, 즉 메타버스도 당연히 추가된다. 초기 과대광고 이후, 이 아이디어는 현재 AI라는 훨씬 더 강력한 개념에 다소 가려진 형국이다. 그럼에도 불구하고 이 두 가지는 서로 호환되며 상호 강화한다. 시간이 지날수록 우리는 가상 세계에서 더 많은 시간을 보내게 될 것이다. 그리고 AI와 마찬가지로 이 세계를 구동하려면 엄청난 수의 반도체와 많은 에너지가 필요하다.

관련된 추세로, 모노폴리Monopoly나 리스크Risk와 같은 보드게임이 다시 인기를 얻고 있다. 이들 또한 가상 버전이 생길 수 있다. 멀리서 사는 친구와 직접 만나기보다는 전 세계 온라인에서 동료 사용자를 찾는 게 더 쉽다. 하지만 여기서 우리는 물리적으로 같은 공간에서 사람들과 함께 무언가를 하는 즐거움은 필연적으로 놓치게 된다. 기술은 우리를 도울 수 있고 좋은 투자가 될 수도 있지만, 이는 해결책의 일부일 뿐이다.

글로벌 경제 트렌드, 이것만은 기억할 것 10

❶ 전 세계 인구 증가는 2100년 말에 둔화되고 안정화된다. 그때쯤이면 10명 중 8명이 아시아 또는 아프리카에 거주한다.

❷ 현재 5개의 개발도상국이 2050년 구매력 평가(PPP) 기준, 상위 6대 경제 대국에 포함된다.

❸ 재정적 고령화 취약성 지수에서 앵글로색슨 국가들이 가장 높은 순위를 차지한다. 일본, 영국, 스칸디나비아 국가 대부분이 중간 정도의 취약성을 보인다. 북유럽과 남유럽 국가들, 특히 이탈리아와 벨기에는 높은 취약성을 나타낸다.

❹ 사람들이 더 오래 일하고 고용을 늘리는 게 연금 및 의료비 증가를 해결하는 '묘책'이라는 사실은 모두가 안다. 하지만 정치인이 이를 주장하면 당선될 수 있을까?

❺ 생산성이 증가하면 만사형통이지만, 고령화 인구는 혁신에 뛰어나지 않다.

❻ 고령화 인구는 이자율을 낮게 유지한다. 증가하는 중장년층과 노년층이 보유한 많은 저축이 연금 수령자들의 소소한 탈저축을 상쇄하고도 남기 때문이다.

❼ 소비자 수의 증가가 고용자 수의 증가보다 빨라, 향후 수십 년간 인플레이션이 상승한다. 과거에는 반대였다.

❽ 할아버지 할머니 세대는 탈저축하지 않기 때문에 주식 시장을 끌어내리지 않는다.

❾ 베이비붐 세대는 특정 제품과 서비스의 소비되는 정도를 결정한다.

❿ 베이비붐 세대가 대거 사망하면, 부동산은 압박 받게 된다.

⚙️ 투자하기 전, 이것만은 명심할 것 10

① 복권에 당첨되려면 복권을 사야 한다. 데이비드 리카도 David Ricardo는 이기려면 출전해야 한다고 말했다.

② 우리는 평평한 연령 사회로 가고 있다. 우리는 용어집에 '노성년기 seniorescence'를 추가하고, 시대에 뒤떨어진 '경력'이라는 개념을 '전환자 transiteer'로 대체해야 한다.

③ 기술이 발전하는 속도를 고려할 때, 단 한 번의 교육으로 75년 동안 사용할 지식을 구축하기는 어렵다. 평생 학습이 필요하다.

④ 자신에게 더 많이 투자하라는 말은 이 책에서 찾을 수 있는 가장 현명한 투자 조언이다.

⑤ 생명공학, 크루즈 회사 또는 캠핑카 제조업체처럼 인구통계학적 변화가 가져오는 '고전적인' 투자 기회 외에도, 의외의 곳에 아직 많은 기회가 숨어 있다.

⑥ 부동산은 어떤 경우에도 흥미로운 투자처로 남는다.

⑦ 부동산이나 주식을 사기에는 너무 늦은 나이는 없다. 게다가, 좋은 주식 포트폴리오는 훌륭한 유산이 된다.

⑧ 생산 기반 사회에서 서비스 기반 사회로의 전환은 많은 기회를 가져온다. 어쩌면 와인 투자는 가장 즐거운 기회일지도 모른다.

⑨ 아프리카에 엄청난 기회가 있다. 당분간 아프리카의 예술품을 구매하자.

⑩ 외로움에 대한 통계를 보고 놀라거나 충격에 빠진다면, 자신이 안전하게 살아온 걸 행운으로 생각하자. 어쨌든 외로움을 중심으로 상당한 경제가 구축되고 있다.

요약

혁신

- ☑ 단기적으로는 혁신에 큰 변화가 없다고 본다.
- ☑ 장기적으로는 혁신으로 생산성이 두 배로 증가한다고 본다.
    - ☑ 성장과 실질 이자율은 증가한다.
    - ☑ 생산성은 인플레이션에 하방 압력을 가한다.
    - ☑ 따라서 명목 이자율은 안정적으로 유지된다.

	생산성	실질 성장	실질 이자율	인플레이션	명목 이자율
2024~2034	0	0	0	0	0
2035~2065	+	+	+	−	0

세계화

- ☑ 단기적으로는 새로운 국가들이 세계화에 참여한다.
    - ☑ 성장에 약간 부정적인 영향을 미친다.
- ☑ 장기적으로 디지털 서비스의 증가로 성장에 긍정적 영향을 준다.
    - ☑ 생산성을 높이고 인플레이션을 감소시킨다.
    - ☑ 다극화된 세계는 위험 프리미엄과 실질 이자율을 증가시킨다.
    - ☑ 명목 이자율은 단기 및 장기적으로 상승한다.

	생산성	실질 성장	실질 이자율	인플레이션	명목 이자율
2024~2034	−	0/−	0	+	+
2035~2065	0/+	0/+	0/+	0	+

고령화

- ☑ 생산성과 실질 성장률이 감소한다.
    - ☑ 그 결과 실질 이자율이 감소하고 저축액이 증가한다.
    - ☑ 높은 인플레이션이 낮은 실질 이자율을 초과 상쇄한다.

	생산성	실질 성장	실질 이자율	인플레이션	명목 이자율
2024~2034	−	−	−	+	0/+
2035~2065	−	−	−	+	0/+

기후

- ☑ 단기적으로는 기후 관련 투자가 증가한다.
    - ☑ 좌초자산과 다른 분야의 투자 감소로 인해 생산성이 낮아진다.
    - ☑ 탄소세는 아직 낮아 성장에 큰 부담을 주지 않는다.
    - ☑ 투자와 높은 화폐 수요로 실질 이자율이 상승한다.
    - ☑ 원자재 충격은 인플레이션을 구조적으로 더 높게 만든다.
    - ☑ 명목 이자율은 증가한다.
- ☑ 장기적으로는 에너지 효율성과 생산성이 증가한다.
    - ☑ 높은 탄소세가 수요에 부담을 주고 기후 피해가 증가한다.
    - ☑ 화폐 수요가 높게 지속되며 궁극적으로 실질 이자율에는 중립적인 영향을 미친다.
    - ☑ 인플레이션 충격은 완화되지만, 기후 혼란으로 인해 사라지지는 않는다.
    - ☑ 명목 이자율은 전환 초기보다 낮은 수준에서 안정된다.

	생산성	실질 성장	실질 이자율	인플레이션	명목 이자율
2024~2034	−	0	0/+	+	+
2035~2065	+	0	0	0/+	0

부채

☑ 단기적으로는 유연한 예산 정책이 시행된다.
  ☑ 이는 실질 성장률과 이자율(더 큰 화폐 수요)을 증가시킨다.
☑ 장기적으로는 저축이 뒤따른다.
  ☑ 이는 실질 성장률과 이자율을 억제한다.

	생산성	실질 성장	실질 이자율	인플레이션	명목 이자율
2024~2034	0	+	+	+	+
2035~2065	0	−	−	+	+

합계

	생산성	실질 성장	실질 이자율	인플레이션	명목 이자율
2024~2034	−	0/−	0	+	+
2035~2065	+	+	0/+−	+	+

에필로그

충분히 발전한 기술은
마법과 다를 것이 없다

2044년 12월 14일 17시, 개인 비서의 목소리가 나의 깊은 낮잠을 깨웠다.

"일어날 시간입니다. 손님들이 두 시간 뒤에 도착합니다. 할 일이 많습니다. 최종 조정도 몇 가지 해야 하고, 옷도 갈아입어야 합니다. 교통 체증이 심합니다."

"고마워, 메이너드. 하지만 먼저 드림 룸에서 커피 한 잔 마셔야겠어. 그 다음 고객에게 보여줄 발표를 검토하자."

"어떤 환경으로 설정할까요?"

"뤼 생로슈Rue Saint-Roch의 철학 살롱으로 해줘."

난 방으로 들어가 18세기 중반 파리에 있는 자신을 발견한다. 비 내리는 창문을 통해 자갈 위를 달리는 마차를 본다. 난 평생 과학자, 작가, 철학자, 예술가, 금융가와 조력자들 사이에서 창의성의 군집이 형성되는 모습에 매료되어 왔다. 이 군집은 새로운 아이디어와 발명품을 세상에 전한다. 예를 들어, 앤디 워홀Andy Warhol과 데이비드 보위David Bowie 같은 사람들이 아이디어를 교환했던 벨벳 언더그라운드Velvet Underground가 있다. 하지만 난 필립 블롬Philipp Blom의《악마의 회사A Wicked Company》에 아름답게 묘사된 뤼 생로슈의 철학자들에게 더 마음이 끌린다.

커피를 마시면서, 비 오는 날 회의를 일찍 끝냈던 기억을 떠올린다. 그때 난 빛의 도시의 거리를 헤매다가 철학의 역사가 쓰인 장소를 발견했다. 향기가 추가되며, 이와 같은 꿈 경험의 질이 크게 향상됐다. 센소리얼리티Senso-reality의 주가에도 도움이 됐다. 메이너드가 나를 꿈의 세계에서 현실로 데려왔다.

"많이 바꿀 필요는 없다고 생각합니다. 시장은 현재 안정적입니다. 나스닥은 35,586포인트이고, 원자재 시장은 여전히 최고점을 찍고 있으며, 통화 가격은 거의 움직이지 않았습니다. 그리고 우리가 파악한 테마와 섹터의 거의 모든 추세가 그대로 유지되고 있습니다."

"거의 모든 추세?"

"글로벌 남부 주식 지수는 여전히 50일 평균, 200일 평균 이상이지만, 상대적으로 나머지 세계에 비해 다소 약세입니다. 특히 여러 라틴 아메리카의 지수들이 더 어려운 시기를 겪고 있습니다. 원자재 가격은 압력을 받고 있으며, 정치적 불안도 증가하고 있습니다. 여러 아프리카 지수는 다시 상승세를 보입니다."

지난 20년 동안 에너지 전환에 필요했던 원자재, 특히 금속은 엄청나게 올랐다. 나의 가장 낙관적인 예측조차 뛰어넘는 증가세다. 그리고 누가 금의 가치가 두 배가 될 수 없다고 말했을까?

"알았어, 메이너드. 글로벌 남부 지수 그래프는 그대로 두고, 페루와 칠레, 그리고 나이지리아와 케냐의 지수 그래프를 추가해 줘. 그리고 사례에 추가할 제목과 영상 자료도 있으면 좋겠어."

"어떤 출처를 활용할까요? 전부 다? 아니면 신뢰할 수 있는 출처만?"

"언제나 그렇지만, 신뢰할 수 있는 출처만 사용해. 딥페이크 방지 추적 슬라이드도 추가하는 게 좋겠어. 요즘 늘고 있으니까."

AI의 출현 이후, 딥페이크를 현실과 구별하는 게 더 어려워졌다. 20년 전에는 포트폴리오에 인터넷 보호 주식을 포함시키는 게 당연한 일이었다. 하지만 그 이후, 더 강력한 성능의 컴퓨터를 사용해 거짓 이미지와 정보를 만드는 해커들과 이를 탐지하는 프로그램들 사이에 군비 경쟁이 만연해졌다.

최고의 보호 시스템은 훨씬 더 많은 컴퓨팅 성능을 사용해 가격도 매우 비싸다. 그 컴퓨팅 성능을 공공 인터넷에 적용하는 건 불가능하다. 딥페이커들은 이 점을 자유롭게 활용했다. 그래서 여러 개의 폐쇄적이고 고도로 보안된 사설 가상 유료 환경이 만들어졌다. 진짜 사설 보호 데이터(독점 데이터)는 금값만큼의 가치가 있다. 블룸버그, 로이터, 비자, 우버 및 여러 은행과 보험사들이 이를 통해 막대한 이익을 얻고 있다. 모든 신기술이 그렇듯, AI는 예상치 못한 승자들을 탄생시켰다.

이 모든 과정은 10년 전 해커들이 미국 고용 보고서에 관한 진짜 같은 보도 자료를 거짓으로 생성하면서 가속이 시작됐다. 모두가 31만 개의 일자리가 창출될 것으로 예상하고 있었는데, 해커들은 45만 개의 일자리가 감소했다고 세상에 메시지를 보냈다. 이자율은 하락했고 금값은 4% 상승했다. 몇 분 후 그 이야기가 거짓임을 깨달았을 때는, 해커들이 이미 많은 투자자를 희생시켜 이익을 챙긴 뒤였다. 공공 인터넷 기업들은 후속 조치로 딥페이크 방어를 메시지 전송과 연결했다. 더 많은 사람이 메시지를 볼수록 자동 제어가 더 많이 개입한다. 하지만 신뢰를 모두 회복할 수는 없었다. 현재, 모든 데이터 항목의 출처를 추적해 누가 만들고 변경했는지 즉시 확인할 수 있는 블록체인 솔루션이 개발 중이다.

"그 페이지들을 추가하면 슬라이드가 46장이 됩니다. 코엔은 이미 85장입니다. 1시간에 발표하기에는 양이 많습니다."

"그냥 만들어줘. 우리가 조절할게."

"코엔과 알라딘에게 업데이트를 보낼까요?"

"응, 그렇게 해."

나는 파리 거리를 흘끗 보고 양복과 넥타이를 입었다.

"자율 주행 차량을 불렀습니다. 약 5분 후에 도착합니다. 오늘 밤 부인께서 집에 오시면 꽃다발을 준비해 드릴까요? 생신이니까요. 아니면 직장으로 배달할까요?"

"브뤼셀로 배달해 줘. 그리고 이번 주말 파리에서 뮤지컬 노트르담 공연을 또 볼 수 있는지 확인해 줘."

"좌석은 아직 충분합니다. 가장 좋은 자리는 4열입니다. 몇 분이신가요?"

"두 명이고, 토요일과 일요일 기차, 차량, 호텔도 예약해 줘."

우리는 코엔의 집으로 가 그를 태웠다. 코엔은 지난 주말에도 자전거를 타다가 또 넘어졌다. 절대 변하지 않는 일도 있다.

"잘 지냈어? 슬라이드가 꽤 많던데."

"시간을 채우려고 만든 건 아니야." 멍이 든 코엔이 대답한다. "그나저나 노동 시장 섹션을 추가했어. 그 섹션을 보니 화장실에 물새는 걸 고칠 사람을 불러야 된다는 생각이 들더라. 알라딘, 누가 있는지 확인해 봐. 빨리 고쳐야 해."

"평소 거래하는 배관공은 향후 4주간 예약이 꽉 찼습니다."

코엔의 개인 비서가 답했다.

"하지만 '퀵앤더티'는 가능합니다. 평점은 4점이 조금 넘습니다. 견적을 물어볼까요?"

"아니. 어차피 가격 흥정은 안 될 거야. 항상 공급보다 수요가 많으니 자기 마음대로 부르거든." 코엔이 불평한다. "가끔 내가 옳았다는 게 싫을 때가 있어. 20년 전에 이쪽 분야에 관한 글을 썼었지. 전문 수작업을 로봇화하는 게 그렇게 쉽지 않아. 언젠가는…"

"있잖아, 필립. 돌아가서 와인 한 병 마실까? 중앙 와인 컬렉션에 20년 조금 안 된 멋진 생테스테프 Saint-Estèphe가 있어. 빨리 마셔야 해! 원하면 드론으로 보내줄게…. 젠장!"

교통 체증을 알리는 수십 개의 붉은 브레이크 등이 우리 눈에 들어왔다.

"이동 시간이 약 30분 43초 증가했습니다." 언제나 정확한 메이너드가 말한다.

"30분 46초." 알라딘이 정정했다.

"알았어, 알았어, 알라딘. 그만 다투고, 택시 회사에 우리가 비행할 것이라고 알려줘." 코엔이 깊은 한숨을 쉬며 말했다.

"비행하면 가격이 100유로 인상되고, 위험 증가로 인해 두 분의 보험료는 0.65유로 인상됩니다."

"어쩔 수 없지. 가자."

택시가 날개를 펼치고 우리는 곧 고속도로 위를 날아 목적지를 향한다. 하지만 우리만 날고 있는 건 아니었다. AI의 도움을 받는 항공 교통 관제가 모든 상황을 제대로 통제하는 걸 보면, 언제나 놀랍다.

지난 20년 동안 발전은 순탄하지 않았다. 한 번도 그랬던 적이 없다. 충격, 블랙 스완, 그리고 정기적인 시장 조정이 있었다. 그러나 결국 낙관적인 마법사들이 승리했고 거짓 예언자들은 틀렸음이 입증되었다. 지구는 실제로 100억 명의 사람들을 부양하고 있다. 불평등은 여전하지만, 분명 모두가 진보했다.

"이봐, 코엔." 필립이 묻는다. "20년 전에 우리가 《세계 경제가 만만해지는 책》(이가영 역, 어크로스, 2020)으로 미래를 보고 싶어 했던 거 기억나? 자네의 대담한 예측 중 가장 놀랐던 건 뭐지?"

"생각할 필요도 없어. 기술 혁명의 영향이 엄청난 사회적 충격을 일으키지 않았다는 거지. AI는 아직도 인간을 대체하지 않고, 우리를 더 좋게 만들었어. 이제 우리에게는 메이너드와 알라딘이 있지. 이제는 물리적 형태를 얻어 가상 환경 밖으로 나올 수도 있게 됐지. 난 이미 알라딘의 이상적인 외형을 생각해 뒀지만, 미리암과 조율해야 해. 이 모든 혁명이 가져온 생산성 증가는… 사실 나를 행복하게 해. 자네는? 아마 금속 충격과 원자재와 금의 폭발적인 증가를 강하게 확신했던 일을 언급하겠지."

"원자재 가격 상승은 이제 끝나가고 있어. 드디어 공급이 수요를 충족시켰지. 하지만 정말 대단한 여정이었어. 우리가 예상한 기하급수적인 성장이 생각보다 더 기하급수적이라는 사실이 밝혀졌지. 그리고 그게 자네의 생산성 증가와 잘 맞아떨어졌어. 괜히 꿀꿀해지기 전에, 음악이나 틀자."

"메이너드, 빌리 조엘의 '피아노 맨'을 틀어줄래?"

앤트워프에 가까워지자, 아래로 또 다른 교통 체증이 보인다. 변해도 변하지 않는 것. 교통 체증이 우리가 발표할 메이르^{Meir} 쪽으로 향해 하나의 밝은 점을 만들었다. 차량의 불빛 쇼와 크리스마스 조명이 어우러져 절경을 이룬다. 거의 모든 걸 가상으로 만들 수 있지만, 그게 접촉과 상호 작용, 이야기를 나누고 술을 마시려는 인간의 욕구를 줄이지는 않았다. 오히려 그 반대였다.

'토요일 치고는 꽤 많은 사람들이 모였다. 매니나는 나에게 미소를 지었다. 그는 알고 있다. 그들은 잠시나마 삶을 잊기 위해 날 보러 왔다는 걸….'

참고자료

1. N. Smith, 'Techno-optimism for 2023', *Noahpinion*, 12 December 2023.
2. T. Davidson, 'Report on Whether AI Could Drive Explosive Economic Growth', *Open Philanthropy*, 17 June 2021.
3. T. Besiroglu et al, 'Economic impacts of AI-augmented R&D', *Open Philanthropy*, 2 January 2023.
4. P. Krugman, *the Age of Diminished Expectations: US Economic Policy in the 1980s*, Cambridge, 1992.
5. W. J. Baumol & A. Blinder, *Economics: Principles and Policy*, Harcourt Brave Jovanovich, San Diego, 1993.
6. R. J. Gordon, *Is US Economic Growth Over? Faltering Innovation Confronts the Six Headwinds*, CEPR, September 2012.
7. K. De Leus, *the winner's economy: Challenges and opportunities of the digital revolution*, Tielt, 2017.
8. S. Cichon, 'Everything From This 1991 Radio Shack Ad You Can Now Do With Your Phone', *HUFFPOST*, 16 January 2014, https://www.huffpost.com/entry/radio-shack-ad_b_4612973.
9. 'Average Time Spent Per Day With Digital Media In The US From 2011 To 2024', *Statista*, https://www.statista.com/statistics/262340/daily-time-spent-with-digital-media-according-to-us-consumsers/.
10. W. D. Nordhaus, 'Schumpeterian Profits in the American Economy: "Theory and Measurement 22"', *Nat'l Bureau of Econ. Rsch.*, Working Paper No. 10433, 2004.
11. H. Varian, 'Economic Value of Google', *Oreilly Static*, http://cdn.oreillystatic.com/en/assets/1/event/57/The%20Economic%20Impact%20of%20Google%20Presentation.pdf.
12. E. Brynjolfsson et al, 'GDP-B: Accounting for the Value of New and Free Goods in the Digital Economy 3–4', *Nat'l Bureau of Econ. Rsch.*, Working Paper No. 25695, 2019.
13. C. Syverson, 'Will History Repeat Itself? Comments on "Is The Information Technology Revolution Over?"', *International Productivity Monitor*, 2013.
14. M. Ridley, 'When Ideas Have Sex', *TEDglobal*, 2010.

15 M. L. Weitzman, 'Recombinant Growth', *Quarterly Journal of Economics*, 113(2), 1998, pp. 333–334.

16 M. L. Weitzman, 'Recombinant Growth', p. 331.

17 G. E. Moore, 'Cramming More Components onto Integrated Circuits', *Electronics*, 38(8), 19 April 1965.

18 A. Azhar, 'Exponential', New York, 2021.

19 'The Basics of Microchips', *ASML*, https://www.asml.com/en/technology/all-about-microchips/microchip-basics.

20 'Conversation with Jeffrey Immelt', Bank of America Corporation, https://www.merrilledge.com/Publish/Content/application/pdf/GWMOL/Transcript_Conversation-with-GEs-Jeffrey-Immelt.pdf, 13 November 2013.

21 B. Lauwers, '3D printing is still in its infancy', *Trends*, 22 December 2022.

22 A. Bergeaud et al, 'Productivity Trends In Advanced Countries Between 1890 And 2012', *Review Of Income And Wealth*, 62(3), September 2016.

23 'Global Economics Comment: Technology and the Productivity Rebound (Zhestkova)', Goldman Sachs, 19 November 2021.

24 K. De Leus, 'Survey of digitalisation points to clear acceleration', BNP Paribas Fortis, June 2022.

25 J. M. Barrero et al, 'Why Working from Home Will Stick', NBER Working Paper No. 28731, April 2021.

26 N. Smith, 'Distributed Service Sector Productivity', 15 January 2023.

27 K. De Leus, 'Survey readiness digital economy: Belgian "Factories of the Future" more positive than average companies', BNP Paribas Fortis, 10 October 2019.

28 'Economic Bulletin, Issue 7, 2021', ECB.

29 '2019 Annual Business Survey, Data Year 2018', National Science Foundation.

30 'The Green Swan: Central Banking And Financial Stability In The Age Of Climate Change', BIS, January 2020.

31 'Key Factors Behind Productivity Trends In EU Countries', ECB Strategy Review, European Central Bank, December 2021.

32 N. Roubini, *Megathreats*, New York, 2022.

33 L. Burrows, '1 In 5 Deaths Caused By Fossil Fuel Emissions', *The Harvard Gazette*, 9 February, 2021.

34 G. Fan, 'Net-Zero Energy Insecurity Paradox', TS Lombard, 21 April 2023.

35 M. McCormick et al, 'Lethargic Green Rollout Leaves Paris Targets "Close To Vanishing"',

Financial Times, 27 September 2022.

36. R. Rajan, 'Climate Action and Continued Globalisation Joined at the Hip', IMF, (2022 Per Jacobsson Lecture).

37. E. Kirezi et al, 'Projections Of Global-Scale Extreme Sea Levels And Resulting Episodic Coastal Flooding Over the 21st Century', *Scientific Reports*, 10(11629), July 2020.

38. See 'AM Best –Special Report: Asbestos Losses Fueled by Rising Number of Lung Cancer Cases (2013)', www.ambest.com/ambv/bestnews/presscontent.aspx?altsrc=0&refnum=20451.

39. 'The Economic Risk of Climate in the United States', *Risky Business*, 2014.

40. 'Working On A Warmer Planet: The Impact Of Heat Stress On Labour Productivity And Decent Work', International Labour Office, 2019.

41. Pindyck, 2013, Stern, 2013.

42. M. Carney, 'Breaking The Tragedy Of The Horizon –Climate Change And Financial Stability', Speech Lloyd's of London, 29 September 2015.

43. K. De Leus & W. De Vijlder, 'Should we consume less or consume differently,' *Trends online*, 4 November 2021.

44. K. Lenaerts et al, 'Can Climate Change Be Tackled Without Ditching Economic Growth?', Working Paper, 10, 16 September 2021.

45. L. Hook & H. Sanderson, 'How The Race For Renewable Energy Is Reshaping Global Politics', *Financial Times*, February 2021

46. 'Carbon Pricing', *Bertelsmann Stiftung*, July 2021.

47. Ch. Gollier, *Le Climat après la Fin du Mois*, May 2019.

48. J. Albrecht & S. Hamels, 'The Financial Barrier For Renovation Investments Towards A Carbon Neutral Building Stock –An Assessment For The Flemish Region In Belgium', UGent, 2020.

49. A. Missirian. & W. Schlenker, 'Asylum Applications Respond to Temperature Fluctuations', *Science*, 358(6370), 2017, pp. 1610–1614.

50. M. Carney, *Values*, 2021.

51. 'The Net-Zero Transition', McKinsey Global Institute, January 2022.

52. '*Framing stranded asset risk in an age of distruption*', Material Economics, 2017.

53. 'Sectoral Winner And Losers Form The Energy Transition', *Oxford Economics*, 1 March 2023.

54. 'The Economics Of Climate Change: No Action Not An Option', Swiss Re Institute, April 2021.

55. L. Hook & H. Sanderson, 'How The Race For Renewable Energy Is Reshaping Global Politics', *Financial Times*, 4 February 2021.

56. 'A New World: The Geopolitics of the Energy Transformation', IRENA, 2019.

57. 'Long-Term EU Gas Volatility Will Increase', Bank Credit Analyst Research, 3 February, 2022.

58. 'Climate Change And Monetary Policy In The Euro Area', ECB, September 2021.

59. J. Pisani-Ferry, 'Climate Policy is Macroeconomic Policy, and the Implications Will Be Significant', Peterson Institute for International Economics, August 2021.

60. S. Aramonte & A. Zabai, 'Sustainable Finance: Trends, Valuations And Exposures', *BIS Quarterly Review*, September 2021.

61. E. Prasad et al., 'Financial Globalization and Productivity Growth', 5 January, 2009.

62. 'World Development Report 2020: Trading for Development in the Age of Global Value Chains', Washington DC: World Bank, 2020, doi:10.1596/978–1–4648–1457–0.

63. X. Jaravel & E. Sager, 'What are the Price Effects of Trade? Evidence from the U.S. and Implications for Quantitative Trade Models', *Finance and Economics Discussion Series* 2019–068, Washington: Board of Governors of the Federal Reserve System, 2019, https://doi.org/10.17016/FEDS.2019.068.

64. P. A. Samuelson, 'Where Ricardo and Mill Rebut and Confirm Arguments of Mainstream Economists Supporting Globalization', *Journal of Economic Perspectiv*, 18(3), 2004, p. 135–146.

65. K. H. O'Rourke, 'How Great Trade Collapses: The Interwar Period & Great Recession Compared', working paper 23825, NBER, September 2017.

66. R. Baldwin, 'The Peak Globalisation Myth: Part 1', VoxEU, 31 August 2022.

67. R. Green, 'Decoupling and re-globalisation', TS Lombard, 31 March 2023.

68. R. Baldwin, 'The Peak globalization Myth: Part 2', VoxEU, 1 September 2022.

69. R. Foroohar, *Homecoming*, Penguin Random House, 2022

70. P. van Bergeijk, 'Deglobalisation 2.0: Trump and Brexit are Symptoms', 20 May 2019

71. V. Romei, 'UK's Goods Exports Lowest In G7 Following Brexit, Study Finds', *Financial Times*, 13 April 2023.

72. E. Luce & H. Paulson: 'I Think It's Pretty Likely We Will See A Recession', *Financial Times*, 15 April 2023

73. P. D. Fajgelbaum et al., 'The Return to Protectionism', *Quarterly Journal of Economics*, 135(1), 2022, p. 1–55.

74. G. Friedman, 'Free Trade and the G-20', GPF, 20 March 2017.

75 E. Luce, 'How To Think About Biden's First Two Years', *Financial Times*, 6 March 2023.

76 M. Wolf, 'Waging War On Trade Will Be Costly', *Financial Times*, 4 April 2023.

77 A. W. Wolff et al., 'Have Trade Agreements Been Bad for America?', Peterson Institute for International Economics, December 2022.

78 G. C. Hufbauer & Z. Lu, 'The Payoff to America From Globalization: A Fresh Look with a Focus on Costs to Workers', Peterson Institute for International Economics, May 2017.

79 A. Bounds, 'Global Trade Splits Worry WTO Head', *Financial Times*, 17 April 2023.

80 'PHOTOVOLTAICS REPORT', Fraunhofer Institute for Solar Energy Systems, ISE with support of PSE Projects GmbH, 21 February 2023.

81 N. Smith, 'Europe Is Not Ready To Be A "Third Superpower"', *Noahpinion*, 13 April 2023.

82 E. White & P. Nilsson, 'Can Volkswagen Win Back China?', *Financial Times*, 5 May 2023.

83 J.P. Helveston & M.R. Davidson, 'Quantifing The Cost Savings Of Global Solar Photovoltaic Supply Chains', *Nature*, 612, 2022, p. 83–87, https://doi.org/10.1038/s41586–022-05316–6.

84 Bank Credit Analyst Research, 'Will China let 100 Flowers Boom? Only Briefly', June 2022.

85 G. Fan & Rory Green, 'Tech War: Major Escalation, Heavy Casualties', TS Lombard, 21 October 2022.

86 G. Fan & Rory Green, 'Tech War: Major Escalation, Heavy Casualties', TS Lombard, 21 October 2022.

87 A. Chu & O. Roeder, 'US Manufacturing Commitments Double After Biden Subsidies Launched', *Financial Times*, 16 April 2023.

88 K. De Leus & Ph. Gijsels, 'De energietransitie en de race naar grondstoffen: hoe overleven we het geostrategische spel', *Stand van Zaken*, BNP Paribas Fortis, 6 February 2023.

89 G. Rachman, 'De-risking Trade With China Is A Risky Business', *Financial Times*, 29 May 2023.

90 D. Stoilova et al., 'EU Competitiveness Boost From Green Industrial Policy', Market 360 BNP Paribas, 30 March 2023.

91 R. Bousso & L. Hampton, 'U.S. clean energy "carrots" could put Europe behind in decarbonization race, execs say', Reuters, 9 March 2023.

92 C. Malström, 'Will The Scramble For Rare Earths Produce A Transatlantic Trade Accord?', PIIE, 6 April 2023.

93 P. Riordan, 'Chinese Company Moves Some Production Abroad To Escape Geopolitics', *Financial Times*, 17 April 2023.

94 'Joe Biden's China strategy is not working', *The Economist*, 10 August 2023

95 Antràs et al. (2017).

96 K. Georgieva & N. Okonjo-Iweala, 'World Trade Can Still Drive Prosperity', IMF Finance & Development, June 2023.

97 R. Rajan, 'Climate Action and Continued Globalization Joined at the Hip', Per Jacobsson Lecture, IMF podcast, 2022.

98 R. Baldwin, 'Globotics And Macroeconomics: Globalisation And Automation Of The Service Sector', paper presented at 2022 ECB Forum on Central Banking in Sintra, 2022.

99 K. Georgieva & N. Okonjo-Iweala, 'World Trade Can Still Drive Prosperity', IMF Finance & Development, June 2023.

100 J. Harrison et al., 'The Future Of Reglobalisation', TS Lombard, 31 March 2023.

101 N. Kaufman et al., 'Green Trade Tensions', IMF Finance & Development, June 2023.

102 K. Georgieva & N. Okonjo-Iweala, 'World Trade Can Still Drive Prosperity', IMF Finance & Development, June 2023.

103 D. A. Cerdeiro et al., 'Sizing Up the Effects of Technological Decoupling', IMF Working Paper, March 2021.

104 'Geoeconomic Fragmentation and the Future of Multilateralism', IMF, 2023.

105 R. Rajan, 'Climate Action And Continued Globalization Joined At The Hip', IMF podcast, 2022 (per Jacobsson Lecture).

106 G. Peri, 'Immigrant Swan Song', Finance & Development IMF, March 2020.

107 B. Van Heeschvelde, 'Keert de slinger terug?', Vision, BNP Paribas Fortis.

108 IMF, *Global Financial Stability Report*, April 2023.

109 B. Eichengreen et al., *In Defense Of Public Debt*, Oxford, 2021.

110 B. Eichengreen et al., *In Defense Of Public Debt*, Oxford, 2021.

111 BNP Paribas Fortis, 'Het Grote Herstel: verloopt het deze keer anders?', *Blog Chief Economist*, 8 June 2021.

112 B. Albuguerque & R. Iyer, 'The Rise of the Walking Dead: Zombie Firms Around the World', IMF Working Paper, June 2023.

113 Ò. Jordà et al., 'Zombies at Large? Corporate Debt Overhang and the Macroeconomy (December 2020)'. FRB of New York Sta⁻ Report No. 951, Available at SSRN: https://ssrn.com/abstract=3742973 or http://dx.doi.org/10.2139/ssrn.3742973.

114 See *Abbreviations and explanations*.

115 Dario Perkins, 'Revenge of the 3 D's', TS Lombard, March 2023.

116 M. Barnes, 'Soaring Government Debt: A Crisis In Waiting?', The Bank Credit Analyst, November 2022.

117 'Fiscal risks and sustainability', Office for Budget Responsibility, July 2022.

118 P. Hollingsworth *et al.,* 'Central Banks: Shooting for the r-starts', BNP Paribas Markets 360, 8 June 2022.

119 C. M. Reinhart et al., 'Debt Intolerance', NBER Working Paper No. 9908, August 2003.

120 B. Eichengreen et al., *In Defense Of Public Debt*, Oxford, 2021.

121 D. Perkins, 'Balance-Sheet hangover?', TS Lombard, February 2021.

122 A. Lawrence, 'The Late Late Show', TS Lombard, March 2022

123 'Averting A COVID-19 Debt Trap', IMF Seminarie, April 2021.

124 C. M. Reinhart, & M. B. Sbrancia, 'The Liquidation Of Government Debt', NBER, March 2011.

125 R. Kono & H. Shiraishi, 'Debt Sustainability The History: Post-War Lessons', BNP Paribas Markets 360, 30 July 2021.

126 J. Reid & K. Nagalingam, 'Default Study 2022: The End Of The Ultra-Low Default World?', Deutsche Bank Research, 6 June 2022.

127 N. Ferguson et al., 'Central Banks Expansions And Contractions Across 12 Central Banks Since 1900', 2014.

128 K. De Leus, 'Overheidsschulden schrappen is onnodig en gevaarlijk', *De Tijd*, 12 March 2021.

129 M. Myrskylä et al., 'Advances in development reverse fertility declines', *Nature 460*, 6 August 2009, p. 741–743, doi:10.1038/nature08230.

130 M. Saunders, Some reflections on Monetary Policy past, present and future, 18 July 2022, Bank of England.

131 H. Berger et al., 'Macroeconomics of aging and policy implications', IMF, 2019.

132 G. Maroisa et al., 'Population aging, migration, and productivity', PNAS, 7 April 2020.

133 PwC, 'The Long View', 2017. – authors recommend this 2017 PwC study over the more recent one from the OESO (2021) for inclusion of many fast-growing countries in the PwC study, such as Vietnam, Nigeria, Egypt, Pakistan and so on. these were not included in the OESO study.

134 US, UK, France, Germany, Japan, Canada and Italy.

135 'Why are Latin American workers so strikingly unproductive?', The Economist, 8 June 2023.

136 J. Hawksworth et al., 'The long view: how will the global economic order change by 2050?',

PwC, February 2017.

137 'The 2021 Ageing Report Underlying Assumptions & Projection Methodologies institutional paper 142', European Commission, November 2020.

138 G. Peersman, 'Productiviteit, productiviteit, productiviteit', Etion, Ondernemen, March 2022.

139 Productivity growth definition: see legend.

140 M. Kaltenberg et al., 'The Age of Invention: Matching Inventor Ages to Patents Based on Web-scraped Sources', NBER Working Paper No. 28768, May 2021, JEL No. O31, O34.

141 'It's not just a fiscal fiasco: greying economies also innovate less', *The Economist*, 30 May 2023.

142 S. Aiyar et al., *The Impact of Workforce Aging on European Productivity*, IMF, 2016.

143 S. Aiyar et al., '*The impact of workforce aging on euro area productivity*', IMF, 22 June 2016.

144 'From Red to Gray', World Bank, 2007.

145 'Microeconomic determinants of saving: a static analysis, box 1 in Spain: Consumption Outlook', BBVA Research, 2010

146 A. M. Salmeron, 'The demographic cycle of savings and interest rates', CaixaBank Research, 2018.

147 E. Gagnon et al., 'Understanding the New Normal: the Role of Demographics', Finance and Economics Discussion Series, Board of Governors of the Federal Reserve System, 2016.

148 C. Carvalho et al., 'Demographic Transition and Low US Interest Rates', Federal Reserve Bank of San Francisco Economic Letter, 2017.

149 N. Lisack et al., 'Demographic trends and real interest rate', Bank of England Staff Working Papers, 2017.

150 G. Vlieghe, 'Running out of room: revisiting the 3D perspective on low interest rates', 26 July 2021.

151 M. Juselius & E. Takás, 'The enduring link between demography and inflation', BIS Working Papers No 722, May 2018.

152 W. Thenuwara et al., 'Demographics and Asset Markets: A Survey of the Literature', Theoretical Economics Letters, 7, 2017, p. 782–794, https://doi.org/10.4236/tel.2017.74057.

153 J. Ameriks & S P. Zeldes, 'How Do Household Portfolio Shares Vary with Age?', Working Paper, 2004.

154 M. Bodier, 'Economie et Statistique n° 324–325, les effets d'âge et de generation sur le niveau et la structure de la consommation', INSEE, 1999.

155 M. Bodier, 'Economie et Statistique n° 324–325, les effets d'âge et de generation sur le

niveau et la structure de la consommation', INSEE, 1999.

156 Fourth quarter figures for 2022, Federal Reserve Bank of Dallas; see also: A. Mack & E. Martíez-Garcí. 2011. 'A Cross-Country Quarterly Database of Real House Prices: A Methodological Note', Globalization and Monetary Policy Institute Working Paper No. 99, Federal Reserve Bank of Dallas.

157 J. Lee & H. Jung, 'Demographic shifts, macroprudential policies, and house prices', BIS Working Papers No 914, December 2020.

158 Lunch presentation by Peter Berezin, 'Macro Investors are about to make a huge mistake', Hotel Amigo Brussels, 15 June 2023.

159 Y. Hashimoto et al., 'Demographics and the Housing Market: Japan's Disappearing Cities', IMF Working Paper, September 2020.

160 Calculation based on 25 industrialised countries for which the Dallas Federal Reserve has real house prices since 1975. See: International House Price Database, https://www.dallasfed.org/ research/international/houseprice.

옮긴이 신용우

성균관대학교 대학원에서 번역을 전공하고 영상번역과 출판번역 전문가로 활동하고 있다. 현재 출판번역에이전시 글로하나에서 경제경영, 인문 분야를 중심으로 영미서를 기획, 리뷰하면서 《워런 버핏 웨이》《생각의 속도가 부의 크기를 바꾼다》《인생이 바뀌는 시간관리의 비밀》《소크라테스 성공법칙》을 번역했다. 그밖에도 《낭만적인 유럽 거리를 수놓다》《기네스 세계기록 2022》《실은 나도 과학이 알고 싶었어》《우리는 실패하지 않았다》《우아하게 랍스터를 먹는 법》 등을 옮겼고, IPTV를 통해 방영된 해외 드라마와 영화도 70편 이상 번역했다.
EBS를 통해 방영된 작품으로는 영화《블레이드 러너》, 다큐멘터리《나의 시, 나의 도시》《데이비드 보위: 지기 스타더스트 마지막 날들》 등이 있으며, 개봉작으로는《랜드 오브 마인》이 있다.

글로벌 경제 트렌드

1판 1쇄 인쇄 2025년 10월 13일
1판 1쇄 발행 2025년 10월 31일

지은이 코엔 드 레우스, 필립 기젤스
발행인 김태웅
책임편집 이슬기
표지 디자인 유어텍스트
마케팅 총괄 김철영
온라인 마케팅 박예빈
제작 현대순
관리 김훈희, 이국희, 김승훈, 최국호
기획편집 이미순, 박지혜
본문 디자인 호우인
마케팅 서재욱, 오승수
인터넷 관리 김상규
총무 윤선미, 안서현

발행처 ㈜동양북스
등록 제2014-000055호
주소 서울시 마포구 동교로22길 14(04030)
구입 문의 (02)337-1737 **팩스** (02)334-6624
내용 문의 (02)337-1763 **이메일** dymg98@naver.com

ISBN 979-11-7210-939-4 03320

ⓒ 2024, 코엔 드 레우스, 필립 기젤스 All rights reserved.

- 이 책은 저작권법에 의해 보호받는 저작물이므로 무단 전재와 무단 복제를 금합니다.
- 잘못된 책은 구입처에서 교환해드립니다.